Markus Röder

Der Coaching Circle

Prozessorientiertes Coaching in der Praxis

Ein Grundlagen und Arbeitsbuch für Coaches.

Impressum

Grafiken von Markus Röder

Illustrationen: Thomas Haubold und Markus Röder

Verlag: Markus Röder Deluxe Books, Burgstr. 76 – 51427 Bergisch Gladbach

ISBN Druckversion: 978-3-00-056065-1

Dieses Buch ist all den Menschen gewidmet,
die sich auf den Weg machen,
sich zu verändern
und damit mehr Bewusstsein in die Welt zu bringen.

Inhaltsverzeichnis

Zu diesem Buch

Wenn Sie dieses Buch lesen, dann sind Sie vielleicht gerade dabei, Coach zu werden. Oder Sie arbeiten schon mit Menschen und möchten dieses dafür Buch nutzen, um sich Anregungen zu holen. Und genau dafür ist es gedacht. Sie erhalten eine Struktur, welche Ihnen hilft, Ihr Coaching auf ein solides Fundament zu stellen. Erfahrene Coaches finden zudem eine Menge an Anregungen und Lösungsformaten für Ihre tägliche Arbeit.

Das wirklich Neue in diesem Buch ist der Ansatz des prozessorientierten Coachings. Das bedeutet, nicht die Einzelschritte oder Lösungsformate ergeben das gewünschte Ergebnis, sondern der Gesamtprozess, der einen klar definierten Einstieg, Ablauf und Abschluss hat. Und dafür braucht es Struktur und Intuition. Sie können dieses Buch dafür als Nachschlagewerk und Lehrbuch benutzen. Auslöser für dieses Buch war der Wunsch, Struktur in etwas zu bringen, das relativ komplex ist. Gerade der Physiker in mir suchte nach Möglichkeiten das intuitive Vorgehen der typischen Coachingsitzungen für die Teilnehmer meiner Ausbildungen so zu strukturieren, dass sie die Lösungsschritte einfach und leicht nachvollziehen können. Dafür entwickelte ich einen spezifischen Ablauf. In diesem findet der lernende Coach das nötige Wissen, in dem er Erfahrungen und Gelerntes einsortieren kann. Ich nenne das den CoachingCircle. Er ist ein roter Faden, dem man folgen kann. Er zeigt auf, was der mögliche nächste Schritt ist, um mit dem Klienten eine passende Lösung oder Erkenntnis zu erarbeiten.

Ebenso wichtig wie die Struktur im Coaching, ist die innere Einstellung eines Coaches. Die Art und Weise, wie man ein Coaching gestaltet, hat sich dabei in den letzten Jahren verändert. Statt Problemlösungsmuster zu erschaffen, wird seit einigen Jahren ein rein lösungsorientierter Ansatz bevorzugt. Ich teile diesen Ansatz, weil er mit den modernen Erkenntnissen der Neurobiologie übereinstimmt. Doch erweiterte ich diesen um das prozessorientierte Vorgehen. Es bedeutet, dass dem Prozess eines Coachings die meiste Aufmerksamkeit geschenkt wird. Also der Weg kommt vor dem Ziel. Der Klient wird aus seinem Problemempfinden hin zu Lösungswegen geführt. Die Art und Weise wie dies geschieht, damit ein nachhaltiges Ergebnis erlangt wird, wird in diesem Buch als Prozessarbeit definiert, die eindeutigen und nachvollziehbaren Regeln folgt. Diese sind gut fundiert durch neurobiologische Erkenntnisse der letzten Jahre.

Sie können das Buch also von vorne nach hinten durchlesen oder auch nur die Sahnestücke herausholen, doch den Abschnitt über die Struktur von Prozessen sollten Sie auf keinen Fall überlesen. Es ist der Kern dieses Buches.

Grundlagen des prozessorientierten Coachings

Der Bereich des Bewusstseins ist viel größer, als sich mental ermessen lässt. Wenn du nicht länger alles glaubst, was du denkst, löst du dich vom Denken und siehst klar, dass der Denker nicht der ist, der du bist.

Eckhart Tolle - spiritueller Lehrer

Die Protagonisten im Coaching

Coaching ist eine Interaktion von zwei Menschen auf gleicher Ebene. Ich rede für dieses erste Kapitel mal von den Protagonisten. Also den Hauptpersonen, um den es sich beim Coaching handelt - also um den Coach und um den Klienten. Und Beide sind wichtig. Daher stelle ich diese ganz an den Anfang dieses Buches. Lassen Sie uns mit dem Coach beginnen. Also vielleicht Sie, der geehrte Leser, welcher jetzt gerade hier hereinschnuppert. Vielleicht sind Sie schon Coach oder Sie wollen es werden. Doch wie kommt es dazu?

Der Weg des Coaches

Es gibt Menschen, die sich aus ihrem Beruf heraus entschließen ihr Leben zu verändern. Ursache sind ein wachsender Leidensdruck, durch Leistungsdruck im Unternehmen oder auch durch plötzliche persönliche Veränderungen im Leben – Trennungen, Trauer oder Lust auf Neues. Diese Menschen entscheiden ihr Leben zu verändern und einen neuen Weg zu gehen. Und Coaching bietet scheinbar alles was einen besonderen Beruf ausmacht. Die Arbeit mit Menschen, sowie die Sinnhaftigkeit oder auch das Abenteuer immer neue Lösungen zu finden.

Jetzt beginnt eine persönliche Entwicklung. Der Mensch möchte weg von alten Strukturen und etwas über Coaching lernen. Der Einstieg kommt meist über verschiedene Wege: NLP, Mentaltraining, therapeutische Erfahrungen, systemische Aufstellungen oder durch Coaching-Ausbildungen. Und diese Ausbildungen verändern den Menschen und machen ihn bereit für die Arbeit mit Menschen. Er verändert dann erst einmal sein eigenes Leben. Beim Teilnehmer beginnt eine innere Öffnung zu den eigenen Fähigkeiten, die für das Coaching notwendig sind. Doch dafür wird ein Preis gezahlt, den sich viele Coaches vorher nicht klargemacht haben. Denn Veränderung ist ein Prozess und ist er einmal angestoßen, geht es immer weiter. Und je mehr man sich verändert desto kleiner werden zwar die Veränderungsschritte, aber die Häufigkeit nimmt erst einmal rasant zu. Denn der werdende Coach wird sensibler für andere Menschen und vor allem für sich selbst. Er entwickelt neue Antennen der Wahrnehmung. Er entwickelt einen besseren Kontakt zum eigenen Unbewussten, welches ihn dann mit vielen Informationen versorgt, die vorher nicht bewusst waren. Da dies kein selektiver Vorgang des Gehirns ist, wird aber das auch im Umgang mit den Freunden, Partnern, Nachbarn aktiv sein. Plötzlich erkennt ein werdender Coach vielleicht die subtilen Manipulationsversuche des eigenen Partners. Er erkennt die Trivialität der Verhaltensweisen mancher Menschen, mit denen er vorher gut ausgekommen ist. Höchstwahrscheinlich wächst der Wunsch nach Austausch auf einer neuen bewussteren Ebene. Und dadurch kann sich auch das Umfeld verändern. Eine

Teilnehmerin fragte mich neulich mal, ob ich denn nicht eine Trennungsstatistik bei meinen Ausbildungen habe? Das sagt schon fast alles.

Aus meiner Sicht bedeutet Veränderung jedoch nicht Trennung von Partnern und Freunden. Es zeigt nur, dass eine einseitige Entwicklung innerhalb menschlicher Beziehung zu Spannungen führt, die nur durch Respekt und Geduld für die Mitmenschen gelöst werden können. Sie als Coach werden sich also vielleicht verändern, aber Sie lernen auch die Werkzeuge, um damit umzugehen. Seien Sie sich im Klaren, das Veränderung immer Auswirkungen auf ihren gesamten Lebensbereich hat. Planen Sie dies mit ein, wenn Sie sich auf den Weg machen. Denn Leben ist Veränderung.

Der Weg des Klienten

Den Coach könnte es ohne sein Gegenüber nicht geben: den „Klient". Manche Coaches nennen ihn auch den Coachee. Zum Glück konnte sich der Begriff bisher nicht durchsetzen, da er ja auch ein Beziehungsgefälle wie bei Trainer und Trainee impliziert. Diese Art der Zusammenarbeit widerspricht dem Grundgedanken des Coachings als gemeinsamer Prozess zwischen gleichberechtigten Parteien. Somit hat sich der der Begriff Klient durchgesetzt, da er eine Zusammenarbeit auf gleicher Ebene mit Auftrag definiert.

Was bringt einen Menschen dazu sich einen Coach zu suchen?

Menschen kommen meist zum Coach, weil sie mehr wollen als nur „leben". Das Überleben im Alltag frisst einen auf, sagte einmal ein Klient zu mir und irgendwie konnte ich ihn verstehen. In der heutigen schnelllebigen Zeit geht es den Menschen vielmehr um Sinnhaftigkeit, Life-Balance oder Weiterentwicklung. Typische Aufträge mit denen ein Klient zu einem Coach kommt, sehen daher im Unternehmensalltag oft folgendermaßen aus:

- Den Leistungsdruck im Unternehmen besser handhaben zu können.
- Für festgefahrene Wege neue kreative Lösungen finden
- Unterstützung und Beratung für Management und Führungsprobleme
- Hilfe beim Karriereknick
- Startup- Beratung
- Umgang mit „schwierigen" Mitarbeitern
- Mobbingthemen
- Kommunikationsprobleme in Gruppen und Teams

Was sind persönliche Thematiken außerhalb des Berufskontexts?

Doch manche Klienten nutzen Coaching auch als Lösungshilfe für Alltagsprobleme.

- Lernschwierigkeiten von Kindern / Erwachsenen
- Ehe- und Paarberatung
- Personal Coaching für Sport, Leistungssteigerung etc.
- Hilfe bei persönlichen Lebenskrisen
- Hilfe und Unterstützung auch für organisatorische Aspekte, die mit persönlichen Themen verwachsen sind (Scheidungsthemen, Erbangelegenheiten ...)

Das Beraterdilemma

Die Liste lässt sich noch beliebig erweitern und oft ist zusätzliches Beraterwissen hilfreich. Meist fühlt sich ein Klient einem Thema nicht mehr gewachsen und sucht Unterstützung, um neue Lösungen zu finden. Dabei gibt es für die Coach-Klient-Beziehung aber jetzt schon ein klitzekleines Problem, das direkt aus der Natur des Menschen entsteht. Stellen Sie sich vor, Sie gehen zum Ernährungsberater, was erwarten Sie dann von dem: Natürlich eine Liste, dessen, was Sie essen können, um abzunehmen. Als Berater sollte er dieses Fachwissen haben. Manche Klienten kommen mit solchen Gedanken auch zum Coach: „Er als Coach muss es doch wissen, wie die Lösung zu meinem Problem aussieht“. Mit dieser inneren Einstellung kommt manch ein Klient auf Sie zu. Halten Sie sich bitte immer vor Augen, dass nicht Sie die Lösung sein werden oder diese finden müssen. Sie sind lediglich ein zeitweise gemieteter Spiegel, der dem Klienten helfen soll, sein Problem und Ziel von einer anderen Warte aus zu sehen. Am Anfang eines Coachings steht daher erst einmal eine Auftragsklärung, in der auch der Unterschied zwischen Berater und Coach erklärt werden sollte. Damit wird gewährleistet, dass keine falschen Erwartungen an das Coaching gestellt werden. Ein Berater könnte einem Klienten auch gezielt Vorschläge mitgeben, da er genaues Fachwissen mitbringt. Ein Coach hingegen begleitet den Klienten so, dass dieser Lösungen aus sich selbst heraus erschafft und damit seine eigenen Fähigkeiten nutzt.

Wer kann Coach sein?

Ein Coach sollte eine Ausbildung haben, die viel praktische Übung beinhaltet. Gutes Coaching braucht Erfahrung und Wissen. Viele Menschen fühlen sich bereits berufen, als Coach ohne Ausbildung anzufangen. Diese sind in der Praxis eher mit einem Heimwerker zu vergleichen. Denn erst eine Ausbildung mit Struktur und

Übung bringt das nötige Wissen, dass Sie erst zum Gesellen und dann zum Meister macht. In die Ausbildung sollte man Fähigkeiten wie abstraktes Denken, Strukturierung und Kreativität mitbringen. Doch zu allererst Empathie und die Erfahrung, was Veränderung eigentlich bedeutet. Denn wie will man denn Menschen in eine Veränderung führen, wenn man sich selbst noch nie mit diesen Mitteln verändert hat. Stellen Sie sich nur mal einen Coach vor, der mit Ihnen zusammenbricht und handlungsunfähig wird, wenn Sie ihm Ihr Problem schildern. Soll alles schon vorgekommen sein. Nicht umsonst hat sich die Psychoanalyse viele Jahre lang mit Übertragung und Gegenübertragung beschäftigt. Zum Dritten darf der Coach auch eine Reihe von Fachkenntnissen mitbringen. Es ist immer von Vorteil, wenn man die Branche seiner Klientel kennt. Sei es, Sie steigen aus der Managerebene aus und kennen die Probleme des Managements, oder Sie haben lange in einer Branche gearbeitet. Das kann dann ein zusätzlicher Vorteil sein, um passende Klienten zu finden und gute Ergebnisse zu produzieren. In diesem Fall sind Sie dann sogar Coach und Berater. Umso mehr sollten Sie dabei ihre Rollen wahren. Ansonsten könnte dies bei Nichtbeachtung gegen den Prozess des Coachings laufen. Stellen Sie sich vor, der Klient berichtet über seine Schwierigkeiten im Umgang mit einem Mitarbeiter und Sie packen Ihr bekanntes Führungswissen aus, und erklären ihm was er alles machen kann. Das lässt Sie kompetent erscheinen, aber Coaching ist nicht Training und daher wird der gelernte Anteil sehr gering sein. Bringen Sie jedoch ihren Klienten dazu, dass er in kleinen Rollenspielen die Problematik erkennt und auch die richtigen Entscheidungen trifft, dann haben Sie Berater- und Coachingwissen hervorragend integriert.

Wer sollte nicht coachen?

Führungskräfte sollten in der Regel die Finger davonlassen. Wenn ein Chef seinen Mitarbeiter coacht, dann sind die Rollen zwischen Beiden unklar. Coaching kann am besten auf gleicher Ebene funktionieren. Führungskräfte können jedoch die Fähigkeiten, welche eine Coaching-Ausbildung mit sich bringt nutzen, um Ziele an den Mitarbeiter zu bringen. Auch das Führen von Mitarbeitergesprächen wird dadurch effizienter. Für die reine Veränderungsarbeit würde ich eher externe oder firmeninterne Coaches empfehlen. Denn in einem prozessorientierten Coaching ist der Coach auch schon mal als Provokateur betätigt. Dies wäre für eine Vorgesetzter-Mitarbeiter-Beziehung schwierig. Wenn Chefs coachen, sollten die Mitarbeiter ihm schleunigst aus dem Weg gehen oder die Führung verlangen. „Wir brauchen jemand, der uns sagt was zu tun ist, und kein Psycho-Gerede“, hört man dann oft aus dem Mitarbeiterstamm heraus.

Ähnliches gilt auch innerhalb einer Ehe. Ehepartner zerstören damit die gleichberechtigte Ordnung ihres Systems. Damit sind Diskussionen zwischen

Beiden vorbestimmt. Ein Coach, der neue Methoden lernt, sollte sich lieber Freunde und entfernte Verwandte zum Üben suchen. Auf dieser Ebene sind die systemischen Verbindungen locker genug, und der Coach kann ein Feedback über seine Arbeit bekommen, welches nicht von der Beziehungsdynamik überdeckt ist. Das dies wichtig werden kann, zeigt folgende Überlegung. Stellen Sie sich vor Ihr Partner kommt von einem Seminar, dass mit Coaching zu tun hatte und ist noch ganz begeistert von dem Erlebten. Sogleich versucht er beim Abendessen das bei Ihnen auszuprobieren. Wie würden Sie sich dabei fühlen? Stellen auf Abwehr oder wären Sie offen? Ihr Partner wünscht sich so sehr, dass Sie auch verstehen, was er erlebt hat. Doch Sie haben es ja nicht erlebt, daher können Sie das schwer nachvollziehen. Und die Lücke zwischen Ihnen wird damit ein wenig größer.

Projektionen im Coaching

Man bekommt am Anfang immer die Klienten, an denen man am meisten wachsen kann. Das ist das Resonanzprinzip. In den seltsamen Formen, die das Leben annimmt, kann man von einer Anziehung zwischen Coach und Klient sprechen. Die Basis sind dabei Muster und Glaubenssätze, die ähnlich oder auch gegensätzlich sind. Das hat Vor- und Nachteile. Zum einen bietet es eine Art Wissensvorteil für den Coach, denn er kennt das Thema. Die Gefahr dabei ist die Projektion. Der Coach kann die Grenzen zwischen seiner und der Welt des Klienten nicht mehr sauber trennen. Somit wird er zu viel seines eigenen Themas lösen wollen und verliert den Kontakt zum Klienten. Dies ist eine der großen Fallen in Therapie und Coaching. Daher ist eine umfangreiche Ausbildung mit viel Zeit, die eigenen Themen kennen zu lernen und auch zu lösen eine gute Voraussetzung für professionelles Coaching. Ich empfehle zusätzliche Supervisionen, Männer- oder Frauengruppe, oder Austausch im Kollegenkreis, um eine dauerhafte Weiterentwicklung zu gewährleisten. Wenn der Coach seine Themen bearbeitet hat, wird er dann jedoch zum Weisen, der das Wesentliche erfahren und gelöst hat. Seine Erfahrung wird dann eine Schatztruhe für den Klienten sein, aus derer er sich bedienen kann.

Übertragungen gehen auch in die andere Richtung

Neben der Übertragung gibt es die Gegen-Übertragung. In der Geschichte „Der Fisch im Traum[1]", fragt ein Therapeut seinen Klienten ob er einen Fisch in seinem Traum erlebt hat. „Nein", sagt der Klient, „habe er nicht.". „Was haben Sie denn geträumt?", fragt der Therapeut weiter. „Ich bin durch eine leere Straße gelaufen", antwortet dieser. Fragt der Therapeut: „Und gab es da Fische?" „Nein, ich glaube nicht". Der Therapeut fragt weiter: „Gab es Pfützen in der Straße?" „JA". „Kann es nicht sein, dass in den Pfützen Fische waren". Da antwortet der Klient: "Doch das könnte sein." „Wusste ich's doch!" ruft der Therapeut laut aus.

Wenn der Coach nur lange genug ein bestimmtes Problem sucht, wird er das auch finden. Dies führt dann zu einem vereinfachten Lösungsraum, der mehr dem Coach als dem Klienten hilft. Schon Freud kannte dieses Thema der gegenseitigen Beeinflussung. Auch hier gilt wieder. Der Coach sollte sich seine eigenen Themen ansehen und lernen mit diesen umzugehen. Dann braucht er die Fische nicht mehr im Traum seiner Klienten zu suchen. Und wenn man seine Fragen nach einer ganz bestimmten Struktur stellt, dann ist man mehr bei der Technik als bei den Übertragungen. Und damit gelingen Lösungen fischfrei!

Die Verbindung zwischen Coach und Klient

Das Gedankenexperiment von Schrödingers Katze[2] besagt, dass ein Beobachter immer Einfluss auf ein Ergebnis hat. Alleine, dass Sie als Coach eine bestimmte Idee von einer Lösung des Themas des Klienten haben, wird die letztendliche Lösung beeinflussen. Denn man kann „nicht nicht" kommunizieren. Die Interaktion von Coach und Klient sind Teil des Prozesses. Das bedeutet, dass Sie damit aufhören können sich Sorgen zu machen, ob Sie gut genug für Ihren Klienten sind. Machen Sie sich lieber Gedanken darüber wie der Prozess stattfinden wird. Überlegen Sie bei Klienten, die Sie schon kennen, welche Lebensziele diese im Idealfall erreichen könnten. Somit erschaffen Sie schon in Ihrem Kopf Lösungsebenen, die unbewusst beim Start des Coachings mitschwingen. Ich persönlich gehe dabei sogar noch weiter. Für meine Klienten setze ich mich nach dem Coaching hin und schreibe kurze Aufsätze über die Möglichkeiten, welche ein so besonderer Mensch mit so besonderen Fähigkeiten in seiner Zukunft haben könnte. Meiner Erfahrung nach verändert das jedes Mal die Qualität und die Ergebnisse des nachfolgenden Coachings. Für mich ist das ein Teil der magischen Aspekte. Dadurch, dass ich mich so intensiv mit den Klienten beschäftige verändere ich das Coach-Klient-System hin zur besseren Lösungsfindung. Ich glaube daran, dass jeder Mensch alles in sich trägt was er für ein glückliches Leben braucht. Und das ist eine gute Einstellung für einen erfolgreichen Coach.

Coaching Grundlagen

In diesem Abschnitt geht es um grundlegende Voraussetzungen im Coaching. Nach welchen Werten funktioniert es und welche wissenschaftlichen Grundlagen sollte ein Coach kennen. Wissen und Werte sind Grundlagen für Entscheidungen, welche später getroffen im Coaching werden. Also wenn Sie sich schon auf den Weg in Coaching begeben wollen, dann achten Sie darauf, dass diese Basis stimmt. Denn auf dieses Fundament werden Sie ihren Erfolg gründen.

Werte als Basis

Werte definieren, was uns wichtig ist. In verschiedenen Bereichen des Lebens sind jedoch unterschiedliche Werte aktiv. Wenn Sie Flugzeuge bauen, dann sollte auf jeden Fall der Wert Sicherheit in Ihrem Denken hoch angesiedelt sein. Bei Reisen in den Urlaub ist es dann vielleicht Abenteuer oder Ruhe. Doch welche Werte sollten beim Coaching aktiv sein? Aus meiner Sicht sollte ein Coach zuerst einmal akzeptieren, dass er einen Menschen vor sich sitzen hat. Und darum definierte ich zu Beginn meiner Coaching Tätigkeit folgende oberste Prinzipien im Umgang mit den Menschen, die ich Klienten nenne:

- *Respekt*
  Bei allem was Sie hier lesen und erfahren: Coaching geht immer von Menschen aus. Und oft sind Menschen anders, als man als Coach glaubt. Deswegen steht der Respekt für die Einzigartigkeit des Menschen im Vordergrund. Jeder Mensch hat alles, was er braucht, um glücklich zu sein. Wird dieser Respekt verletzt, so verlieren immer alle Beteiligten.
- *Coaching als Kommunikation auf gleicher Ebene*
  Der Grundgedanke des Coachings ist immer ein interaktiver gemeinsamer Prozess zwischen gleichberechtigten Parteien. Keiner ist Führung oder im Defizit.
- *Der Klient bestimmt den Weg, nicht die Lösungstechnik*
  Alle Techniken, die Sie lernen, haben Ihre Vorzüge und Anwendungsmöglichkeiten. Sie bergen aber auch die Gefahr, dass Sie Ihren Klienten verlieren, wenn Sie sich zu sehr darauf fokussieren. Keine Technik alleine kann Sie zur Lösung bringen. Und nicht immer ist die ausgesuchte Lösung der perfekte Weg.
- *Transparenz*
  Vertrauen Sie sich und Ihrem Körper. Wenn Sie sich im Coaching mit einem Klienten unwohl fühlen, dann scheuen Sie nicht das anzusprechen. Oft gibt es eine Lösung. Bieten Sie dies auch dem Klienten an. Wenn er etwas nicht tun möchte, dann sollte er immer diese Möglichkeit haben. Sie sollten sich von Ihren Klienten vor allem Selbstverantwortung wünschen. Dafür braucht ein Klient immer eine gewisse Art der Transparenz in dem was Sie mit ihm tun. Er sollte wissen, was Ihn erwartet. Damit ist man wieder auf Augenhöhe.
- *Sie sind Teil der Lösung*
  Ihr eigener Zustand hat immer einen gewissen Einfluss auf Ihren Klienten. Wenn etwas nicht so ist, wie Sie es gerne hätten, dann sprechen Sie es an.

Wir nennen das Feedback. Also vom Klienten an den Coach, aber ebenso vom Coach zum Klienten. Je offener dies miteinander gestaltet wird, desto besser und klarer wird die Kommunikation werden.

- *Coaching ist immer kompetenzfördernd*
  Dieses Prinzip ist so wichtig, dass ich ihm später einen eigenen Abschnitt gewidmet habe. Also gedulden Sie sich - die Erklärung kommt noch.

Dies sind meine Werte. Sie werden hoffentlich noch Ihre eigenen dazu fügen. Denn wenn Sie diesen Job machen wollen, dann tun Sie das meist gerade deswegen, weil Sie Ihre eigenen Regeln leben, und gleichzeitig sinnstiftend mit Menschen arbeiten wollen. Und dazu braucht es Werte, welche helfen die richtigen Entscheidungen zu treffen. Und das hat Auswirkungen. Wenn Aufträge gegen meine Werte verstoßen, dann nehme ich diese in der Regel nicht mehr an. Als ich früher den Auftrag trotz solcher Bedenken annahm, zahlte ich irgendwann den Preis dafür. So hatte ich in meiner Anfangszeit einen Kunden, der bei der Auftragsklärung wie ein Fisch im Netz hin und her wackelte. Erst als ich ihn auf den Punkt brachte, stellte sich heraus, dass sein Chef ihm dieses Coaching nahegelegt hatte. Doch der Wunsch des Chefs war, dass der Mitarbeiter bessere Führung lernt. Der Mitarbeiter jedoch wünschte sich mehr seine Rolle als Experte im Unternehmen zu halten – ohne Personalverantwortung. Ein Dilemma! Ich hatte den Auftrag jedoch angenommen, aber das Problem nicht mit dem Chef geklärt. Im Coaching bin ich dann dem Weg des Klienten gefolgt. Und folglich vom Chef gefeuert worden. Auftrag verfehlt! Doch auch solche Erfahrungen gehören zum Coaching. Spannenderweise war eine ähnliche Situation in einem Assessment für Coaches in einem großen deutschen Unternehmen als Frage abgebildet. Und von 200 getesteten Coaches konnte nur eine kleine Gruppe dies beantworten und kam weiter! So hatte mir das trotzdem geholfen, da ich aus dieser Erfahrung gelernt hatte.

Wissenschaft und Coaching

Inwieweit können wir uns als Erwachsene überhaupt noch verändern? Früher hieß es: Was Hänschen nicht lernt, lernt Hans nimmer mehr." Seit einigen Jahren hat die Gehirnforschung die wissenschaftliche Grundlage erkannt, die lebenslanges Lernen beschreibt. Gehirnzellen können bei entsprechender Anregung immer wieder neu entstehen (Neurogenese[3]). Für Veränderungen ist es nie zu spät! Populäre Vorreiter haben die Mauern eingerissen, die eine alte Gehirnforschung lange aufrechterhielt. „Das Gehirn kann sich nur begrenzt neu formen", sagten Studien bis zum Ende des 20ten Jahrhunderts. Doch heute weiß man, das stimmt nicht. Taxifahrer, die im Alter von 50 Jahren beginnen, in London den unglaublich komplexen Straßenplan zu lernen, verändern Ihr Gehirn. Zentren im Cortex, die für die Orientierung zuständig sind, haben sich in Ihrer Größe verfünffacht. Heute drehen sich daher die Fragen nicht mehr um das „was verändert sich im Gehirn", sondern um das „wie verändere ich das Gehirn": Welche Aspekte müssen geschehen oder vorhanden sein, damit wir erwünschte Veränderungen im Denken wirksam vollziehen können? Und wie kann dies wiederholbar gemacht werden? Dazu haben sich in den letzten Jahren eine wichtige Erkenntnis ergeben:

Das was verändern soll, sollte wesentlich und beeindruckend sein und den Klienten auf emotionaler Ebene berühren und logisch verantwortungsvoll erklärbar sein.

Dabei gilt:

- Die Beteiligung von positiven Emotionen unterstützt einen Lernprozess.
- Die Beteiligung der mentalen logischen Aspekte verstärkt die Verankerung dieses neuen Wissens.
- Je mehr neue Erfahrungen mit bereits gemachten Erfahrungen verbunden werden können, desto nachdrücklicher bleibt der Effekt. Lernen auf vielen Ebenen ist effektiver als eindimensionales Lernen.
- Gelerntes wird von unbewussten Prozessen sortiert, arrangiert und integriert. In der Regel passiert das im Schlaf. Dafür ist Zeit zur Integration notwendig.
- Struktur und Wiederholungen sind notwendige Bestandteile auch kreativer Lernprozesse.

Was heißt Lernen auf vielen Ebenen?

Veränderungen durch aktive lösungsorientiert Beteiligung des Klienten wirken sich tiefgreifend auf die Strukturen im Gehirn aus. Durch intensives Lernen werden neue Bahnen geschaffen, die Veränderungen können sich sogar bis hinein in die genetischen Strukturen auswirken: Bisher brachliegende Gene können aktiviert und mobilisiert werden. Veränderungen und Lernen sind auf dieser Basis wirksamer und nachhaltiger, wenn alle Sinne und deren Wahrnehmungen einbezogen werden. Vor allem ist eine innere emotionale Beteiligung wichtig. Positive Erlebnisse, bei denen möglichst viele unserer Sinne beteiligt sind, haben also die größere Wirkung in der Prägung der Erinnerung. Eine Erfahrung, die nur ein Bild mit sich bringt ist schwächer, als eine, die eine Bild, einen Ton, einen Geschmack, einen Geruch und ein Gefühl in der internen Repräsentation des Denkens erzeugt. Am besten kann man sich den Unterschied vorstellen, wenn man versucht die interne Repräsentation von folgenden Erinnerungen zu vergleichen:

Entweder: ein Bild übers Klettern in der Tageszeitung Seite 3
Oder: eine erlebte Klettertour an den Steilhängen von Mallorca.

Vielleicht bekommen Sie schon ein Gefühl dafür, wie unterschiedlich Erfahrungen repräsentiert sein können. Wenn wir also Veränderung bewirken wollen, dann sollten wir als Coach sprichwörtlich im Maxiformat mit Subwoofer und 7-Kanal-Sound arbeiten und die erarbeiteten Ergebnisse schnellst möglich im realen Leben umsetzen lassen. Machen Sie Veränderungen erfahrbar.

Die Fähigkeiten des Gehirns

Das Gehirn verfügt über eine Menge an Fähigkeiten und Funktionalitäten, welche die Wissenschaft noch lange beschäftigen werden. Manche kennen wir sehr gut und manche lernen wir erst langsam kennen. Manche werde wir vielleicht nie verstehen. Fürs Coaching gibt bereits eine Gruppe von Fähigkeiten, des Gehirnes auf die man seine Vorgehensweise aufbauen kann.

Das Gehirn hat viele Fähigkeiten: Informationen werden assoziiert, reduziert, vernetzt, mit Emotionen und dem Körper verbunden, holographisch abgelegt und wieder abgerufen.

Ihr und mein Gehirn lernt zu jedem Zeitpunkt auf seine ganz eigene Art. Und Lernen bedeutet dabei, dass in verschiedenen Bereichen des Gehirns und des Körpers Netzwerke aus Nervenverbindungen aufgebaut werden. Auch ein Abbau oder Verschiebungen (Aufbau und Abbau zugleich) dieser Verbindungen kann stattfinden. Also ein Gehirn in ständiger Verformung. Man bezeichnet das als die Neuroplastizität des Gehirns. Stellen Sie sich bitte Ihr Gehirn als modellierbare Masse einzelner Elemente vor, die sich durch Lernen und Erfahren immer wieder neu vernetzen. Alte Verbindungen können sich auflösen und Neue erschaffen werden. Fast wie eine Gartenparty. Mal steht ein Pulk von Menschen in einer Ecke und wenn es dann Essen gibt, trifft man sich am Tisch wieder. Und wie jeder weiß, enden die meisten Partys dann doch in der Küche. Manche Gäste bleiben zusammen, manche haben bestimmte Aufgaben und manche sind mal da und dort. Die Art der

Vernetzung hängt mit den aktuellen Gegebenheiten zusammen. Je länger die Party dauert, desto deutlicher werden die Grüppchen.

Als Coach beginnt man, die Möglichkeiten dieser Gruppen als Strukturen zu erkennen, welche Auswirkungen im Verhalten des Klienten haben. Doch nicht alle Strukturen sind sinnvoll oder führen zu erlebter Kompetenz. Daher erarbeiten wir neue kompetente Lösungen mit den Klienten. Als Ergebnis verändern sich dann bestimmte Vernetzungen im Gehirn des Klienten. Um diese Veränderungen im Buch im Zusammenhang mit Netzwerken von Synapsen beschreiben zu können, nutze ich eine Reihe von Begriffen.

Strukturaufbau
Ich kann mit dem Klienten Strukturen aufbauen, die ihm helfen mit schwierigen Situationen leichter umzugehen. Beispiel: Der Klient, der alles für andere macht, trainiert jetzt klar und deutlich zu den Kollegen „Nein" zu sagen.

Strukturverschiebung
Der Klient kann eine hilfreiche innere Struktur, die er in einem anderen Bereich in seinem Leben schon kann, teilweise übernehmen. Beispiel: In der Firma kann sich der Mensch jetzt abgrenzen und wendet diese Fähigkeit jetzt auch bei der Nachbarin an, die gerne viel redet.

Strukturabbau
Manchmal findet man hinderliche Denkstrukturen oder unangemessenes automatisches Verhaltens beim Klienten. Man kann diese hinderliche Strukturen abbauen, wenn man die Denkbasis so widerlegt, dass der Klient diese als unnütz erfährt. Beispiel: Manchmal erkennt ein Klient, dass der Glaubenssatz „Ich muss alles für andere tun und nichts für mich" jetzt eigentlich nicht mehr zu seinem Leben passt.

Strukturunterbrechung
Denkstrukturen lassen sich lockern oder unterbrechen. Beispiel: Manchmal reicht die einfache Idee, sich seinen Chef nackt vorzustellen, um die Angst abzubauen und dann mit ihm über eine längst überfällige Lohnerhöhung zu reden. In Zusammenhang mit dem Denken ist „Struktur" dann ein anderer Begriff für „Verbund von Synapsen", die miteinander feuern oder sich gegenseitig hemmen. Das ist vereinfacht gesagt die Grundlage des Denkens. Unser Gehirn ist dabei jedoch so komplex, dass die Art und Weise, wie Veränderungen in diesen Strukturen entstehen, von Mensch zu Mensch unterschiedlich sind und somit jeweils anders gelöst werden.

Neuronale Plastizität

Neuronale Straßen nennt man die Verbindungen, welche verschiedene Nervenzellen und Netzwerke zu einem bestimmten Thema ausbilden. Die Verkettung von zwei oder mehreren Zellen führt nach Donald Olding Hepp[4] zur gesteigerten Reaktion miteinander. Neue Erfahrungen sind erst einmal schmale neuronale Pfade mit wenigen Verbindungen. Erst wenn es wiederholt wird oder mit bekannten Erfahrungen verbunden wird, steigert sich die Wahrscheinlichkeit, dass man sich an diese Erfahrungen erinnert. Dadurch hat man dann jedoch neue Möglichkeiten, mit einer Schwierigkeit umzugehen.

Neuronale Netze entstehen auch aus Vorstellungen (innerer Repräsentation) von neuen Ziele. Je besser diese vorstellbar, realistisch, machbar und mit den eigenen Erfahrungen verbunden sind, desto mehr sind diese Ziele anziehend und wirken schon, wenn man daran denkt. Einfaches Beispiel: Versuchen Sie bei Lauftraining sich immer nur kurze Teilziele zu setzen und nicht die ganze Zeit an die 42 km zu denken. Dadurch wird es im Denken einfacher und auch das Laufen wird leichter. Wissenschaftlich heißt das:

Je besser ein neuronales Netz multikodiert ist, desto besser ist die Merkleistung und desto besser ist es aktivierbar.

Multikodiert bedeutet in diesem Zusammenhang, dass ein Ziel mit vielen Erfahrungen verbunden wird: Mit Bildern oder Tönen, Gefühlen, Gerüchen. Mit speziellen Körperbewegungen oder Handhaltungen. Das Ziel sollte auch in verschiedenen Kontexten nutzbar sein. Also im Beruf wie im Privatleben. Je mehr Ebenen ein Coaching anspricht, desto wahrscheinlicher ist es, dass die Ergebnisse zu einem tragfähigen Programm im Gehirn reifen. Gerade in den letzten Jahren hat sich eine eigene Forschungsrichtung mit eigenen Techniken aus diesen Grundlagen heraus entwickelt, die sich unter der Überschrift Embodiment eingliedern lässt. Vertreter dieser Richtung sind Maja Storch[5] und der populäre Gehirnwissenschaftler Gerald Hüther[6].

Arbeiten Sie als Coach beeindruckend. Denn genau das braucht es, wenn neue Verbindungen im Denken des Klienten geprägt werden sollen.

Die Wissenschaft bietet heute dem Coach eine Basis, welche die Wirksamkeit erklären kann. Dabei ist es wichtig auch die Grundsätze zu befolgen. Achten Sie als Coach darauf, dass jeder Mensch, Zufriedenheit anstrebt. Die Wege sind unterschiedlich und nicht immer richtig. Doch jeder handelt nach seinen eigenen inneren Erfahrungen. Doch diese sind nicht festgefahren oder unabänderlich. Ein Gehirn stellt ein sich ständig veränderndes System dar und Sie als Coach haben die Möglichkeit, die Richtung der Entwicklung zu beeinflussen.

Vorannahmen des Coachings

Neben den Werten, die man als Coach leben sollte und dem Wissen über Gehirn und Veränderung, kann es hilfreich sein, ein paar Vorannahmen zu haben, wie Prozesse Richtung Lösungen ablaufen. Ich biete Ihnen hier eine Liste von Vorannahmen, die zum Teil aus der neurolinguistischen Programmierung entstanden sind, zum anderen im Bereich der systemischen Therapie und Aufstellungsarbeit beachtet werden. Es sind nur Vorannahmen. Ich bin offen dafür, dass sich für jede dieser Annahmen einen Gegenbeweis erbringen lässt – Nur habe ich das bisher noch nicht erlebt.

Alle Menschen sind einzigartig und erleben die Welt auf unterschiedliche Art und Weise. Jeder Mensch ist verschieden und hat seine eigene Art zu sein. Das Kölner Grundgesetz nennt das „Jeder Jeck is anders“, was es auf den Punkt bringt.

Geist, Körper und Umwelt bilden ein gemeinsames System. Unsere geistige Einstellung beeinflusst unsere Gesundheit. Ebenso wird all das, was wir tun, auch unser Denken verändern. Das Gehirn formt sich am meisten, wenn man etwas Neues macht.

Menschen orientieren sich größtenteils in ihren Handlungen an Vorstellungen (ihrer "geistigen Landkarte") und nicht an der Welt selbst. Eine Landkarte (ein "Modell der Welt") ist nicht das Gebiet, das sie darstellt. Dies hat eine dem Gebiet ähnliche

Struktur in einem Maßstab, der einem Zweck folgt. Wanderkarten sind genau und Autobahnkarten sind vielleicht nur Übersicht. Also richtet sich ihre Brauchbarkeit nach dem Zweck, den die Karte hat. Wenn Sie also mit einer Autobahnkarte wandern gehen, werden Sie sich höchst wahrscheinlich verlaufen. Unser Gehirn ist ähnlich aufgebaut. Wir erschaffen uns interne Repräsentationen der Welt. Aber die können immer nur einen Teil dessen abbilden, was wirklich ist. Übersetzt bedeutet es, dass jeder Mensch auf seine ganz eigene Weise das repräsentiert, was er von der Wirklichkeit erlebt. Die Wahrnehmung dazu wird durch einige innere Filter geprägt. Menschen, die miteinander kommunizieren, haben gewöhnlich unterschiedliche Landkarten, die in einigen Aspekten übereinstimmen. Ein Coach weiß, dass Wahrnehmung immer subjektiv geprägt ist. Dadurch wird klar, dass man ganz genau hinhören, sehen, fühlen und denken muss, um andere zu verstehen.

Das Problem des Klienten sollte nicht mit der Landkarte des Coaches gelöst werden.

Jedes Verhalten, sei es noch so unangemessen, wird von einer positiven Absicht motiviert. Auch wenn diese nicht immer sofort erkennbar ist. Diese Grundannahme geht davon aus, dass Menschen eigentlich immer Gutes für sich erreichen wollen und versuchen, dies auf die für sie beste mögliche Weise zu erreichen. Der Coach glaubt an die gute Absicht, auch wenn das Verhalten des Klienten negativ wirkt. Schon alleine diese Annahme erhöht die Bereitschaft, in einen wertschätzenden Kontakt zu treten. Denn wenn der Gegenüber sich grundsätzlich als Person gewürdigt fühlt, ist er offen für Kommunikation. Das Herausschälen der eigentlichen positiven Absicht kann beginnen und die Suche nach möglichen Handlungsalternativen ist leichter. Aus der Coach Sicht gilt folgendes: Sehen Sie Ihren Klienten nicht als anstrengend, verwirrt oder depressiv. Sehen Sie Ihn als einen Menschen, der mit seinen Fähigkeiten genau das tut, was er in seiner Situation eben kann. Doch glauben Sie daran, dass es nur ein paar Schritte braucht, die Quellen des Menschen anzuzapfen und neue Schritte zu initiieren.

Veränderung in der geistigen Landkarte führen zur Neusortierung im Gehirn. Im Prozess der Veränderung öffnen sich neue Wege und alte verschwinden. Da das Körper-Geist-Umwelt-System sich neu anpassen muss, beginnt dann eine Integrationsphase. Diese Integrationsphase brauchen Klienten solange für sich, bis das Neue wirklich Teil des Denkens ist. Das kann sich manchmal auch seltsam – weil ungewohnt – anfühlen, führt jedoch erst nach dieser Phase zu neuen kraftvollen Verhaltensweisen.

Wachstum hat Phasen von Ich- und Wir-Orientierung. Wenn etwas Neues entsteht ist es meist sehr verletzlich. Sei es ein Mensch, ein Projekt, eine Firma oder auch ein neues Gedankenmuster. In dieser Zeit ist es wichtig das „Ich" zu definieren. Je klarer man wird, desto eher weiß man was dazu gehört und was nicht. Doch wenn jeder nur sich selbst sieht, fehlt die Entwicklung des Gemeinsamen und der daraus entstehenden Synergie. Wir sind soziale Wesen. Darum wird sich der „Wir" Gedanke irgendwann einmal entwickeln und die Vernetzung mit anderen steht im Vordergrund. Diese Wechsel sind Teil des persönlichen Wachstums.

Veränderung folgt der Aufmerksamkeit. Bewusste Aufmerksamkeit und Achtsamkeit steuert die Aktivierung von Bereichen im Gehirn, welche dadurch wachsen und vernetzen. Es ist daher weniger die Frage, was wir nicht haben wollen, sondern was wir erreichen möchten. Viele Menschen verwechseln dies. Denn Problemdenken erschafft Probleme, Lösungsdenken erschafft Lösungen.

Kernkompetenz und Kernverletzung sind untrennbar miteinander verbunden. Eine Kernverletzung ist ein Thema, das einen schon so lange begleitet, so dass man es bereits als Teil der Persönlichkeit akzeptiert. Immer wenn die Kraft fehlt oder Streit in der Luft liegt, wird das Thema hinderlich. Der Mensch wird sich der Verletzung bewusster und möchte es lösen. Dann ist oft Zeit Neues zu probieren. Das Verhalten so zu verändern, dass das Muster nicht mehr wirken kann. Ernährungsumstellungen, Kraftsport, Therapien und vieles mehr sind dann Teil des Lebens. So wird aus einer Verletzung eine Kompetenz. Auch wenn die Therapie Kernverletzungen heilen kann, sollte der Coach seine Sicht auf die Fähigkeiten des Klienten richten, welche mit dem Thema verbunden sind.

Alles ist miteinander verbunden. Coaching ist manchmal ein Wunder. Und das zeigt sich durch die Verbindungen der Menschen und Dinge untereinander. Der Hauptfokus eines geschulten Coaches liegt daher auch auf den Beziehungen und deren Qualität. Denn in den Mustern der Beziehung ist die Lösung enthalten.

„Wie im Großen so im Kleinen". Veränderungen setzen am effektivsten an kleinen handhabbaren Teilen des Systems an. Wachstum bedeutet dann, dass man immer größere Aspekte handhaben kann. Auch Problemmuster finden sich daher im Großen, wie im Kleinen. Der Mensch liebt es seine Strategien vielfältig einzusetzen. Lernen heißt hier auch, dass unterschiedliche Aspekte unterschiedliche Strategien benötigen.

Ohne Kommunikation keine Veränderung. Dies gilt für die Kommunikation mit anderen Menschen, aber auch für die Kommunikation mit einzelnen

Bedürfnisanteilen in einem selbst. Und nicht die Menge der Kommunikation entscheidet über das Ergebnis, sondern die Art derselben.

Die Trennung von Ursache und Wirkung kann in einem komplexen System nicht aufrechterhalten werden. Alles hängt mit allem zusammen und der bekannte chinesische Schmetterling ist sich seiner Macht mittlerweile bewusstgeworden.

Fazit

Coaching besteht aus einem System zwischen Coach und Klient. Gute Vorannahmen, Werte und Wissen auf der Seite des Coaches steigern die Wahrscheinlichkeit, dass Lösungen für den Klienten im Prozess des Miteinanders entstehen. Der Reiz am Coaching ist dabei, das man viele unterschiedlichen Fähigkeiten braucht, um diesen Prozess zu erschaffen und den Klienten weiterzubringen. Gleichzeitig ist Coaching etwas, was man strukturieren kann und das auch Hand in Hand mit der heutigen Wissenschaft geht. Lernen Sie die Muster des Körper-Geist-Systems zu verstehen und nutzen Sie die Methoden, die bereits funktionieren. Das Gehirn folgt klaren Regeln, auch wenn diese zuweilen kompliziert sind. Doch Coaching mit Struktur zusammen mit Erfahrung und Intuition findet Wege in der Komplexität menschlichen Handelns und Wirkens. Systemisches Denken und prozess- und lösungsorientiertes Vorgehen ist heute „*state oft the art*“ erfolgreicher Coaches.

Denn jedes Problem hat eine Lösung, nur findet man diese nicht auf der Ebene auf der Sie entstanden ist. Der Weg dahin ist der Prozess.

Neurolinguistische Programmierung

Wissen ist nur ein Gerücht,
solange es nicht in den Muskeln ist.

Robert Dilts, US-amerikanischer NLP-Entwickler

Das Leben ist bezaubernd, man muss es nur durch die richtige Brille sehen.

Alexandre Dumas d.J.

Neurolinguistische Programmierung

NLP ist ein vielschichtiges Kommunikationsmodell, das seinen Ursprung in der Humanistischen Psychologie der siebziger Jahre hat. Entwickelt wurde es von einer Gruppe von Menschen, die neue Wege der Veränderungsarbeit und Kommunikation suchten. Hauptsächlich daran beteiligt und namensgebend waren Richard Bandler , John Grinder, Frank Pucelik oder später auch Tony Robbins. NLP hat sich gerade in seiner Anfangszeit in Kontexten wie Verkauf und Therapie als leicht erlernbares Tool einen Namen gemacht. Seitdem wird seitdem ständig weiterentwickelt und für andere Bereiche wie zum Beispiel Lernen, Management und Gesundheit eingesetzt. NLP bietet hochwirksame Werkzeuge, die zum Gelingen von Kommunikationsprozessen beitragen und erfolgreiche Strategien, um auch in komplexen Zusammenhängen zielgerichtet zu handeln. Zugleich beinhaltet NLP schon seit Jahrzehnten vieles, was das heutige Wissen über Gehirn und Coaching jetzt erst beweist. Die NLP'ler nannten es nur im Vorfeld Vorannahmen und haben schon damit gearbeitet, als Coaching gerade erst für Sportler zum Normalen wurde. Als Coach arbeite ich mit einem, um die systemischen Sichtweisen erweiterten, werteorientierten NLP Ansatz. Die Arbeit mit NLP kann ungeahnte Möglichkeiten der Weiterentwicklung eröffnen und ist als Basis für einen angehenden Coach äußerst hilfreich. Im Zusammenhang dieses Buches bietet NLP vor allem eine Arbeitsgrundlage und ein Glossar, welches für das Verständnis von Veränderungsprozessen notwendig ist. Darum stelle ich diesen Teil allen anderen Kapiteln dieses Buches vor, damit Sie sich schon an gewisse Begriffe gewöhnen können.

Ressourcenreich und lösungsorientiert

In der Denkweise des NLP geht man davon aus, dass Menschen die Ressourcen für die Lösung ihrer Probleme schon alle in sich tragen. Ziel ist es, dem Menschen mehr Wahlmöglichkeiten zu eröffnen, um selbstverantwortlich diese Lösungen zu finden. Dort, wo es um die hilfreiche Begleitung von Menschen in Veränderungsprozessen geht und wirksame Lösungsstrategien entwickelt werden sollen, kommt NLP optimal zum Einsatz. NLP unterstützt auch bei einer Analyse von Problemen. Es bietet die Möglichkeit, sich einschränkende Denkmuster bewusst zu machen und die Einstellungen und Fähigkeiten zu entwickeln, die zu den Überzeugungen am besten passen.

Ganzheitliches Denken und systemischer Ansatz

Mit dem in unserer Gesellschaft vorherrschende Denken werden Probleme und Symptome oft isoliert betrachtet. Störungen sollen möglichst schnell beseitigt werden, um reibungslose Abläufe zu garantieren. Dabei wird leider oft nicht erkannt, dass Störungen, Mängel und Fehler wichtige Informationen beinhalten, die für den weiteren Prozess von entscheidender Bedeutung sind. Dies gilt sowohl für Entwicklungen und Krisen beim individuellen Menschen, wie auch für Abläufe in Teams und Unternehmen. Der systemische Ansatz geht weit über eine Symptombehandlung hinaus. Wechselnde Perspektiven, unterschiedlicher Fokus auf einzelne Teile und Wahrnehmung des Systems in seiner Ganzheit ermöglichen nachhaltige und tiefgreifende positive Veränderungen. Als Coach und NLP-Anwender können Sie lernen immer mehr in Gesamtzusammenhängen zu denken und wahrzunehmen. Sie begreifen dabei Irritationen zunehmend als Lernchancen und nutzen Fehler, um aus ihnen optimale Lösungen und neue hilfreiche Strategien zu entwickeln.

Entwicklungsfreude und Veränderung

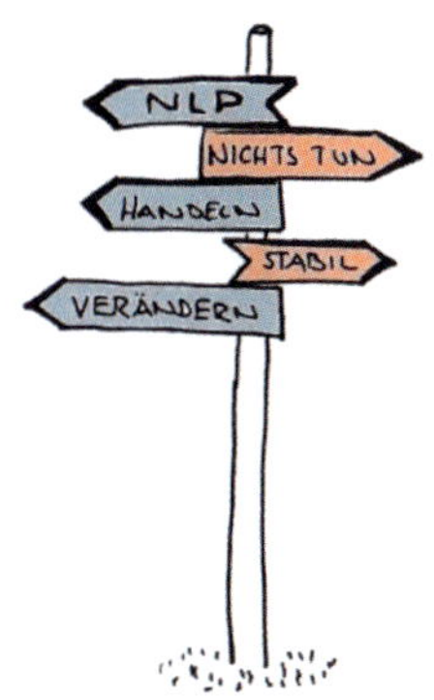

Persönliche Entwicklung bedeutet, immer wieder Grenzen zu überschreiten und zuweilen auch ungewöhnliche Wege einzuschlagen. Denn gerade die gewöhnlichen Wege hat manch einen Menschen in einer sich ständig verändernden Welt auf ein Abstellgleis manövriert, aus dem er nicht mehr herausfindet. Hier gilt es vorausschauend zu handeln und zu steuern. Manchmal muss man neue Wege befahren, um nicht stecken zu bleiben. Neue Herausforderungen sollte man dabei am besten als zusätzlichen Gewinn betrachten.

Bei allen Veränderungen und Weiterentwicklungen ist es entscheidend, offen für neue Sichtweisen zu sein und kreativ neue Lösungen zu finden. In vielen schnellen Veränderungsprozessen wird oft versäumt, die Menschen, Strategien und Leistungen zu würdigen, die sich bis dahin bewährt haben. Dort, wo diese Wertschätzung auf der Strecke bleibt, ist oft keine nachhaltige positive Veränderung möglich. Als „Veränderungshelfer" ist es daher dem Coach wichtig, jeden Menschen und jedes Team in seiner Einzigartigkeit und Integrität wertzuschätzen. Die Erfahrung zeigt, dass mit Vertrauen auf die Selbstheilungskräfte jede Menge Entwicklungsfreude geweckt werden kann.

Gerade Krisen können zu großartigen Entwicklungschancen werden.

NLP Grundprinzipien

Die so genannten "Vorannahmen[7]" beschreiben grundlegende Einstellungen des NLP. Sie wurden zum größten Teil von Menschen übernommen, die auf ihrem Gebiet außergewöhnliche Resultate erzielten. NLP ist also nicht nur eine bloße Sammlung nützlicher Werkzeuge - es ist auch und vor allem eine nützliche Einstellung. Einen Teil der Vorannahmen habe ich bereits in den Coaching Vorannahmen integriert, da diese essentiell sind. Eine komplette Liste finden Sie im Anhang. Stellvertretend stelle ich Ihnen hier eine Vorannahme vor, die für das NLP Denken charakteristisch ist:

Mehr Wahlmöglichkeiten sind besser als keine Wahlmöglichkeiten. Menschen sind nicht neurotisch, verrückt oder kaputt. Sie treffen stets die beste Wahl aus dem, was ihnen an Wahlmöglichkeiten zur Verfügung steht. Sie funktionieren in ihrem "Modell der Welt" perfekt. Jedes menschliche Verhalten ergibt einen Sinn, wenn es im Kontext der "geistigen Landkarte" der betreffenden Person gesehen wird. Die Schwierigkeit besteht in der Regel nicht darin, dass Menschen die falsche Wahl treffen, sondern dass ihnen nicht genügend Wahlmöglichkeiten zur Verfügung stehen - sie haben kein vielseitig orientiertes Bild der Welt. Coaching mit NLP zielt darauf bessere und stärkere Lösungswege zu finden, damit das alte hinderliche Verhaltensmuster nicht mehr benutzt werden braucht. Sie machen nichts altes weg, sondern erschaffen neue leuchtende Wege, welche für den Klienten einprägsam und anziehend sind.

Kommunikation

Eines der Grundprinzipien des NLP lautet, dass wir immerzu kommunizieren. Oder eben „nicht nicht“ kommunizieren. Dieses Axiom wurde von Paul Watzlawick definiert, einem österreichischen Kommunikationsforscher. Es ist eine Aussage über die Kommunikation an sich und wird daher auch zu den metakommunikativen Axiomen gerechnet. Was heißt das genau? Ein Großteil der Bedeutung unserer Kommunikation wird über die Worte hinaus auch von unserer Mimik, unseren Gesten, unserem Tonfall usw. vermittelt. Was also teilen wir mit und wie tun wir dies? Ist das, was wir mitteilen wollen auch das, was unser Gegenüber versteht? Wenn nicht, wie erkennen wir die entsprechenden Hinweise, und wie können wir diese berücksichtigen? Viele der Menschen, die NLP zu dem gemacht haben, was es heute ist, haben Techniken, Lösungen und Strategiemuster gefunden, diese komplexen Kommunikationsabläufe in Sprache und Gestik zu verstehen und zu verändern. Wiederholbare Lösungen wurden als „NLP Formate“ festgeschrieben und können heute von Menschen auf der ganzen Welt reproduziert werden. NLP ist eine klinische Methode für Praktiker. Tue etwas, und wenn es nachweislich reproduzierbar ist, zu Bedingungen die messbar sind, dann schreibe es auf und teile dieses mit Anderen. Dabei ist es egal, ob es laut der aktuell festgelegten wissenschaftlichen Meinung richtig ist oder nicht. Es ist der Geist der 68'er Zeiten, in denen NLP gegründet wurde. Und heute noch bringen Coaches, Trainer und Anwender immer wieder spannende Methoden hervor, die auch Teil des NLP Repertoires werden. Die Grenzen zu anderen Modellen sind dabei nicht fest, sondern überschneiden sich oft.

Kommunikation und Rapport

Nonverbale Kommunikation

Wenn man mit einem Menschen redet, beträgt der Anteil der reinen Information (Sachebene), die beim Gesprächspartner ankommt vielleicht 15%. Die nonverbale

Kommunikation spielt bei einem Gespräch unter vier Augen die größte Rolle, also mindestens 85%! Hier kommt jetzt der Rapport ins Spiel. Im Französischen bedeutet „Rapport“ so viel wie „Muster“, aber auch „zurückbringen“, „sich beziehen auf“. Im Englischen bedeutet es „Beziehung in Harmonie“, Übereinstimmung“, „Gleichklang“, „Ähnlichkeit“. Diese Übersetzungsversuche zeigen eine Bedeutung dessen, was „Rapport“ im NLP heißen könnte. Benutzt wird es für eine Situation, in der zwei Personen in gutem Kontakt miteinander stehen, was auch äußerlich in ähnlichen Bewegungen, in ähnlicher Wortwahl, am angeglichenen Sprechtempo usw. abzulesen ist. Es ist wie ein gut einstudierter Tanz. Das Erleben des Miteinander fühlt sich dabei auch gut an. Als Coach achtet man auf diese Form, indem man sich auf diesen natürlichen Prozess des Rapports einlässt. Denn erst, wenn dieser entstanden ist, finden Gespräche zu einer gemeinsamen Übereinstimmung. Also nicht die Sachinformation, sondern der Prozess des Miteinanders steht vor der Übermittlung der Information. Wir sind nun mal soziale Wesen und das hat uns geprägt. Mancher Chef versteht das noch nicht ganz und wundert sich, wenn Informationen nicht richtig fließen.

Rapport ist auch etwas, das in der Regel natürlich entsteht. Zwei Menschen, die sich gut leiden können, signalisieren sich durch mehr oder weniger auffällige Aspekte:

„Ich verstehe Dich". Dies ist in der Regel nonverbal und kann auf vielen Ebenen stattfinden. Ich erinnere mich an zwei bärtige Motorradfahrer, die vor dem Regen in einer einsamen Stadt in einer Kneipe mit mir das Ende der heftigen Regengüsse abwarteten. Lange Bärte, dunkle Brillen und völlig wortlos saßen die beiden sich stundenlang gegenüber, um dann im gleichen Augenblick zum Glas zu greifen und zu trinken. Auch das ist Rapport. Oder denken Sie mal an ein frisch verliebtes Pärchen. Jede Bewegung sieht aus wie synchronisiert. Das ist die intensivste Form des Rapports, wenn eine neue Verbindung zwischen Menschen erwächst, die im natürlichen Sinne sogar zu einer Erschaffung neuen Lebens führen könnte.

Auf welchen Ebenen kann Rapport zwischen Menschen stattfinden?

- Bewegungen
- Sprache
- Denkmuster
- Gesprächsinhalt
- die Art sich zu kleiden
- die Art Kultur zu erleben
  (Kinofilme oder Theater oder ...)

Auf all diesen Ebenen teilen Sie im guten Rapport Ihrem Gegenüber unmissverständlich mit: Ich verstehe dich. Diese Information wird ankommen und alle werden von dem guten Gefühl, welches dadurch entsteht beeinflusst und somit dem letztendlichen gemeinsamen Ziel näherkommen. Wir nennen dies im NLP „Win-Win", weil alle beteiligten Parteien davon profitieren. Für das Coaching ist Rapport daher notwendig. Der Klient wird sich nicht auf einen Prozess einlassen, wenn er mit dem Coach nicht klarkommt. Vielleicht würde er sagen, die Chemie stimmt nicht. Sie können sich dann auf den Kopf stellen oder Saltos aus dem Stand vorführen, der Klient wird darauf nicht eingehen. Erst wenn er sich angenommen und verstanden fühlt, lässt er sich ein.

Es gilt:

Rapport vor Lösung

Indem Sie Rapport herstellen, schaffen Sie eine freundliche Beziehung und eine Vertrauensbasis für die weitere Interaktion. Dabei sollten Sie ganz präsent und aufmerksam sein. Warten Sie, bis der andere merkt, dass Sie da sind. Eine Intervention kann erst gelingen, wenn Sie zuvor Rapport hergestellt haben. Schwingen Sie sich auf die Gefühlswelt ihres Gegenübers ein, respektieren ihn und begeben sich somit auf seine Ebene. Holen Sie Ihren Klienten da ab, wo er gerade ist. Um diesen Rapport herzustellen, brauchen Sie die Fähigkeit, an Ähnlichkeiten anzuknüpfen, die Sie mit dem Anderen teilen. Der Fachbegriff lautet „matching". Menschen vertrauen sich gegenseitig, wo sie Ähnlichkeiten wahrnehmen. Beispiel „Dresscode im Unternehmen". Stellen Sie Rapport her, indem Sie sich genau auf ihr Gegenüber einstellen. Das kann auf verschiedene Weise geschehen: Blickkontakt aufnehmen, Tempo anpassen, gleiches Nicken, Lächeln und vieles mehr. Das vollzieht sich vor allem auf der Verhaltensebene. Einen tiefen Rapport als Arbeitsbeziehung herzustellen ist ein ganzheitlicher Prozess, der absolute Präsenz und Zugewandheit erfordert. Bei einer tiefen Begegnung kommen auch unbewusste Schichten der beiden Personen miteinander in Kontakt; es entsteht etwas Neues, Eigenes, Unvorhersehbares, was das Miteinander spannend und kreativ macht.

Pacing

Aus der Sicht des NLP stellen Sie Rapport her, indem Sie das beobachtbare Verhalten des Anderen *„pacen"*; Das heißt, Sie passen sich dem Verhalten ihres Gegenübers an, nehmen sein Tempo, seinen Takt auf. Beim Pacing spiegeln Sie Ihr Gegenüber auf mehreren Ebenen: Körpersprache, Sprache, Atmung, Gesichtsausdruck, Mimik, Bewegungen, Sprechgeschwindigkeit...

Entscheidend für eine gelungene Kommunikation ist, dass es Ihnen beim Pacen gut geht und dass Ihr Verhalten authentisch ist. Sonst funktioniert es nicht und führt eher zum Gegenteil. Ihr Gegenüber wird sich unwohl fühlen. Haben Sie jedoch durch nonverbales Pacing Übereinstimmung erreicht, sind Sie bereits auf dem besten Weg zu einer verbalen Übereinstimmung. Pacing bedeutet aber nicht, dass Sie Menschen wie Puppen tanzen lassen können, sondern es ist immer ein gemeinsamer Prozess zwischen zwei Menschen, das durch übertriebenes Spiegeln sofort zunichtegemacht wird. Setzen Sie dieses Werkzeug gezielt und sparsam ein, werden Ihre Gespräche oft einfacher zu führen sein.

Leading

Es lohnt sich, wenn Sie sich die Zeit nehmen, Ihr Gegenüber so lange zu „pacen", bis Sie einen hervorragenden Rapport hergestellt haben. Dann erst können Sie zum Leading übergehen und so Ihr Gegenüber lenken. In diesem Zustand ist es einfacher, jemandem Vorschläge und Vorgehensweisen nahe zu bringen, solange es in einem respektvollen Rahmen geschieht. Sie können keinen zu etwas zwingen, was er nicht will. Fühlt er sich jedoch in seinem So-Sein angenommen, können Sie durch langsame Veränderungen Ihrer verbalen und nonverbalen Signale kleine Richtungsänderungen initiieren (*leading*). Sie holen den Anderen da ab, wo er steht und nehmen ihn da an die Hand, um dahin zu gehen, wo er selbst eigentlich hin will. Ein gutes Beispiel wäre es, sich bei einem aufgeregten Menschen zuerst an dessen hohe Sprechgeschwindigkeit anzupassen und dann langsam beim Reden ruhiger und ruhiger werden. Jedoch ist es unangebracht Menschen dahin zu bringen, wo sie selbst nicht hinwollen. Es ist dauerhaft ineffektiv und nicht nachhaltig. Wenn Sie ein Auto von einem Verkäufer kaufen, der Sie gefühlt übers Ohr gehauen hat, werden Sie auch nicht mehr zu diesem gehen.

Was kann man alles pacen?

Körperbewegung: Wenn man Körperbewegungen spiegelt bedeutet dies, dem anderen über die Bewegung die Information mitzugeben: Ich verstehe Dich. Und gleichzeitig sich selbst in einen harmonischen Einklang mit dem anderen zu bringen. Das geschieht unbemerkt, indem Sie die Bewegungen und Haltungen des Anderen, zunächst ansatzweise spiegelnd, aufnehmen. Achten Sie auch auf die Atmung, dies ist eine sehr kraftvolle Quelle für guten Rapport.

Sprache: Sie passen Ihre eigene Stimme der des Klienten an, wie es Ihnen durchführbar und angebracht erscheint. Dies ist eine wichtige Möglichkeit, wenn Sie mit Klienten nur telefonieren. Sie können dabei z.B. folgendes pacen: Klangfarbe (tief - hoch), Tempo (langsam – schnell), Lautstärke (leise – laut), Modulation (bestimmte Betonungen)

Sprachinhalte: Bedient sich der Klient in der Sprache bestimmter Repräsentationen von Sinneswahrnehmungen? Redet er mehr über das Sehen oder eher über das Fühlen. Achten Sie auf die Sprachhinweise und nutzen Sie das verbale pacen. Also passen Sie ihre Sprache an.

Stimmungen: Das "Sich Öffnen" der Stimmungen des Klienten wird auch im Coaching „*Containing*" genannt. Damit nimmt der Coach einen Teil des Gefühlslebens des Klienten in sich auf, ohne dass es seine eigenen Gefühle sind. Dies zu unterscheiden ist ein wichtiger Lernprozess und kann in den Regeln eine Zeit dauern. Seien Sie vorsichtig dabei zu tief in die emotionale Welt des Klienten einzusteigen. Denn meist braucht der Klient etwas ganz Anderes. Für bestimmte Formate ist diese Fähigkeit jedoch wichtig. Es ist die höchste Form des Rapports. Hat Ihr Gegenüber ohnehin schon eine positive oder gar euphorische Stimmung können Sie diese natürlich aufnehmen, verstärken und für das Anliegen des Gespräches nutzen.

Meinungen und Überzeugungen: Es ist für einen Coach möglich, seinen Klienten auch bezüglich seiner Meinungen und Überzeugungen zu pacen, auch wenn er selbst eine andere Einstellung haben. Wichtig hierbei ist, dass Sie ihr Gegenüber als Person vollkommen respektieren und dabei gleichfalls ihre eigene Integrität bewahren, wenn Sie die bestimmten Aspekte des Gegenübers aufgreifen, mit denen Sie wirklich übereinstimmen. Auch wenn es nur kleinen Übereinstimmungen sind, ist der Rapport doch kraftvoller, als wenn Sie überhaupt nicht übereinstimmen oder nichts dazu sagen.

Logisches Pacing: Dieses Pacing geht auf Inhaltsmodelle. Nach Schulz von Thun gibt es mehrere Ebenen der Kommunikation: Sachebene, Selbstkundegabe, Beziehungshinweis, Appell. Beachten Sie auf welcher Ebene die Kommunikation Ihre Hauptebene hat und pacen Sie auch diese Ebene. Diese Aspekte sind Aspekte der Zuwendung, verbunden mit Respekt und der Wertschätzung des Gegenübers. Die Art der Kommunikation ist dann ein Ergebnis dieser Vorbereitung. Wenn Sie beginnen mit NLP zu üben, werden Sie den Unterschied verstehen.

VAKOG – Die Repräsentationen unserer 5 Sinne

Wir erfahren die Welt über unsere fünf Sinne. Dann merken wir uns die erlebte Wirklichkeit auf eine individuelle Art und Weise. Mancher Mensch merkt sich mehr die Bilder und ist später beim Planen jemand, der gerne innerlich visualisiert. Andere hingegen merken sich mehr das, was sie hören und reden gerne viel mit sich und anderen. Im NLP sprechen wir dann vom bevorzugten Repräsentationskanal. Also der Ebene, auf dem man am liebsten Informationen aufnimmt und verarbeitet. Ein Coach weiß, welche Kanäle er selbst und sein Gegenüber bevorzugt. So kann er besser berücksichtigen, unter welchen Umständen seine Klienten am besten lernen und welche Kanäle angesprochen werden müssen, um zu diesen überzeugen. Ein visueller Typ muss z.B. etwas sehen, um es sich gut zu merken oder es für bedeutsam zu erachten. Für den auditiven Typ ist das gesprochene Wort die wichtigste Brücke, die ihn letztlich überzeugt. Kinästhetisch orientierte Menschen erleben etwas am stärksten, wenn sie es selbst etwas anfassen oder etwas mit ihrem Körper tun können. Bei besonders intensiven Erlebnissen (sowohl positiv und negativ) sind oft alle Repräsentationen hoch aktiv. Wenn einem etwas unter die Haut geht, dann bringt das besonders starkes sinnliches Erleben mit sich, welches man sich dann auch besonders gut merken kann. Unsere Repräsentationskanäle werden gefüttert durch die Informationen unserer Sinneswahrnehmungen. Doch zwischen der Wahrnehmung und der Repräsentation kann ein gewaltiger Unterschied sein: Denn unser Gehirn filtert und verändert die reine Information für seine Zwecke. Und damit bereitet es diese für die Speicherung im Gehirn auf. Es ergänzt grobe Informationen mit eigenen Erfahrungen. Das bedeutet: Sie brauchen sich nicht immer mit allen Details zum Bild einer Banane zu beschäftigen. Ihr Gehirn wird durch einen groben Vergleich schnell entscheiden: Gelb leicht gekrümmt und ein paar Kanten darin: Das ist eine Banane. Es kann schnell die Wahrnehmung auf eher unbekanntere Dinge richten. Es ist eine Fähigkeit des Gehirns Informationen zu reduzieren. Die meisten Menschen haben keine holografische Abbildung der Welt eins zu eins im Kopf, sondern nur ein Model. Und dieses reicht zum Denken, Planen und Erschaffen: Die Landkarte ist nicht das Gebiet, ist aber genug, um sich in der Welt zurechtzufinden.

Bei schwierigen Situationen, die vom Model abweichen, gibt es ja immer noch das Bewusstsein, welches den Fokus dann auf die Details und Unterschiede verschieben kann. Täglich fahren Sie die gleiche Straße zur Arbeit, aber plötzlich rollt ein Ball über die Straße. Sie sind dann ganz hoffentlich ganz wach und präsent und fahren nicht geradeaus im gleichen Tempo weiter, weil das Bewusstsein den Unterschied erkannt hat und genau hinschaut. Achtung – andere Dinge werden dann ausgeblendet. Siehe dazu auch Link zur Gorilla-Studie im Anhang[8].

Grundsätzlich gehören jeweils zu unseren Sinnesorganen auch bestimmte Verarbeitungs- und Speicherbereiche - eben unsere internen Repräsentationen der Welt da draußen. Die fünf Möglichkeiten Erfahrungen im Geist zu repräsentieren sind daher: auditiv, visuell, kinästhetisch (Fühlen und haptische Eindrücke), gustatorisch (Geschmacksinformationen), olfaktorisch (Geruchsinformationen). Als Merkhilfe kann das Kürzel VAKOG dienen, das alle Anfangsbuchstaben enthält. Je nachdem, welcher Repräsentationskanal stärker ausgeprägt ist, wird das auch die

Sprache beeinflussen. Als Coach hört man an der Sprache die Wirkung des bevorzugten Kanals. Man braucht nur genau hinhören:

Visuell: Bei diesem Thema habe ich Licht ins Dunkle gebracht. Und nun leuchtet es auch allen Beteiligten ein.

Auditiv: Es war ein sehr stimmiges Meeting heute Vormittag. Was er mir erzählt hat, klingt wirklich logisch.

Kinästhetisch: Mir wird kalt und warm zugleich, wenn du mir so etwas erzählst. Die Situation ist so vertrackt, ich komme einfach nicht vom Fleck.

Olfaktorisch: Das gestrige Thema der Sitzung stinkt doch bis zum Himmel. Es riecht ja hier förmlich nach Ärger.

Gustatorisch: Was ich mir da eingebrockt habe, schmeckt mir überhaupt nicht.

Wer diese Muster erkennt, wird lernen, unterschiedlich zu kommunizieren. Für Trainer, die mit einer Menge an verschiedenen Typen zu tun haben werden, ist es vielleicht wichtig, alle Repräsentationstypen ausreichend mit Informationen zu füttern. Also Flipcharts für die Visuellen, Geschichten für die Auditiven, kleine Übungen für die Kinästheten, netter Geruch im Raum und leckeres Essen in der Pause. Dann ist für jeden Kanal gesorgt. Für den Coach gilt:

Wahrnehmen – Kalibrieren – Pacing – Leading
auf den richtigen Ebenen und Kanälen

Weitere wichtige Begriffe des NLP

Die Sprache des NLP ist ein eigener Dialekt, der hilft komplexe Aspekte des Denkens einfacher auszudrücken. Neben Repräsentationssystemen und VAKOG hier noch ein paar weitere wichtige Begriffe und Konzepte, die im Laufe des Buches immer wieder vorkommen.

States

Stellen Sie sich vor wie Sie Ihr letztes Diplom erhalten haben. Was haben Sie dabei erfahren oder was gehört und wie ging es Ihnen dabei. Wenn Sie das wieder innerlich nachvollziehen können, dann spüren Sie vielleicht auch den Stolz, der dazu gehörte. Jetzt sind innere Bilder, Töne, Gefühle und vielleicht sogar Gerüche gleichzeitig aktiv. Wenn es ein erfolgreicher Tag war, wird sich ihr Zustand jetzt sich auch ein wenig verändern. Diese Repräsentation des Erlebnisses verändert ihr Erleben im Jetzt. Das ist also laut NLP ein erinnerter „state“ oder Zustand.

Oder: wie geht es Ihnen jetzt in diesem Moment. Kraftvoll, müde oder entspannt. Und wie wissen Sie, dass Sie jetzt genau so sind? Was auch immer Sie gerade erleben. Nach NLP sind Sie jetzt in einem „state“! Eine bewusste Wahrnehmung und Steuerung dieser „states“ ist ein Qualitätsmerkmal eines Coaches. Doch auch eine Fähigkeit des Menschen: Es hilft, sich in schwierigen Situationen wohl zu fühlen. Es ist nützlich in der Kommunikation mit Anderen oder auch für ein zielgerichtetes Handeln. Die „states“ drücken sich immer auch in unserer Physiologie und in unserer Körpersprache aus. Unter anderem auch in unserem Muskeltonus, in der Atemfrequenz und in hormonellen und neuro- und biochemischen Vorgängen. Also hat ein „state“ auch einen Eindruck im Körper wie auch im Geist.

Das Spannende ist, dass Zustände nicht fest sind. Sie verändern sich ständig. Mal ist man in einem Hoch mal in einem Tief. Vielleicht ein wenig wie das Wetter. Genauso gibt es Menschen für die ist ein Tief normal und manche Menschen leben in einem Umfeld von Hoch. Wenn bei den Hochs mal eine Wolke am Himmel auftaucht, dann ist das gleich eine Katastrophe und kündigt einen Sturm an. Für die Tiefs wäre ein Wetter mit nur einer Wolke geradezu grandios.

Grundzustand: Es ist daher interessant, herauszufinden, wodurch sich der Grundzustand auszeichnet, in dem sich der Klient im Alltag sehr häufig befindet. Wie ist die Grundstimmung? Mit welchen Gefühlen spricht er und was strahlt er aus? Was ist der typische Energielevel? Dieses ist auch von der Tagesform abhängig, doch bei den meisten Menschen gibt es charakteristische Grundzustände, die zumindest für größere Zeiträume vorherrschen. Wenn sie den Grundzustand kennen, ist es leichter zu überlegen: Was möchte ich verändern? Wo möchte ich gerne mehr Energie, eine andere Ausstrahlung und einen anderen Fokus, der mich auch meinen Zielen näherbringt? Aber den Klienten erleben wir zu Beginn leider im Tief. Also, nach NLP, in einem Stuck-State.

Stuck-State: Mit „Stuck-State" bezeichnen wir im NLP einen Zustand, der sich festgefahren oder blockiert anfühlt. Der Klient hat nicht den vollen Zugriff auf seine Ressourcen und es fällt ihm schwer, seine Fähigkeiten einzusetzen. In diesem Zustand ist er nicht entspannt, sondern von negativen Emotionen und Gedanken beherrscht. Die Atmung ist flach und die Sinneswahrnehmung reduziert. Den Klienten jetzt aus seinem festgefahrenen Zustand heraus zu führen, ist die Hauptaufgabe des Coaches. Erst Handlungsfähigkeit, Kompetenzerleben und Wahlmöglichkeiten verändern den inneren Zustand hin zum Positiven.

Ressourcenzustand: Ein positiver Ressourcenzustand bedeutet, viele Wahlmöglichkeiten im Inneren zu spüren. Der Mensch ist im Einklang mit sich selbst. Die Sinneswahrnehmung ist intensiv und positive Gefühle überwiegen. Die Selbstwirksamkeit ist erhöht und es erscheint leicht möglich, persönliche Fähigkeiten einzusetzen. Allein diese Art von positivem Denken öffnet die Herzen der Menschen und erschafft positive Resonanz, so dass die Dinge auch leichter geschehen.

Flowstate: Dieser Zustand zeichnet sich durch einen kraftvollen langanhaltenden Energiefluss im Menschen aus. Ein Gefühl von „alles geht" macht sich breit und ein besonders Gefühl im Erschaffen von Dingen und in der persönlichen Lebendigkeit zeigt sich dabei. Geprägt und Erforscht wurde dieser Zustand vor allem von Mihály Csikszentmihályi[9], der es als völlig fokussierte Konzentration beschrieb. Vielleicht kennen Sie das Gefühl, wenn Sie Joggen und plötzlich immer weiterlaufen können. Oder wenn Sie kreativ tätig sind und vielleicht ein Bild malen. Zwar spürt man hin und wieder die leichte Erschöpfung, aber die existierende Motivation, den nächsten Teil vom Bild zu malen, gibt immer wieder neuen Auftrieb und Energie.

Alle diese Zustände können heute in wissenschaftlichen Worten beschrieben werden und beinhalten oft einen Aktivierungslevel bestimmter Neuronen und Einsatz von Neurotransmittern. Die Regelung der Serotonin Ausschüttung und Wiederaufnahme oder die Verteilung des dopaminergen Systems und dessen Botenstoff Dopamin spielen dabei sowohl im Guten als auch im Schlechten eine wesentliche Rolle[10]. Näheres dazu findet man in der Literatur.

State Management

Doch das Wichtigste an den States ist es, dass Sie diese bewusst verändern können. Der eine kann es mehr, der andere weniger gut. Zum einen ist es eine Einstellung, zum anderen ist es auch eine Frage des Trainings. Stellen Sie sich doch einfach mal die Frage, in welchem Zustand Sie jetzt gerade sein wollen? Und wie bekommen Sie das hin. Sind Sie Sklave Ihrer Gefühle oder gibt es einen Raum für Wahlmöglichkeiten. Als Coach kennt man Mittel und Wege den State zu verändern. Der Schlüssel dazu ist es, die eigenen positiven Erinnerungen, welche zu den gewünschten Zuständen gehören zu hegen und zu pflegen. Nehmen Sie sich regelmäßig Zeit an Situationen zu denken, welche Ihnen Kraft, Freude, Souveränität oder Ruhe geben. Erinnern Sie sich mit allen Repräsentationssystemen daran, bis Sie das Gefühl wieder wahrnehmen können. Also holen Sie sich ein Bild, denken Sie an die Geräusche und Stimmen, die Gerüche und vielleicht sogar den Geschmack und das Gefühl. Wenn das öfters stattfindet, prägen sich die Zugriffsbahnen zu dieser Erinnerung im Gehirn ein. Dann haben Sie in Zeiten, bei denen Schwierigkeiten Ihren Weg kreuzen, die Möglichkeit auf diese Erinnerungen schnell zuzugreifen. Und damit können Sie manches ungute Gefühl neutralisieren und wieder handlungsfähig werden. Dies ist das Grundprinzip des State Managements. In Studien haben wir unterschiedlichste Menschen interviewt und haben diese Fähigkeit bevorzugt bei sehr erfolgreichen Menschen festgestellt – Mentaltraining in seiner reinsten Form.

Innere Ressourcen:

Im NLP gehören diese unterschiedlichen positiven Erinnerungen zu den Ressourcen. Diese sind der Kraftstoff, der im Gehirn frische Motivationsenergie erzeugt. Innere Ressourcen können vieles sein: Gute Beziehungen zu anderen Menschen oder Wissen oder Gefühle, unsere Talente und Fähigkeiten, Attraktivität, Geld, Gesundheit oder Spiritualität. Ressourcen sind vor allem auch erlebte Prozesse, die man positiv bewältigt hat - also gelernte Erfahrungen, welche die eigene Kompetenz steigerten. Das ist inneres Potential. Statemanagement bedeutet, Mittel und Wege zu finden, das vorhandene Potential zu öffnen und zu entwickeln.

Übung – Statemanagement mit Ressourcen

Wie kommen Menschen in Kontakt mit Ihren Ressourcen? Das ist ganz einfach. Stellen Sie sich eine Situation in Ihrem Leben vor in der Sie völlig entspannt waren. Und jeder Mensch war dies einmal in seinem Leben – da bin ich mir ganz sicher. Und jetzt visualisieren Sie sich diese Situation. Wo waren Sie genau? Sind noch andere Menschen in Kontakt mit Ihnen dabei. Wie sieht die Umgebung aus? Was hören Sie, wenn Sie ganz in der der entspannten Situation sind? Lassen Sie sich Zeit, dass diese Situation wirklich hervortritt und für Sie wieder nachvollziehbar wird. Was fühlen Sie dabei? Verändert sich die Atmung oder der Puls bei Ihnen? Wie ist das Gefühl und wo im Körper können Sie das wahrnehmen. Bleiben Sie etwa zwei Minuten in diesem Zustand und halten Sie die Erinnerungen aufrecht.

Oder versuchen Sie einmal anders herum. Stellen Sie sich bei gefühltem Stress aufrecht hin, stemmen Sie die Hände in die Hüften und die Füße etwas auseinander. Nehmen Sie diese Gorillahaltung auch etwa zwei Minuten ein ohne sich vom Platz zu rühren. Auch hier haben Studien haben ergeben, dass Ihr Stresslevel um bis zu 60% sinkt. Denn die Körperhaltung ist auch eine Ressource.

Besondere Wahrnehmungen - Augenbewegungen

Eine spannende Übung zu den Repräsentationssystemen ist es Augenbewegungen zu beobachten, während man bestimmte Fragen stellt. Fragen, die versuchen immer nur ein Repräsentationssystem anzusprechen. Dabei wird man verschiedene Bewegungen der Augen wahrnehmen können, die bei den meisten Menschen ähnlich sind. Am einfachsten ist das mit Kindern – Stellen sie sich mal das Bild eines kleinen Jungen vor, der überlegt, wie er an die Bonbons kommt. Wohin gehen die Augen? Und warum bewegen diese sich wenn man denkt. Das hat nach NLP etwas mit dem Zugriff auf die einzelnen Repräsentationssysteme zu tun und wird Augenzugangshinweise genannt. Für Coaches ist das wichtig, da man beim genauen Beobachten des Klienten mitbekommen kann, wie er seine Informationen intern abruft. Dies ist nicht immer ein genauer Ablauf wie bei einem Computer, sondern oft ein kreativer Prozess, der dem Denken des betreffenden Menschen folgt. So kann es sein, dass bestimmte Menschen überhaupt keine Bewegungen der Augen haben, andere ganz eigene Strategien entwickelt haben, die sogar Kopfbewegungen und das Schließen der Augen beinhalten. Daher nennen wir das nur Zugangshinweise. Die Betonung liegt auf Hinweis. Eine Aussage wie „Der lügt, weil er konstruiert“ kann man ohne zugrundeliegende Kalibrierung nicht annehmen. Daher zeigt das nachfolgende Bild nur Wahrscheinlichkeiten die nach NLP Tests bei etwa 70 % der Westeuropäer, die Rechtshänder sind, feststellbar sind:

Vk: Visuell konstruiert
Ve: Visuell erinnert
Ak: Auditiv konstruiert
Ae: Auditiv erinnert
Kin/H: Kinästhetische und haptische Erinnerungen
Aid: Auditiver innerer Dialog

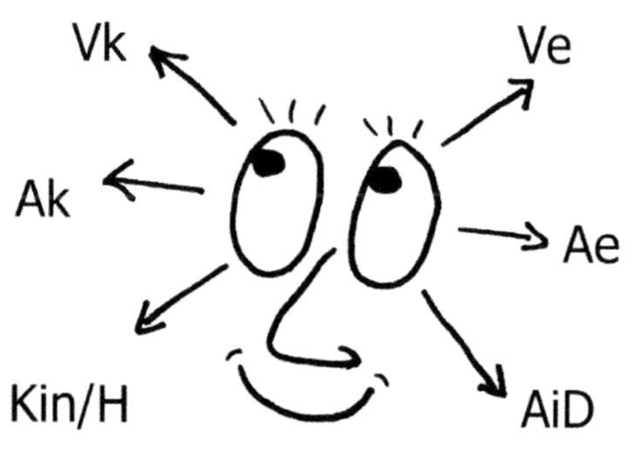

Das Bild ist so, als ob Sie gerade jemanden in die Augen sehen. Wenn ich jetzt von rechts und links spreche, dann meine ich immer vom Standpunkt des Betrachteten. Also ist rechts oben visuell konstruiert. Und links oben ist visuell erinnert. Das bedeutet, dass man mit dieser Augenbewegung vielleicht versucht sich an vergangene Ereignisse zu erinnern und das Bild davon aufzurufen. Die Frage: „Welche Haarfarbe hatte Deine erste Lehrerin?“ wird solch eine Bewegung auslösen. Das Konstruierte hingegen ist der Versuch Neues zu erschaffen. Also im visuellen neue Bilder. „Wie hätte Deine Lehrerin der ersten Klasse mit Rastalocken ausgesehen?“, wird vielleicht erst eine Bewegung nach Ve ergeben, um das Bild der Lehrerin holen, und dann nach Vk zu gehen und die Rastas hinzu zu visualisieren. Je komplexer die Gedankengänge, desto mehr Bewegungsabläufe.

Ähnlich ist es mit dem auditiven Kanal. Wie legen wir Erfahrungen ab, die über die Ohren aufgenommen wurden? Man hat herausgefunden, dass der Unterschied in der vertikalen Ebene zu finden ist. Also der Zugriff ist nicht ganz so weit oben. Stellen Sie sich vor, Sie schauen zu Ihren Ohren. Das ist der Bewegungsimpuls des auditiven Systems. Rechts oder links, also erinnert oder konstruiert entspricht dem visuellen System – nur eben nicht so hoch.

Und unten sind die Gefühle, also der Bereich, der mit dem Fühlen zu tun hat. Und was man alles Fühlen kann: Liebe, Ärger, Freude und so weiter, aber auch das Gefühl von kaltem Wasser auf der Haut. Versuchen Sie sich jetzt mal vorzustellen, wie sich das anfühlt? Sie merken, die haptischen Informationszugriffe sind meist ebenso im Bereich der nach unten gehenden Augenbewegungen zu finden. Und als letztes hat noch der innere Dialog seinen Platz in der Nähe der Repräsentation der Gefühle: „Was sagst Du Dir, wenn Du Dich richtig freust?“ Die Bewegung ist oft links unten zu finden und deutet auf einen auditiven inneren Dialog A_{id} hin. Alle Bewegungen nach unten werden übrigens auch gerne kaschiert, durch Schließen der Augenlieder oder dadurch, dass statt der Augen der Kopf bewegt wird. Es soll doch nicht jeder mitbekommen, was man fühlt.

Augenzugriffshinweise sind nicht eindeutig, sondern immer mehrdeutig. Vor allem im Bereich der Suche nach Informationen ergeben sich viele Bewegungen. Ein geübter Beobachter wird diesen Suchprozess erkennen. Manche Vorgehensweisen im NLP und Coaching dürfen erst losgehen, wenn die betreffende Information gefunden wurde. Ein Beispiel: Stellen Sie sich mal die Frage, ob Ihr Entschluss, einen bestimmten Berufsweg einzuschlagen oder eine bestimmte Person zu heiraten der richtige war? Wohin gehen die Augen, wenn Sie die innere Antwort bekommen? Wahrscheinlich werden bestimmte Bewegungen stattfinden, die dann im Bereich der Gefühle enden. Die meisten Menschen können erst dann „vernünftig“ entscheiden, wenn das passende Gefühl dazu eintritt.

Zum Abschluss noch: Es gibt auch Menschen, die Ihre Augen nur minimal oder überhaupt nicht bewegen. Das kann man trainieren und kann sowohl eine Fähigkeit, als auch ein Hindernis sein. Lernen Sie den Menschen kennen und sie werden feststellen, dass sein Körper andere Aspekte entwickelt hat, um den Zugriff zu unterstützen. Bewegung des Kopfes, des Körpers, das Zucken von einzelnen Muskeln – also einfach nur verschoben.

Die neurologischen Ebenen

Das Modell der „neurologischen Ebenen" oder auch nur „logischen Ebenen", wurde von Robert Dilts in den 80er Jahren entwickelt. Es stellt ein hilfreiches Konzept von Ebenen menschlichen Erlebens und Denkens dar. Das Model besteht aus mehreren Schichten, bei der die einzelnen Schichten Arten von Denkprozessen definieren. Die neurologischen Ebenen beschreiben auch eine bestimmte Struktur unseres Gehirns. Es gibt Gehirnbereiche, die für motorische und detaillierte Aspekte unseres Lebens zuständig sind und es gibt welche, die sich um Gemeinsamkeiten in Handlungen und Informationen kümmern. Je generalisierter, desto mehr werden interne Abläufe zusammengefasst und dann für schnelle Entscheidungen benutzt. Stellen Sie sich das ruhig als stark vereinfachtes Model, wie eine hierarchische Firma, vor. Ein Mitarbeiter der Produktion wird in der Regel keine Entscheidungen für das gesamte Unternehmen durchführen und ein Chef wird dem Mitarbeiter nicht diktieren, wie er seinen Computer einschalten muss. Und auch unser Gehirn funktioniert in vielen Bereichen so, dass es manchmal nur die Lösung bevorzugt, die in der Hierarchie ganz oben angesiedelt ist. Denn die ist das Ergebnis der Zusammenfassungen, die bei Lernen immer wieder stattfinden und dadurch das Gehirn effektiver machen. Nur in komplexen Veränderungsprozessen sind alle Ebenen involviert und mit unterschiedlicher Gewichtung angesprochen.

Robert Dilts definierte daher folgende Ebenen des Denkens: die Repräsentation der Umwelt, des Verhaltens, der Fähigkeiten, den Glauben und Werten, dem Selbstbild und der Zugehörigkeit oder Mission. In dem Modell sind die Ebenen von unten nach

oben organisiert, und alle Ebenen sind auch im Gehirn präsent und miteinander verbunden. Veränderungen auf einer Ebene wirken sich häufig auf die anderen Ebenen aus. Also wenn Sie entscheiden, dass Sie ein guter Schreiner sind, wird Ihre Arbeit sich auch verbessern. Doch wahrscheinlicher ist es, dass Sie sich durch genügend Erfahrung und regelmäßiges positives Feedback eine solide Basis für Ihre Überzeugung erarbeiten. Dadurch festigt sich der Glaube ein guter Schreiner zu sein.

Bei einer Veränderungsarbeit ist es daher oft hilfreich, zu wissen, auf welcher Ebene man gerade arbeitet. Veränderungen auf den höheren Ebenen ziehen oft Veränderungen auf den darunterliegenden Ebenen mit sich. In geringerem Maße kann es auch darüber liegende Ebenen beeinflussen. Das Modell ist in vielen Bereichen des NLP im Einsatz und bietet hervorragende Möglichkeiten für Fragen, welche andere Gehirnareale und damit neue Wahlmöglichkeiten im Gegenüber zu aktivieren. Wir können auch auf den verschiedenen Ebenen mit Menschen in Kontakt treten. Ein Rapport auf einer hohen Ebene ist z.B. besonders tief und tragfähig und kann ein gemeinsames Handeln erleichtern. Beziehungen auf den höheren Ebenen erlauben mehr Unterschiede auf den tieferen Ebenen. Wenn z.B. jemand mit Ihnen die gleichen Werte teilt, dann ist das meist eine gute Basis für langfristige Zusammenarbeit. Doch brauchen dieses Verbindungen länger bis sie sich etablieren oder entstehen durch gemeinsame besonders eindrückliche Erlebnisse.

Intensive Erfahrungen auf den verschiedenen logischen Ebenen sind Grundlage stetiger und langhaltender Veränderung.

Aufbau der neurologischen Ebenen

Bitte beachten Sie bei den neurologischen Ebenen, dass diese auch nur ein vereinfachtes Konzept sind. Unser Gehirn ist noch viel komplexer. Doch helfen Vereinfachungen wie diese, bestimmte Abläufe im Gehirn zu erklären und damit Lösungswege darüber zu definieren. Und wenn das funktioniert, dann reicht uns dieses Modell. Das „*“ , ganz oben im Bild der Pyramide, bedeutet übrigens in den verschiedenen NLP Schulen etwas Unterschiedliches. Einmal wird es als Mission – als Berufung im Leben definiert – manchmal ist es jedoch auch eine Art spirituelle Verbindung. Probieren Sie es aus, was es für sich ist. Manchmal ist es auch von der Anwendung der Fragen abhängig, als was man es definiert. Coaching ist ja nicht starr, sondern lebt von Flexibilität und Wahlmöglichkeiten.

Übung zu den neurologischen Ebenen

Um die Wirkung der Ebenen zu erfahren bitte ich Sie jetzt sich einmal folgendem kleinen Test zu unterziehen. Was wollten Sie schon lange mal angehen, was Sie vor sich herschieben. Sei es, den Keller entrümpeln oder jemanden zum Essen einladen. Machen Sie sich jetzt ein Bild, wie Sie das tun werden. Dann beantworten Sie bitte folgende Fragen zu diesem vorgestellten Ziel, soweit diese beantwortbar sind:

1. *Umwelt:* Wo genau werden Sie sein, wenn Sie dies tun. Beschreiben Sie sich selbst an dem Ort an dem Sie sich befinden?
2. *Verhalten:* Was genau tun Sie dabei? Welches Verhalten ist zu erkennen, dass sich von dem unterscheidet, was Sie bisher getan haben?
3. *Fähigkeiten:* Jetzt wird es spannend! Versuchen Sie bitte die Frage zu beantworten, welche Fähigkeiten Sie in diesem Moment, wenn Sie etwas anders tun, nutzen? Und betrachten Sie sich selbst dabei und beantworten Sie noch die Frage, wie Sie das tun?
4. *Glaube und Werte:* Wofür tun Sie das, was Sie neu tun? Warum ist Ihnen das wichtig?
5. *Identität:* Die nächste Frage braucht keine wörtliche Antwort, sondern nur eine Wahrnehmung. Wer sind Sie als Person, wenn Sie das tun?
6. *Zugehörigkeit:* Für wen oder welche Gruppe von Menschen tun Sie das noch. Welche Zugehörigkeit wird dadurch unterstrichen?
7. *Mission:* Wie passt das, was Sie tun zu Ihrem Lebensziel, Ihrer persönlichen Mission oder auch Ihrer möglichen Spiritualität?

Sie müssten, wenn Sie die Fragen beantwortet haben in der Regel einen anderen Blick auf ein Thema gefunden haben. Es ist wie eine Erweiterung des Denkens. Dies tun wir in der Regel automatisch, wobei alle generalisierten Aspekte und Fragen unbewusst ablaufen und wir die Antworten nur durch emotionale Impulse erfahren. Zum Beispiel löst der Gedanke: „es wäre schön, wenn ich meinen Keller frisch aufgeräumt habe", vielleicht ein Gefühl der Erleichterung innerlich aus. Daraus schließt Ihr Körper-Geist-System, dass etwas in Ordnung ist und zu Ihren speziellen Werten passt. Was genau das ist, können Sie erst nach weiteren Gedankengängen festlegen. Doch das Gefühl war schneller. Und wenn Entscheidungen getroffen werden, dann zählt oft nur diese Ebene.

Da die generalisierten Abläufe also nicht sichtbar für unser Denken sind, sind diese in der Regel die ausschlaggebenden Impulse für unser Handeln. Veränderungen im Denken auf höheren Ebenen schafft somit auch viel Veränderung im Leben.

Fazit

NLP ist lösungsorientiert und praxisnah und hat Vorannahmen, die helfen eine konstruktive Grundeinstellung auf die Sicht des Lebens zu erhalten. Diese positive Sicht sollte die Grundlage des Denkens des Coaches sein.

Gleichzeitig ist die besondere Form der Arbeit mit NLP geprägt von beschreibbaren Repräsentationen. Also die Filme im Kopf des Klienten, die wirklich beschreibbar erarbeitet werden. Wenn wir auf dieser Ebene arbeiten, dann finden wir auch die Aspekte dessen, was hinter den Worten des Klienten steht. Redet dieser von Freiheit, dann hilft das NLP Denken, die Verhaltensweisen aufzudecken, die für den Klienten „wirklich" Freiheit bedeuten. Und erst, wenn man als Coach nachvollziehbare Beschreibungen hat, kann man das Thema analysieren und mit wiederum beschreibbaren Ressourcen verbinden.

Diese Art verhindert, dass wir mit unseren Klienten in der nichts sagenden Politikersprache kommunizieren und damit nur um den heißen Brei reden. Stattdessen wechseln wir States, und nutzen die logischen Ebenen, um die Tragweite von Zielen zu verstärken. NLP ist eine Einstellungssache und wenn Ihnen jemand erzählt, dass man mit NLP ein Manipulator wird, dann fragen Sie diesen Menschen mal, wovon er Sie jetzt gerade überzeugen – sprich manipulieren – will.

NLP ist natürlich noch viel mehr als hier beschrieben, denn die Anwendung dieser Gedanken öffnet einen weiten Raum für Lösungswege. Und da NLP ein offenes Medium ist, wird es weiterentwickelt und Neues kommt weiterhin hinzu.

Utilisierung

Die Melodie des eigenen Lebens finden.

Larence le Shan – Psychologe und Krebsforscher

Ein Freund ist ein Mensch, der die Melodie deines Herzen kennt und sie dir vorspielt, wenn du sie vergessen hast.

Albert Einstein – Theoretischer Physiker

Utilisierung - Nutzen was da ist

Beginnt man als Coach zu arbeiten, begibt man sich in einen neuen Kontext, der erweiterte Fähigkeiten hat oder zumindest braucht. Eine dieser Fähigkeiten ist das Bewusstsein für die Möglichkeiten, die jeder Mensch hat. Und die innere Sichtweise und Einstellung, dass diese Fähigkeiten geweckt werden können. Ein Teil dieser inneren Sicht ist uns prinzipiell schon angeboren und wird in der Wissenschaft als „theorie of mind[11]" tituliert. In dieser wird besagt, dass jeder gesunde Mensch Annahmen über die Bewusstseinszustände anderer Menschen vornimmt und diese dann in seiner eigenen Erlebniswelt nachvollzieht. Es ist eine der Grundlagen dafür, dass Kommunikation funktionieren kann. Einen Haken hat dieses Denken allerdings. Beginnende Coaches geraten gerne in die Falle, den eigenen Überzeugungen zum Opfer zu werden. Und eben nicht die realen Muster und Überzeugungen und Realitäten des Klienten zu erkennen. Daher gibt es auch einen Wachstumsprozess für Coaches. In diesem ergeben sich oft ähnliche Erfahrungen, die immer wieder im Coaching stattfinden.

Phase 1: Noch viel zu oft gerät der Coach in eine Situation, in der er annimmt, auf dem richtigen Lösungsweg zu sein. Das Feedback mit dem Klienten zeigt, dass ein falscher Weg eingeschlagen wurde. Diese Erfahrung machen gerade Berater oft, die mit Fachwissen überzeugen wollen, aber nicht die komplexen Erfahrungen des Klienten in Ihre Überlegungen integrieren. Das Ergebnis sind durchaus interessante Gespräche, aber kaum Veränderung.

Phase 2: Der Coach hinterfragt mehr die Muster und Überzeugungen des Klienten, folgt den roten Fäden und geht dann auf Lösungssuche mit dem Klienten. Dies ist schon sehr nah dran, solange die meisten Lösungen aus den Erfahrungen des Klienten erschaffen werden.

Phase 3: Durch vorhergehende Erfahrungen weiß der Coach jetzt, dass er nichts weiß. Und trotzdem gibt es eine Grundlage auf die er aufbauen kann. Der Klient hat in sich alles was er braucht, um ein gesundes glückliches Leben zu führen. Schafft ein Coach, sich aus dem eigenen Denken über Lösungen zu verabschieden und dafür die Kraft zu aktivieren, die im Klienten selbst steckt, dann ist er auf dem genau richtigen Weg. Dieses Prinzip nennt man Utilisierung und sollte eine der Leitlinien eines Profis sein.

Meister der Utilisierung – Milton H. Erickson

Milton Erickson gilt gemeinhin als Begründer der Hypnotherapie und hat durch seine unglaubliche Fähigkeit der genauen Beobachtung und Utilisierung eine ganze

Generation von Therapeuten geprägt. Milton konnte wie kein anderer seiner Zeit die Qualitäten der Menschen sehen. Und zwar in einer Art, die uns manchmal einfach zu bewusst, ist um diese zu nutzen. So beginnt eine Trance, bei der es auch darum geht, Lernen als Qualität beim Klienten zu implementieren, mit folgenden Worten:

„Und erinnern Sie sich daran wie Sie in der Schule das Schreiben gelernt haben. Zuerst einzelne Linien und Kreise, dann Zeichen und diese werden zu Worten zusammengesetzt. Und die Zeichen in Schreibschrift und in Druckschrift und in kleinen Zeichen und in Großbuchstaben und dann noch die Ziffern – Sie lernten eine 1 zu schreiben und eine Sechs sah aus wie eine umgedrehte Neun und eine Neun wie eine umgedrehte Sechs und wo schauen die Füße bei einer Vier hin."

Die Vier ist dann Verwirrungsinduktion, aber die Sätze vorher zeigen genau die Beobachtungsgabe, die Milton hatte und die er angewandt hat, um mit dem Klienten in einen Rapport zum Thema Lernen zu kommen. Diese Fähigkeit des Klienten, aus Linien Buchstaben und Wörter zu erschaffen wurde aktiviert und später in der Trance nochmals ausgelöst, als es um das eigentliche Thema ging. Milton war gerne indirekt und hat durch mehrstufige Kommunikation das Unbewusste des Klienten angeregt, auf bestimmte Dinge zu achten. Meist nutzte er dies dann und utilisierte die Qualitäten für eine Lösung, die aus dem Klienten entstand. Das ist definitiv auch ohne Hypnose eine Kunst, die Coaches heute beherrschen sollten.

Lawrence LeShan- Die Melodie des eigenen Lebens

Ein anderer Vertreter dieser Kunst der Utilisierung war der Psychologe und Krebsforscher LeShan, der auf seine wundersame Art, ganz besondere Erfolge erzielte. Er versuchte den Menschen als Ganzes zu sehen und die Qualitäten im Menschen zu einem Gesamtbild neu zu ordnen. Er nannte das „Die Melodie des eigenen Lebens finden". Eine Geschichte ist mir dabei besonders bezeichnend.

Ein Puertoricaner – aufgewachsen im Bandenmilieu der Großstadt – kommt mit Diagnose einer schweren Krankheit in die Klinik und wird von LeShan psychologisch betreut. Sie reden viel über die Vergangenheit und die Art, wie der junge Mann dort im Milieu aufgewachsen ist. In einer Bande ging es immer um Leben und Tod – Nur durch den Zusammenhalt konnten Sie überleben. Und gemeinsam lebten Sie in Stress, Angst und Angriff. Viele seiner Kollegen starben, kamen ins Gefängnis oder wurden angepasst, so dass er am Ende fast alleine war. Das war der Moment in dem die Krankheit ausbrach. LeShan kam dann eines Tages zu ihm und riet ihm zu einem neuen Job. „Werde Feuerwehrmann!", sagte er ihm. Und das tat dieser dann auch. Die Krankheit verschwand innerhalb weniger Monate.

Warum? Weil der junge Mann plötzlich wieder die gleichen Werte leben konnte, welche ihm auch mit seiner Gang so wichtig gewesen waren. Gemeinschaft, aufeinander vertrauen und höchste Aktivität und Konzentration und Stress. Er konnte wieder leben, was ihm am wichtigsten war. Und damit seine Identität wahren. Und das veränderte sein Leben und seinen Körper.

Die Qualität die heilt

Auf der Suche nach hilfreichen Aspekten der Veränderung finden wir meist in den Erlebnissen der Klienten starke Ressourcen. Der Klient wird die Erfahrungen jedoch oft erst einmal als „normal" bezeichnen und sich dieser noch nicht bewusst sein. Doch wenn er erkennt, was bereits alles vorhanden ist, dann fällt es leicht, dies in den neuen Lebensweg zu integrieren. Die Suche nach diesen Ressourcen ist für Coach und Klient ein oft sehr positiv und erhebend. Denn wenn man die richtige Kraftquelle erkennt, ist das wie der archimedische Hebel, mit dem man die Welt (des Klienten) aus der Bahn bringen kann. Und damit kann man den Menschen auch auf eine neue Bahn einladen, die erfolgversprechender als der alte Weg ist. Nutzen Sie als Coach also einen Teil der Arbeit für die Suche nach dieser Quelle. Es lohnt sich. Dabei werden Sie feststellen, dass es nicht immer die großen Qualitäten sind. Also Liebe, Erfolg, Ruhe, Gelassenheit o.ä., sondern die kleinen Aspekte, welcher der Klient meist nicht direkt bewusst hat oder gar als selbstverständlich annimmt. Oft nimmt er diese in seinem Lebenskonzept nicht mehr wahr und vergisst diese Aspekte für Lösungen.

„Ich kann mich nicht verändern", sagt ein Teil vom Klienten, „das dauert zu lange oder bringt nichts". „Ja", sagen Sie dann zu ihm, „einfach einen Strich zu zeichnen bringt nichts, doch aus dem Strich einen Buchstaben werden zu lassen und aus Buchstaben Worte und aus Worten Sätze, aus Sätzen Absätze und aus Absätzen ganze Kapitel, die sich zu Büchern bündeln sind besser als keinen Strich zu machen!

Mehrkanalige Kommunikation und Metaebenen

Das Spannendste, was wir aus diesen Geschichten immer wieder lernen können, ist, dass Kommunikation immer in mehreren Ebenen stattfindet. Und als geübter Coach und Kommunikator schaffen Sie es, unterschiedliche Intentionen auf den verschiedenen Ebenen der Kommunikation zu transportieren. So können Sie auf der faktischen Ebene der Sprache, wie oben beschrieben, einfache Grundlagen des Schreibens erklären. Ihre Hauptintention als Coach ist dabei jedoch, dass der Klient versteht, dass Lernen eine Abfolge von aufeinanderfolgenden Lernschritten ist. Dieser Teil wird als nonverbaler Aspekt mit in die Kommunikation einfließen, auch wenn Sie das nicht direkt ansprechen. Wenn der Klient das dann selbst erkennt, ist es seine eigene Einsicht. Diese wird weit weniger gefiltert als Tipps und Ideen von außen – Was Sie sonst wieder zu einer Art Berater machen würde.

Das Lernen der mehrdimensionalen Vorgehensweise ist ein großes Ziel für Coaches und bietet ein weites Lernfeld. Formate der Hypnose und des Mentaltrainings nutzen gezielt diese Aspekte, um Veränderung zu bewirken. Und auch, wenn man keine Hypnose im klassischen Sinn anwendet, um eine Sitzung zu führen, so sind „miltonsche Sprachmuster" sehr hilfreich, um mehrere Ebenen der Kommunikation gleichzeitig auszuführen. Für die Utilisierung der Ressourcen des Klienten braucht es einen Blick für das Gesamtsystem des Menschen der vor Ihnen sitzt und eine Intention diese zu erwecken. Das braucht jedoch nicht immer für den Klienten als bewusster Prozess zu geschehen. Nach den Vorträgen von Milton Erickson sind die Teilnehmer oft etwas gelangweilt nach Hause gegangen. Er hat dort viele Geschichten über sein Leben auf der Farm und auf dem Land erzählt. Und manch einer der Zuhörer dachte sich sicherlich, was das denn sollte und keiner konnte den Zusammenhang verstehen. Und was hat das mit Veränderung zu tun? Doch Wochen später kamen dann Dankesbriefe bei Milton an, nachdem die Veränderung plötzlich sichtbar wurde, die auf einer anderen Ebene während der Geschichten transportiert wurde.

Utilisierung und Storytelling

Prozesse, so wie diese später im Buch beschrieben werden, sind Strukturen der Veränderungen. Und Geschichten unterstützen diese Prozesse, transportieren und verpacken die Erfahrungen tief in das Gedächtnis des Klienten. Der Unterschied wird bei nachfolgender Lösung im Bereich Zeitmanagement deutlich. Es soll folgendes Prinzip erklärt werden: „Ein gutes Zeitmanagement braucht Disziplin und ein System in dem alle Aufgaben notiert werden." Folgende Geschichte, soll die Aussage verstärken:

Als ich als junger Mann zum ersten Mal an einer Bootstour auf dem Mittelmeer teilnahm, kamen wir mit unserem Boot in einen Sturm. Dieser brach so schnell über uns herein und war so laut, dass normale Unterhaltung kaum möglich war. Ich dachte zuerst, dass diese erste Segeltour jetzt meine letzte war. Doch hatte ich auch Vertrauen, denn unser Kapitän ist mit uns vorher die Schritte, die in einem solchen Fall zu tun sind, genauestens durchgegangen. Und er hatte sogar für uns junge Matrosen alle wichtigen Aspekte auf eine Tafel notiert. So war dieser Sturm eine Erfahrung, die ich mein Leben nicht vergessen habe. Und die Tafel mit den Aufgaben habe ich immer noch vor meinem inneren Auge.

Diese Geschichte bildet Analogien, die helfen sich selbst klar zu machen, was wichtig ist.
Kapitän -> Verantwortung übernehmen und im Voraus planen
Sturm ->Analogie zu stressigen Zeiten im Arbeitstag
Tafel -> Aufgabenliste, die man im Blick haben sollte

Die Geschichte ist wohl nicht direkt für das Bewusstsein im Businesskontext übertragbar, doch das Unterbewusstsein wird nach dem Coaching nochmals beginnen, zu überlegen: Was wollte mir der Coach damit sagen. Und da die Bilder „eindrücklich" sind, bleiben diese länger im Gedächtnis und werden assoziiert. Das ist eine wichtige Grundlage des Gehirns. Die Aufgabe ist, was täglich als bedeutungsvolle Informationen ankommt, zu integrieren. Und hier sind wir schon wieder beim prozessorientierten Coaching. Was verleiht einem Prozess Bedeutung? Wie geht ein Coach vor, um Informationen hervorzuheben, **ohne** dass das Gegenüber dies als Auftrag empfindet?

Aus dem Aspekt des Storytellings gibt es zumindest zwei Aspekte:

1.) Die erzählten Analogien beziehen sich auf Fähigkeiten des Klienten, die er bereits kann, aber in einem gewünschten Kontext nicht anwendet. Dies ist die reine Form der Utilisierung.

2.) Die erzählten Analogien erzählen eindrückliche Bilder. Also Erfahrungen, die bestimmte Aspekte verstärken. Dies können sein:

   a. Emotionen jeglicher Art. Wir merken uns etwas besser, wenn es mit Emotionen verbunden ist. Positive sind in der Regel vorzuziehen, doch manche Menschen brauchen auch „weg von" Emotionen, um sich in Bewegung zu setzen.

   b. Eigenschaften von Bildern oder Geräuschen die verstärkt sind. Also Ziele groß machen. Helle und strahlende Farben. Stürme laut und kreischend. Dolby Surround mit tiefen Bass. Bilder und Töne sollten wie im Kino vor dem inneren Auge ablaufen.

3.) Die Intension des Coaches ist wichtig. Nicht nur das, was erzählt wird kommt an, sondern auch die Intention, die hinter der Geschichte liegt, wird verarbeitet werden. Dies funktioniert nur wenn der Coach sich auch ins rechte Licht rückt. Dies nennt man Triangulierung, und ist vor allem im Businesskontext wichtig, wenn man mit mehreren Klienten arbeitet. Z.B im Falle von Konfliktlösungen. Erst wenn der Coach in diesem Kontext eine Zeit lang den Fokus auf sich ziehen kann, hat er die Möglichkeit auch auf verschiedenen Ebenen zu führen und seine Intention mit einzubringen.

Geschichten erzählen ist nicht nur unterhaltsam, sondern dient auch der langfristigen Integration von Zielen und neuen Erfahrungen, damit der der Klient die Möglichkeit hat, das Erfahrene nachträglich über die Bilder wieder abzurufen. Coaching ist das Erarbeiten von Lösungen und die Geschichten bringen die Lösungen tief in den Kopf des Klienten. Also sammeln Sie Geschichten. Beobachten Sie Ihr Leben mit den Augen eines Geschichtenerzählers. Und plötzlich wird sogar aus einem grauen Regentag eine farbenfrohe Welt voller Geschichten und Erfahrungen, die für Ihren Klienten hilfreich sind. Und die Fähigkeit des Coaches aus seiner Kiste von Geschichten und Metaphern diejenige herauszusuchen, welche mit den Möglichkeiten des Klienten in Resonanz geht, ist eine Qualität der Meister. Und auch das ist auch Utilisierung. Zu nutzen, was der Klient kann und ihm bewusst oder unbewusst verfügbar zu machen.

Ich selbst habe auch immer wieder kraftvolle Bilder und Geschichten im Kopf, die mich auf meinen Reisen beeindruckt und verändert haben. Das intensivste Bild stammt aus einer Zeit Anfang der Neunziger, in der ich mich in Süd-Indien befand. Dort hat mich ein „heiliger Geschichtenerzähler" beeindruckt, der uns Reisenden sieben Nächte lang die Geschichte eines Königs erzählt hat. Dieser König wurde mit einem teuflischen Fluch vergiftet und hatte nur noch 7 Tage zu leben. Wir erlebten die Geschichte dieses Königs Abend für Abend unter dem indischen warmen Sternenhimmel mit. Dabei saßen wir erhöht über einem Seeufer, an dem dic Krokodile sich auch aufhielten. Wir hörten sie im Wasser und sahen die Augen leuchten und waren uns der Gefahr bewusst, die von Ihnen in der Stille ausging. Doch gleichzeitig lauschten wir den Geschichten des Königs, der sich auf die Suche nach der Essenz im Leben machte und der immer mehr feststellte, dass der Augenblick das ist, was es zu leben gilt. Und so lernten wir das auch und es war als ob die Krokodile uns ständig daran erinnerten, dass auch wir sterblich waren. Diese Verbindung brachte mich dem Leben näher als alles andere was ich jemals getan habe und gleichzeitig ist mir die Lehre des Königs, der nur 7 Tage zu leben hatte, tief eingeprägt. Die Geschichte erzählte auch von der Regelmäßigkeit der Meditation. Seitdem hat meine tägliche Meditationspraxis einen festen Platz in meinem Leben gefunden.

Wenn Sie jetzt darüber nachdenken, welche kraftvolle Geschichte in Ihrem Leben prägend war, dann könnte das schon ein Teil Ihres Repertoires sein. Doch jetzt wieder zurück zu den eigentlichen Zielen der Utilisierung. Wir hatten zum einen den versteckten Transport der Informationen auf mehreren Ebenen und zum anderen natürlich das Öffnen der stärksten Ressourcen des Klienten. Doch wozu tut man das als Coach? Und da kann es nur eine einzige Antwort geben: Kompetenzerweiterung.

Kompetenzerweiterung und Selbstregulation

Wenn Sie ein Coaching durchführen, dann sollte eine Frage im Mittelpunkt stehen. Was ist der zentrale Aspekt, der als leuchtender Stern über den kompletten Ablauf schwebt. Und hier gibt es eigentlich nur eine einzige Antwort: Die *Kompetenzerweiterung* des Klienten sollte immer am Ende eines Coachings vorhanden sein. Des bedeutet, dass sein Denken weiter wird und das Thema und dessen komplexe Zusammenhänge vom Klienten plötzlich selbst verstanden werden. Er erweitert damit die eigenen Fähigkeiten mit neuen Möglichkeiten. Leider hört sich das für die Praxis leichter an als getan, denn Fallen auf dem Weg dorthin lauern überall. Hier ein Beispiel, wie es auch falsch laufen kann, obwohl die Zielrichtung die passende ist.

Wie Kompetenzerweiterung *nicht* stattfindet!

Der Coach und der Klient arbeiten zielorientiert an mehr Erfolg im Job. Der Klient weist darauf hin, dass er in einer anderen Sparte mehr verdienen kann und dadurch vielleicht mehr Erfolg hat. Das könnte natürlich ein Weg sein, doch wurde dabei nicht beachtet, was der Klient eigentlich mitbringt, was er schon kann, und was wahrscheinlich realistisch erreichbar ist. Im ersten Falle des rein monetär bezeichneten Erfolgs geht der Klient auch mit einem Gefühl von Zufriedenheit und einem leuchtenden Ziel nach Hause, aber er hat in keiner Weise seine Kompetenz erweitert. Vielleicht werden sie einräumen, dass er doch durch das Ziel beginnen wird seine Kompetenz in diese Richtung anzustrengen, doch ohne die nötige Verknüpfung mit schon vorhandenen Fähigkeiten, ist das eine Anstrengung, die der Klient nur mit viel Energie umsetzen kann. Im normalen Ablauf der Welt werden in der Regel kurzfristige Aspekte und das, was der Klient zu lernen und umzusetzen hat, erst einmal wieder in den Vordergrund rücken.

Stellen Sie sich einen Heizungsthermostat vor, den sie auf 35° stellen. Die Kälte draußen und die Leistung der Heizung lassen aber nicht mehr als 25° Erwärmung zu. Das Endergebnis ist dauernde Leistung ohne das Ergebnis, das gewünscht ist. Und jetzt passiert das Gegenteil: im Lernsystem des Klienten festigt sich der Gedanke, es nicht zu schaffen. Und statt einer aufsteigenden Kurve werden negative Glaubenssysteme produziert: ich kann es nicht.

Stattdessen sollte man sich fragen, wie ein Ziel ausschaut, das stark genug ist und ihm dabei hilft, sich schrittweise anzunähern? Es braucht die Erfahrung, dass der Weg, den er geht, seine eigenen Kompetenzen erweitert und dass durch diese Schritte er sich selbst so regulieren kann, dass Überforderung nicht stattfindet.

Weitere Aspekte der Kompetenzerweiterung

Um zu wissen was Kompetenzerweiterung im speziellen Fall bedeutet, braucht man ein klares Bild des Klienten. Ein paar Fragen, die ich mir gerne dafür im Coaching beantworte, sind diese:

- Welche Fähigkeiten lebt der Klient aktuell?
- Welche Fähigkeiten sind in seinem Ziel definiert und welche Kompetenzen will er damit ausbauen?
- Was ist die das Geschenk, dass der Klient der Welt zu geben hat und welche Kompetenzen braucht er für diese Lebensaufgabe? Achtung – oft kommt das erst nach längerer Coaching Zeit an die Oberfläche.

- Welche Kompetenzen sind alleine durch die Familie bereits weitergegeben worden und wie nimmt der Klient diese an?

All diese Fragen werden meist nicht in einer Sitzung beantwortet, sondern sind Ergebnis der kompletten Zusammenarbeit. Doch je näher der Coach diesen Antworten kommt, desto leichter ist es, die Kompetenzerweiterung anzustreben, welche genau im Erschaffungsfeld des Klienten ist. Das bedeutet: er hat die Kraft, die Vorfähigkeiten, die genügend großen Schritte im Ziel, und den tiefen inneren Wunsch sich genau in diese Richtung zu erweitern. Und wenn dies der Fall ist, dann ist es ein Leichtes, Lösungen zu finden, Altes loszulassen oder Aspekte umzudeuten. Es braucht nur noch einen kleinen Impuls, denn Systeme streben nach Vollkommenheit und wenn es einen Weg gibt, der im System von allen Anteilen akzeptiert wird, dann findet ein Veränderungsprozess fast unmittelbar statt.

Selbstregulationsmechanismen

Um das noch ein wenig besser zu verstehen, braucht es jetzt schon mal den Begriff System und ein wenig Systemtheorie: Ein System ist ein aus Einzelaspekten verbundenes Ganzes. Der Körper ist zum Beispiel ein System, die Familie oder auch ein Unternehmen oder ein Team. Und für dieses gibt es die beiden folgenden Aussagen:

Das System strebt nach Entwicklung
Das System sorgt für den Eigenerhalt

Alleine diese beiden Prämissen bedeuten oft eine Art inneres Gleichgewicht, welches auch eine Art Starre erschaffen kann. Der Klient kann sich nicht weiterentwickeln, weil er dadurch die Sicherheit seines Lebens beeinträchtigen könnte. Also ein Dilemma. In der Regel sind Menschen und Systeme in einer Art Homöostase mit einem Regulationsbereich. Also einem Gleichgewicht, welches gewisse Puffergrenzen kennt. Denken Sie an den Heizungsthermostat! Wenn noch äußere Einflüsse hinzukommen, dann reguliert sich dieses Gleichgewicht in der Regel selbst wieder ein. Wenn es das System noch schafft, sich an einem neuen Punkt zu stabilisieren, der die neuen Begebenheiten mitberücksichtigt, dann ist das nach heutiger Sicht nicht nur ein System, das die Homöostase, sondern auch die Fähigkeit zur Allostase[12] besitzt – Das Erreichen von Stabilität durch Änderung. So erkennt man heute ein Herz vor einem Herzinfarkt unter anderem auch an dem Aspekt der Variabilität der Herzfrequenz. Ein Herz, das nicht mehr durch Frequenzveränderung auf äußere Bedingungen reagieren kann, sondern immer nur im annähernd gleichen Takt schlägt, ist gefährdet.

Ein Mensch, der sich nicht mehr an wechselnde Bedingungen anpassen will oder kann, wird Nachteile oder Verluste hinnehmen müssen. Und das obwohl die Maxime der Erhaltung des Systems dagegenspricht. Doch solange die Selbstregulation funktioniert, können Sie bei der Arbeit mit Ihrem Klienten darauf vertrauen, dass sich ein Verhalten so am Ziel einordnet, dass es in den Grenzen des regulierbaren Systems ist. Kennt man diese Prämissen, dann weiß man auch, dass manchmal zuerst an der verfestigten Regel 2 - Das sichere System – gearbeitet werden sollte. Bearbeiten Sie die Frage, welche Aspekte die Flexibilität verhindern und erschaffen Sie dadurch eine neue Allostase.

Leben ist Veränderung
und wir tragen alles was dazu notwendig ist bereits in uns!

Fazit

Vertrauen Sie darauf, dass Ihr Klient schon einen Teil der Lösung in sich trägt. Der Weg das zu erwecken nennt sich Utilisierung und ist wohl eine der kreativsten Vorgehensweisen, die einen Coach herausfordern können. Entdecken, Lösungen in Geschichten packen und zu beobachten, wie sich eine Änderung unwillkürlich beim Klienten ergibt.

Das System strebt nach dem perfekten Gleichgewicht. Doch der Balken auf dem das ganze ruht ist unser Gehirn und das ist verformbar. Und nicht Stabilität ist bei gesunden Menschen das Ziel, sondern Flexibilität und Anpassungsfähigkeiten.

CoachingCircle

Um das Kleine zu festigen, muss erst das Große gefestigt sein. Um das Große in Ordnung zu bringen, muss erst das Kleine in Ordnung sein.

Lü Bu We - chinesischer Kaufmann, Politiker und Philosoph

Und denk daran: Je einfacher und schneller Du jemandem etwas beibringen kannst, desto wahrscheinlicher bleibt es bei ihm haften. Deshalb brauchen die meisten meiner Techniken nicht viel Zeit, sondern Struktur.

Richard Bandler – NLP Gründer

Struktur im Coaching

In den vorherigen Kapiteln haben wir uns mit Grundlagen der Interaktion von Menschen beschäftigt. Für einen professionellen Kommunikator ist das noch nicht genug. Für das Coaching braucht es eine strukturelle Basis. Dies ist für Anfänger im Coaching ebenso wichtig wie für erfahrene Coaches, die sich in schwierigen Situationen auf die Effizienz eines funktionierenden Ablaufs verlassen möchten.

Warum können Strukturen im Coaching hilfreich sein? Zum einen gibt ein nachvollziehbarer Ablauf dem Klienten Sicherheit und erschafft einen Glauben an die Machbarkeit. Ihre Arbeit wird skalierbar und wiederverwendbar. Manche Coaches landen durch Ihre Empathie vielfach Glückstreffer in der Veränderungsarbeit. Die Kunst ist es, dies zu systematisieren. Wenn Sie zum Arzt gehen, erwarten Sie bestimmte Vorgehensweisen. Das ist in der Regel auch für Menschen so, die sich zu einem Coaching entscheiden. Je professioneller und nachvollziehbarer der Grundablauf – nicht der Inhalt – ist, desto professioneller erscheint der Coach. Dies wird sich auf den Klienten übertragen.

Eine ritualisierte Durchführung bringt im Coaching eine haltende Struktur für alle Beteiligten. Für den Ausführenden bringt es Kraft. Der Klient/Kranke öffnet seinen Glauben an Heilung und sollten Zuschauer dabei sein, bekommen diese den Eindruck, dass alles was da geschieht einen Sinn hat. Sie würden wissen, auf was sie sich einstellen können, sollten sie selbst gecoacht werden. Nicht umsonst gibt es in vielen Kulturen, Unternehmen, und Religionen Rituale, die einer festen Form folgen. Der Hintergrund ist immer Sicherheit und Vertrauen zu erschaffen. Etwas auf das man aufbauen kann. Auf der Suche nach wiederholbaren Strukturen entwickelte ich im Laufe meiner Arbeit drei verschiedene Modelle. Das interessanteste und am leichtesten zu lernende System ist das Struktur-Verantwortungs-Modell, auf dem der CoachingCircle basiert. Dieser ist eine Sammlung von Vorgehensweisen, die viele Bereiche einer typischen Coaching-Sitzung beinhaltet und auch in anderen Lehrbüchern auf ähnliche Art beschrieben wird. Aber beachten Sie: Niemand wird außerhalb einer Lehrstunde dieses Prinzip immer vollständig durchführen, doch werden Teile davon in den meisten Gesprächen benutzt.

Ein weiterer Grund für die Verwendung einer Struktur im Coaching ist auch der Theorie von Iain McGilchrist[i], dass unser Gehirn zwei Hemisphären hat, die unterschiedliche Aufgaben übernehmen. Nach einem Modell, dass in den siebziger Jahren entstanden ist, soll eine Gehirnhälfte mehr für die ordnenden und strukturierten Abläufe zur Verfügung stehen und die andere Hälfte mehr für Fühlen, Kreativität, räumliche Darstellung. Entstanden ist das Model aus Beobachtungen an Split-Brain-Patienten, bei denen eine Trennung von rechter und linker Gehirnhälfte durch Unfall oder Krankheit stattfand. Damit konnte man die Funktionen der Hemisphären getrennt beobachten. Dieses Model ist zwar heute etwas verändert, doch kann man es immer noch gut für Erklärungen nutzen. Da meine Annahme ist, dass nur ein komplett genutztes Gehirn optimale Lösungen bringt, brauchen wir im Coaching auch die Fähigkeit, beide Hemisphären anzusprechen. Das bedeutet, dass die strukturierende und die kreative Seite miteinander Lösungen erschaffen.

Der Coaching Circle besteht daher auch aus zwei Bereichen. Zum einen aus einem äußeren strukturierenden Außenkreis und einen inneren kreativen Bereich. Der Coach kann zuerst einmal den äußeren Strukturen folgen. Damit ist er immer auf dem richtigen Weg. Neben der Vorbereitung und dem guten Kontakt braucht es ein Ziel und eine Lösungsarbeit. Doch hinter diesen Ebenen stecken eben die Stolpersteine. Manchmal erscheinen diese bei der Zielearbeit. Manchmal erst beim Lösungsformat und bei Klienten, die man länger kennt, gerne schon ganz zu Anfang des Gesprächs. An dieser Stelle wird der innere Kreis wichtig und der Coach überprüft mit seinem Klienten die Ebenen, wo das aktuelle Thema gerade hängt. Diese inneren Bereiche sind die Bereiche in denen ein Prozess stattfinden darf. Hier ist auch die emotionale Beteiligung des Klienten am höchsten und die Lösungen am intensivsten. Daher habe ich in den folgenden Kapiteln diesem Weg die meiste Arbeit gewidmet.

Sollten Sie als Coach den Weg in die Tiefe nicht finden oder wollen, so bleibt doch der äußere Bereich, den man heute als lösungsorientiertes Coaching betiteln würde und das immer auch hilfreich ist. Aufbau von neuen kraftvollen Lösungswegen und durchbrechen alter festgefahrener Wege. Das ist der äußere Rahmen. Der innere Rahmen geht an den Bereich, weshalb das entstanden ist und wie das voneinander abhängt. Wenn Sie dies lösen, kommt zum Neuen noch das Verständnis oder auch eine tiefe emotionale Lösung mit dazu. Das erschafft beim Klienten Frieden mit seinem Problem State. Aber dazu später. Schauen Sie sich jetzt erst einmal das folgende Bild an.

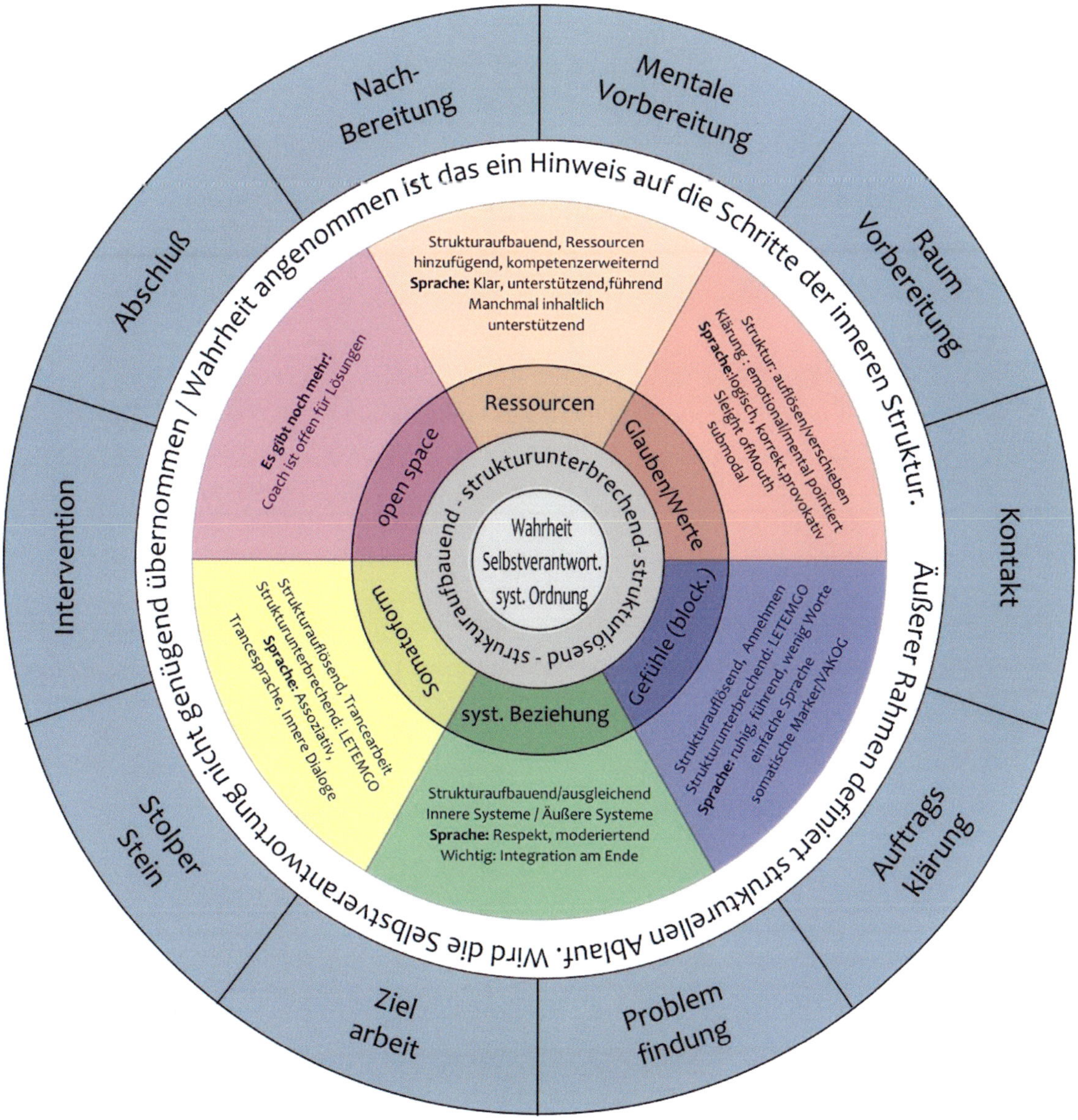
Mentale Vorbereitung
Raum Vorbereitung
Kontakt
Auftrags klärung
Problem findung
Ziel arbeit
Stolper Stein
Intervention
Abschluß
Nach-Bereitung
Äußerer Rahmen definiert strukturellen Ablauf. Wird die Selbstverantwortung nicht genügend übernommen / Wahrheit angenommen ist das ein Hinweis auf die Schritte der inneren Struktur.
Strukturaufbauend, Ressourcen hinzufügend, kompetenzerweiternd
Sprache: Klar, unterstützend,führend
Manchmal inhaltlich unterstützend
Struktur: auflösen/verschieben
Klärung : emotional/mental pointiert
Sprache:logisch, korrekt,provokativ
Sleight ofMouth
submodal
Strukturauflösend, Annehmen
Strukturunterbrechend: LETEMGO
Sprache: ruhig, führend, wenig Worte
einfache Sprache
somatische Marker/VAKOG
Strukturaufbauend/ausgleichend
Innere Systeme / Äußere Systeme
Sprache: Respekt, moderiertend
Wichtig: Integration am Ende
Strukturauflösend, Trancearbeit
Strukturunterbrechend: LETEMGO
Sprache: Assoziativ,
Trancesprache, Innere Dialoge
Es gibt noch mehr!
Coach ist offen für Lösungen
Ressourcen
Glauben/Werte
Gefühle (block.)
syst. Beziehung
Somatoform
open space
strukturunterbrechend - strukturlösend - strukturaufbauend -
Wahrheit
Selbstverantwort.
syst. Ordnung

Der äußere Rahmen

Mit den 10 Schritten gibt dieser das praktische Procedere einer Coaching-Sitzung wieder. Es ist ein Hilfsmittel, das man anwenden kann, aber nicht muss, um einen Prozess in Bewegung zu bringen. Folgt man diesem äußeren Kreis, ergibt sich auf jeden Fall immer eine hilfreiche Sitzung, in der ihr Klient neue Ziele erschafft und neue Wege dorthin findet. Und man kann als Coach sicher sein, dass die wichtigsten Aspekte angesprochen worden sind.

Der äußere Rahmen ist die haltende Struktur des Coachings und aktiviert die linke Gehirn-Hemisphäre.

Die inneren Bereiche

Diese bestehen aus 6 verschiedenen Blöcken, welche die Veränderungsprozesse und die Prozessrichtung angeben. Oder anders formuliert: Wenn es etwas zu verändern gibt, in welchen Bereich innerer Veränderungen sollte denn der Fokus liegen? Und wie verhalte ich mich als Coach, wenn ich diesen Weg nach getroffener Entscheidung folge. Für ein erfolgreiches Coaching ist die Struktur dieses Bereichs das i-Tüpfelchen und damit letztendlich auch der umfassende besondere Erfolg. Sie arbeiten mit Ihrem Klienten an dem Bereich, der zuständig dafür ist, dass eine Problemsituation so ist, wie diese gerade für ihn erscheint. Durch die Zielführung und Lösung der Aspekte dieses Bereichs werden Veränderungen erst umfassend möglich gemacht. Ergebnisse sind damit nachhaltig und prozessverstärkt.

Der innere Rahmen ist der kreative und der für den Klienten unerwartete Teil des Coachings und aktiviert die rechte Hemisphäre.

Beide Teile zusammen ergeben einen Prozess, der den Klienten ganzheitlich an sein Thema heranführt und damit Erfolg bringt. Und somit sind wir beim Thema des prozessorientierten Coachings.

Der äußere Bereich des CoachingCircle

Das Universum liebt Strukturen. Es ist als ob Energie in einer Struktur leichter fließen kann. Gerade für das Coaching bedeutet dies, dass Veränderung leichter stattfindet und nicht lange um den heißen Brei herumgeredet wird. Von der Fähigkeit einer Struktur, skalierbar auf Belastung durch zusätzliche Anforderung zu reagieren, hängt Wachstum ab. Im Coaching ist das der Prozess, der bestimmten Regeln folgen sollte. Erfahrene Coaches werden immer wieder Techniken und Methoden ändern, doch das System im Äußeren bleibt davon unangetastet. Hier stelle ich also werdenden Coaches ein System zur direkten Anwendung vor. Es besteht aus den zehn Schritten. Diese können in jedem Gespräch zur Klärung genutzt werden. Wieviel Zeit man darauf verwendet, ist oft von der Professionalität des Coaches und der Länge der Coachingbeziehung zum Klienten abhängig.

Grundsätzlich ist der äußere Bereich als haltende Struktur eines Coachings anzusehen und damit für den Gesamtprozess wichtig.

Aufbau des äußeren Rahmens

1. Mentale Vorbereitung
2. Raum vorbereiten
3. Kontakt & Rapport
4. Probleminformation
5. Zielorientierung
6. Stolperstein
7. Intervention
8. Abschluss, Integration
9. Praktische Nachbereitung
10. Mentale Nachbereitung

Bitte beachten Sie, dies ist nur eine hilfreiche Struktur, die natürlich in Reihenfolge oder Inhalt immer wieder anders aussehen kann. Ich empfehle jedem angehenden Coach sich diesen Ablauf einmal einzuprägen und zu integrieren. Dann dürfen Sie ihn wieder aus dem Bewusstsein löschen, wo er dann hoffentlich als unbewusste Kompetenz, Teil Ihrer Persönlichkeit werden kann. Und Persönlichkeit zu stärken ist einer der wichtigsten Faktoren eines erfolgreich agierenden Coaches. Außerdem hilft der äußere Rahmen den Weg vom Problemzustand in den erfolgreichen Zielzustand zu finden. Dieser führt, wenn soweit realistisch und umsetzbar, zu schnellen Lösungen. Und zu glücklichen Kunden, welche Ihre Arbeit und den Prozess, den Sie geführt haben, nachvollziehen können.

Mentale Vorbereitung

Diese erste Phase ist einer der wichtigsten Aspekte im Coaching. Es bringt den Coach quasi auf Arbeitstemperatur, aktiviert die inneren notwendigen Potentiale und schafft einen energetischen Raum, in dem Veränderung stattfinden kann. Es ist die Einladung an das Universum, dabei zu sein, wenn Weiterentwicklung stattfindet und es ist manchmal die Verabschiedung des Egos und die Öffnung zur Rolle des Coaches. Doch bevor ich mit diesen Aspekten starte, kommt die Vorbereitung vor der Vorbereitung. Zur Qualifikation eines Coaches gehören Fähigkeiten des inneren Entspannens und Loslassen.

Die wichtigste Aufgabe eines Coaches ist,
dass es ihm selbst gut geht.

Sonst ist er als Coach nicht geeignet. Denn im Coaching sind zwei Menschen im Rapport miteinander. Das bedeutet, dass auch der Klient vom Coach Informationen und Stimmungen aufnimmt. Und wer will sich schon einem Mentaltrainer mit Burnout oder einem depressiven Coach anvertrauen?

Vor der Vorbereitung – Entspannung und Meditation

Im Rahmen unserer Ausbildungen legen wir allen Teilnehmern nahe, eine Form der Meditation oder Entspannung zu lernen. Die Erfahrung, das eigene Nervensystem mit der Kraft von Gedanken verändern zu können, ist eine wichtige Lernerfahrung. Und zudem verändert es auch Einiges. Sie lernen, sich die Zeit für sich zu nehmen. Gerade Coaches sind gerne mit dem Helfer Virus infiziert. Dieser führt dazu, Andere wichtiger als sich selbst zu nehmen. Doch ein Coach sollte eine gewisse Integrität ausstrahlen, was auch zur Folge hat, Klarheit in den eigenen Grenzen auszustrahlen und Grenzen zu setzen. Und Meditation bedeutet auch, etwas konstant und regelmäßig zu tun. Denn bei der Meditation oder bei anderen Methoden wie dem autogenen Training gilt nur eine einzige Formel:

Einfach meditieren. Jetzt! (Und regelmäßig)

Der innere Dialog, der einen abhält, jetzt und hier zu meditieren, wird damit unterbunden. Meditation ist schon lange kein Prinzip der esoterischen Generation mehr, sondern wissenschaftlich fundiert und die positiven Aspekte sind dokumentiert[13]. Es gibt keine Voraussetzungen dafür – keinen besseren Ort oder bessere Zeit, um zu meditieren. Es gibt auch keine bessere Technik oder spezielle Musik, die notwendig ist. Und es gibt auch kein „morgen", an dem das alles besser ist. Ich höre noch die Stimme eines Freundes, der gerade Vater wird und mit seiner Frau in eine neue Wohnung einzieht: „*Wenn ich erst mein Meditationszimmer fertig habe, dann komme ich wieder zum Meditieren*". Dass gerade kurz nach der Vollendung des genannten Zimmers sein Kind zur Welt kam und es dann wieder viele Störungen gab, war ihm vorher nicht bewusst. Es gibt ein wunderschönes Buch von Clark Strand, welches heißt „Einfach meditieren –Übungen für ein gelassenes Leben[14]". Es ist ein Buch voller Geschichten und zeigt, wie umfassend dieser Gedanke ist, dass Meditation einfach jetzt geschieht und kein morgen und gestern hat. Sobald man das Gefühl hat, dass die Meditation anstrengend ist, heißt das nur, dass man sich verspannt und es nicht mehr fließen kann. Also nutzen Sie vielleicht als Coach im Vorfeld eines Coachings die Meditation. Wer dies noch nie getan hat, der kann jetzt mit einer kleinen Atemübung anfangen. Richten Sie Ihr Bewusstsein auf Ihren Atem. Und dann tun Sie nichts weiter als 15 Minuten lang nur Ihrem Atem zu folgen. Einatmen und Ausatmen im Rhythmus zu beobachten. Sie werden feststellen, dass Ihr Geist versucht, andere Gedanken zu formen. Dies ist in Ordnung. Doch Ihr Fokus kommt immer wieder zurück zum Atmen. Tun Sie es jetzt! Und stellen Sie sich einen kleinen Wecker oder eine Meditations-App, welche Sie nach 15 Minuten zurückholt.

Was können Sie noch für Ihre mentale Vorbereitung tun?

Der zweite Aspekt, den ich gerne als innere Vorbereitung nutze, ist, mich selbst auf einen bestimmten Veränderungswert vorzubereiten. In der Hypnose gibt es den Begriff des „Priming", der die Fähigkeit des Gehirns angibt, dass ein bestimmter Kontext im Denken, wenn er einmal angeregt ist, mehr Informationen verarbeiten kann. Sie müssen sich nur mal an einen Autokauf erinnern. Ihre Wahrnehmung verschiebt sich und Sie bekommen ein Gefühl für die Preise und Angebote, da Sie sich überall nach Autoverkäufern umschauen. Und so überlege ich mir für ein anstehendes Coaching besondere Werte, wie ich mir das dann später im Prozess wünsche. z.B.: Offenheit, Veränderung oder Transformation. Für diese Werte visualisiere ich mir einen Raum in dem dies stattfinden kann. Ich besitze auch eine Kreativitätsecke, in der ich Sprüche, Blumen, Bilder zu den Werten des Tages hänge, die mich noch weiter inspirieren. Passend zu dem Thema mit dem ich mich gerade beschäftige. Damit erschaffe ich dann ein mentales Priming, welches oft den feinen Unterschied ausmacht. Ich benötige weniger Aufwand im Gespräch, um den Prozess zu steuern. Entscheidend dafür sind meine innere Einstellung und mein vorgeprägter innerer Zustand.

Raum vorbereiten

Jede Information im Raum ist für die feinen Abläufe eines Coachings durchaus von Bedeutung. Die Art wie die Stühle gestellt werden. Die Klarheit oder Verspieltheit eines Raums sind schon Einladungen an das Unbewusste. Machen Sie sich klar, was Sie erreichen wollen und gestalten Sie Ihren Raum dementsprechend. Arbeiten Sie mit Formen und Farben, Tönen und Gerüchen. Alles hat Bedeutung. So kann ein Sommerbild mit lachenden Menschen einem Klienten helfen, sich schneller in eine positive Erinnerung zu begeben. Für manches Coaching ist ein kreatives Umfeld, welches verspielt ist und viele Formen und Farben besitzt, hilfreich. In manchen Vorgehensweisen sind eher warme, aber klare Räume passender. Für mich zum Beispiel gilt, dass ich für die Prozesse, welche ich initiieren will, ein klarer weiter Raum mit viel Licht wichtig ist. Darin arbeite ich am liebsten und bin damit natürlich auch in einem optimalen kraftvollen Zustand.

Zusätzlich bietet es sich als Vorbereitung an, wie vorher schon beschrieben, eine besondere Ecke einzurichten. In dieser können Sie bestimmte Texte oder Sprüche des Tages oder bewegende Bilder aufstellen. Diese Ideen sollten natürlich zu Ihrer Art des Coachings passen. Meine Erfahrung dazu ist, dass dies dem Klienten wieder ein wenig mehr zeigt, dass Sie sich durchaus mit dem Thema beschäftigen. Es sind im Endeffekt die Kleinigkeiten die den Erfolg machen. Das kleine Bisschen mehr, welches Sie von anderen Coaches unterscheidet. Und es ist auch Teil des ersten Eindrucks, welcher beim Klienten unbewusst ankommt und hängen bleibt. Diese Rituale sind in der Regel dafür konzipiert, wenn der Klient zu Ihnen kommt. Sollte es jedoch sein, dass Sie zum Klienten ins Unternehmen oder einen angemieteten Raum gehen, würde ich empfehlen, zumindest einen Teil davon durchzuführen und dies auch mit dem Klienten kurz zu klären.

Das Startritual

Definieren Sie das Ziel, welches mit Ihrem Ritual zur Vorbereitung des Raums erschaffen werden soll. Erstellen Sie sich eine einfache Struktur, die zugleich eine Art von Kreativität, Schönheit oder Kraft erschafft.

- Wie lange darf es dauern?
  Wie oft am Tag/Woche?
- Welche Kleinigkeiten wie Blumen oder Wasser sollen den Raum füllen?
  Und wie können Sie diese Handlung ausführen, dass die Coachingkraft maximiert ist?

- Wie soll sich der mentale Raum füllen? Denken Sie an Werte oder Ideen. Soll es ein kreativer Raum sein oder ein Heilraum? Welcher Anker könnte dafür stehen und wie können Sie diesen im Raum so platzieren, dass er seine Wirkung optimal ausbreitet?
- Welche Handgriffe benötigt der Raum? Das Stellen der Stühle, Öffnen der Fenster oder Ähnliches. Erzeugen Sie mit diesen Handgriffen rituelle Handlungen, die nicht aus Notwendigkeit, sondern als energetisch, mentale Vorbereitung zu betrachten sind.
- Schmücken Sie Ihren Raum mit besonderen Bildern oder Farben, vielleicht sogar mit wohlriechenden Düften. Achten Sie auf eine gewisse Art von Schönheit, vor allem für sich selbst.
- Überlegen Sie, wie und mit welchen Worten Sie einen Klienten empfangen wollen und was Sie ihm anbieten?
- Weben Sie in Ihrem Geiste das Bild eines erfolgreichen Coachings, so wie Sie es sich vorstellen. Bauen Sie in dieses Bild Ihre eigenen Handlungen hinein, so dass Sie sich selbst im Coaching erleben.
- Auf welche Seite Ihres Klienten setzen Sie sich? Rechts oder links, oder gegenüber? Jede Stuhl-Konstellation hat ihre Wirkung. am besten Sie experimentieren damit, bis Sie Ihren Weg gefunden haben.

Kontakt & Rapport

In den ersten Minuten, wenn ein neuer Klient hereinkommt, geschehen viele unbewusste Reaktionen. Dies ist auch eine Zeit, in der ein bewusst agierender Coach tätig werden kann. Nach den vorhergehenden Kapiteln haben Sie ja nun schon eine innere Vorbereitung durchgeführt und einen geeigneten Coachingraum erzeugt. Damit kommunizieren Sie bereits unbewusste Informationen. Der Klient wird sich in kurzer Zeit seinen ersten Eindruck bilden. Wenn Sie mit einem fremden Menschen reden, beträgt der Anteil der Information der Sachebene, die beim Anderen ankommt, höchstens 15%. Die nonverbale Kommunikation spielt bei einem persönlichen Gespräch unter vier Augen die größte Rolle, etwa 85 %. Diese Zahlen verschieben sich noch eine wenig, wenn man den Kontext und das Thema betrachtet, um das es geht. So wird bei einer Diskussion um technische Details sicherlich ein höherer Sachanteil angenommen. Ein Coach weiß auch, dass Kleinigkeiten im Miteinander, im unbewussten Denken des Klienten sofort Wirkungen erzielen. Doch ebenso bieten sich Möglichkeiten, das zu nutzen. Rapport bezeichnet einen guten Draht zu einem Menschen. Und indem Sie Rapport herstellen, schaffen Sie eine freundliche Beziehung und eine Vertrauensbasis für die weitere Interaktion. Wenn Sie mit jemanden im guten Rapport sind, dann werden

Sie sich in seiner Nähe auch wohl fühlen und gerne mit diesem Menschen reden. Doch es geht noch darüber hinaus. Ein wichtiger Grundsatz für die Arbeit eines Coaches lautet:

Rapport vor Intervention!

Bevor Sie handeln, ist es ganz entscheidend, dass der andere merkt, dass Sie beide in einen guten, wertschätzenden, gemeinsamen Kontakt gekommen sind. Genauere Informationen und auf welchen Ebenen Rapport stattfinden kann, finden Sie im Kapitel über NLP. In dieser Ebene des Kontakts können Sie auch bereits Anker setzen, die Ihnen später helfen werden, Ihre Ziele zu erreichen.

Auftragsklärung

Eine der wichtigsten Phasen des Coachings ist die Auftragsklärung. Darin wird gemeinsam mit dem Klienten definiert, was Sie tun können, und wo es ein klares Stoppsignal gibt. Auftragsklärung steht vor allem am Anfang eines jeden Beratungsprozesses an. Sie kann auch im weiteren Verlauf nötig werden, wenn Krisen oder Unklarheiten über den Beratungsprozess auftreten oder wenn über das Ende der Beratung entschieden werden muss.

Im gesamten Verlauf des Coachings wird der Klient die Arbeit, die der Coach erschafft, mit dem eigentlichen Auftrag vergleichen. Wenn es darum geht Aspekte anzusprechen, die den Rahmen des Auftrags sprengen würden, jedoch notwendig für den weiteren Verlauf sind, besteht Handlungsbedarf für den Coach. Er kann dann den Klienten darauf hinweisen:

Coach an Klient: „Lieber Klient, auch wenn Ihr Auftrag rein beruflicher Natur ist, hat sich im Gespräch jetzt ergeben, dass der Streit mit Ihrer Frau starken Einfluss auf Ihre berufliche Leistung hat. Woran sollen wir jetzt arbeiten?“

Verpasst man diesen Aspekt und landet im Privaten, kann es sein, dass der Klient in den inneren Widerstand geht. Also ein Teil von ihm hält sich daran fest, dass es doch ein berufliches Thema ist. Und das ist ein berechtigter Einwand, der schon vorher geklärt werden kann.

Oder:

„Ich verstehe, dass Sie sich im Unrecht zu den Aussagen Ihres Chefs fühlen. Leider lässt es mein Auftrag nicht zu, daran zu arbeiten, dass der Chef netter zu Ihnen ist – dafür müsste ich mit ihm arbeiten. Diesen Auftrag kann ich also nicht annehmen.

Was meinen Sie denn, bei welchem Aspekt wir beide wirklich zu Lösungen kommen?“

Auch wenn es für Sie jetzt seltsam erscheint: Klienten kommen oft mit dem Kopf voller Projektionen ins Coaching und erwarten dann von ihnen, dass dritte Andere sich ändern. Diese innere Einstellung ist dem Klienten meist nicht direkt bewusst. Er ist eben aus seiner Sicht nur das Opfer. Warum soll er etwas verändern? Gerade bei nicht ganz freiwilligem Coaching erlebe ich oft diese Einstellung. Es gibt viele Fallstricke, in die ein Coach immer wieder geraten kann. Spätestens wenn Sie irgendwann einmal mitten in einem Stillstand im Prozess stecken, kann es an der Zeit sein, zum Auftrag zurückzukehren und nochmals die Vorgehensweise zu überprüfen. Es ist eine zudem weithin angenommene Tatsache, dass viele Coaches und Berater glauben, dass der Kunde schon genau wisse, was er wolle. Doch meist ist es so, dass der Kunde einen ganzen Blumenstrauß voller Themen, Probleme und Symptome hat. Die Gefahr dabei ist, dass der Coach nur einen Teil der Aussage des Kunden als Auftrag anhört, um dann in Nachhinein festzustellen, dass dies gar nicht der eigentliche Auftrag war. Auch kann es sein, dass der Kunde einen Leidensdruck verspürt, den notwendigen Auftrag aber nicht klar definieren kann. Eine weitere Möglichkeit während der Phase der Auftragsklärung ist, dass der Leidensdruck des Kunden sehr hoch ist. Er traut sich jedoch nicht zu, das eigentliche Thema anzugehen, da es ihm viel zu mächtig erscheint. Daher schiebt er ein vermeintlich leichteres Problem/Symptom als Auftrag vor.

Vorgehensweise zu Klärung des Auftrags:

Was genau wünschen Sie sich von mir?

Diese einfache Frage öffnet den Raum für die Erwartungen des Klienten und bleibt komplett im Raum des Klienten. Weniger hilfreich wäre die Frage: „*Was kann ich für Sie tun*?“ Vorsicht vor dem Helfersyndrom. Diese Frage implementiert auf einer unbewussten Ebene, dass Sie als Berater etwas tun und der Klient schon unbewusst einen Teil der Verantwortung auf Sie als Coach überträgt. Da es jedoch oft um Verantwortlichkeit im Coaching geht, wäre das kontraproduktiv. Das dazugehörige Gleichgewicht sollte daher von vorn herein mit Wohlbedacht angegangen werden. Ein Beispiel: Ein Klient kommt in die Praxis und ein Coach stellt ihm die Frage: „*Was wünschen Sie sich von mir?*“ Der Klient antwortet: „Ich wünsche mir, nicht mehr so müde zu sein und mehr Elan zu haben, so dass ich nicht mehr so oft mit meinem Lebenspartner in Streit gerate. Außerdem wäre es schön, wenn ich meine Ziele erreichen könnte bzw. überhaupt erst einmal Motivation verspüren würde, um meine Ziele anzugehen."

Dies sind gleich mehrere Aufträge, die durchaus miteinander im Konflikt stehen könnten. Gleichzeitig ist der Helferaspekt auf fruchtbaren Boden gefallen und der Klient kann gleich eine ganze Litanei von Wünschen loswerden. Falls der Coach den Fauxpas bemerkt, könnte er die Taktik verändern und versuchen den Klienten in einer anderen Ebene zu befragen und dabei die Verantwortlichkeit wieder zurückzugeben: *„O.K. das sind gute Wünsche, doch verstehe ich es noch nicht ausreichend. Daher: Was wäre bei Ihnen anders, wenn Sie heute nach dem Coaching diesen Raum verlassen?"*

„Ich möchte wieder Hoffnung haben, dass meine Ziele und Wünsche erreichbar sind. Vielleicht erkenne ich dann ein Muster bei mir, das mich bisher immer wieder davon abhielt."

Jetzt sind wir erst beim Auftrag. Davor ging es nur um verschiedene innere Aspekte. Erst der zweite Satz hat auch den Coach in seiner Rolle definiert. Und zwar mit einem Auftrag, den dieser auch übernehmen kann. Verstehen Sie den Unterschied? Es geht um die Erwartung, die ein Klient an Sie hat. Nicht dass er seine Ziele mehr oder weniger schneller erreicht, sondern im ersten Schritt geht es um die Beziehung zwischen Ihnen und dem Klienten, die in der Regel immer mit Erwartungen verknüpft sind.

Auftragsstruktur

Machen Sie doch jetzt mal an eine kleine Vorübung: Stellen Sie sich die Frage, mit welchen Vorannahmen kann ein Klient zu Ihnen ins Coaching kommen? Welche Erwartungen außerhalb seines Zieles wird er haben? Denken Sie nur mal daran, was Sie sich von einem Coach oder Therapeuten erwarten, wenn Sie diesen zum ersten Mal besuchen. Schreiben Sie die Antworten auf. Und dann machen Sie sich daran, sich Ihr eigenes System zu überlegen, bei dem Sie diese Aspekte integrieren.

Die nachfolgend aufgeführten Aspekte stellen ein beispielhaftes Schema dar, welches als Grobstruktur für eine Auftragsklärung genommen werden kann. Diese Struktur kann sowohl in der Organisationsberatung als auch im Einzelcoaching genutzt werden. Die Strukturen sollten natürlich mit dem persönlichem Coachingansatz erweitert und angepasst werden.

Methodentransparenz

Jeder Coach/Berater hat einen speziellen Coachingansatz – zum Beispiel Hypnose, EFT, NLP oder andere. Für ein wirkungsvolles Coaching ist es wichtig, dass der

Kunde sowohl den Coach als auch die Coaching Methode akzeptiert und als Lösung annimmt. Man nennt dies Methodentransparenz. Dazu gehört es, dem Klienten auch die Vorgehensweise zu erklären. Machen Sie aus Ihrem Klienten einen kompetenten Partner, der die Steuerung im Gespräch mit übernehmen kann. Dadurch, dass er weiß, was geschieht, erlebt er den Ablauf meist intensiver. Er ist eingebunden in die Struktur, kann entscheiden, was er nicht möchte und sich damit auch in Sicherheit fühlen. Erklären Sie Ihrem Klienten, wie Sie vorgehen. Bieten Sie ihm an, zu jedem Zeitpunkt ein Veto oder ein Stopp Signal zu geben. Regen Sie Ihren Klienten auch während des Ablaufs des Coachings an, mit Ihnen eine Art Metaposition einzunehmen, aus der heraus Sie die Entwicklung des Prozesses gemeinsam beurteilen können. Klären Sie mit dem Klienten, ob es auch am Ende eine Art Feedback zwischen Ihnen geben wird. Also vom Klienten zum Coach, aber auch vom Coach zu Klienten. Ihr Klient wird es Ihnen danken. Er sieht sich dadurch wertgeschätzt. Und im Gegensatz zu manchen Therapien ist das steuernde Element der Klient. Nutzen Sie das für sich.

Die verschiedenen Auftraggeber

Bei der Auftragsklärung im inhaltlichen Kontext geht es um die Klärung der oft vielfältigen und widersprüchlichen Erwartungen, der unterschiedlichen, an einer systemischen Beratung beteiligten Parteien. Und das sind oft nicht nur die Teilnehmer an einem Beratungsgespräch. Der Regelfall ist, dass die Erwartungen zwischen dem Klienten und zwischen den anwesenden oder nicht anwesenden Auftraggebern unterschiedlich und kontrovers sind. Diese Diskrepanzen sollten als Erstes geklärt und ausgehandelt werden. Andernfalls gerät der Berater in Zwickmühlen und Dilemmata, da er mit unlösbaren Aufträgen konfrontiert wird.

- Der Auftraggeber ist der Klient selbst. Diese Variante ist meist der Fall. Der Klient sucht Veränderung, weil er Schwierigkeiten hat und selbst keine Lösung findet.
- Der Auftraggeber ist ein Vorgesetzter
  In diesem Fall ist eine genaue Klärung mit dem Auftraggeber notwendig. Meistens ist es ein Vorgesetzter, der einen Mitarbeiter zum Coaching schickt. Hier gibt es verschiedene Varianten: Sie werden persönlich vom Vorgesetzten instruiert oder der Mitarbeiter kommt mit der Aussage: „Mein Chef schickt mich". Für jeden Fall gibt es definierte Vorgehensweisen, die wir später betrachten.
- Von Familienmitgliedern gesendet
  Häufig kommen Klienten oder Kursteilnehmer zu mir und sagen: „Mein Sohn oder Bruder oder sogar Ehepartner sollte doch auch mal zu Dir

kommen." Aus Erfahrung weiß ich, dass es nur selten zu einem Kontakt kommt. Wenn doch, gelten zuerst die Regeln für einen vom Vorgesetzten gesendeten Klient.

- Von Freunden empfohlen
  Im Bereich Life-Coaching ist es immer wieder deutlich, dass durch Empfehlungen die meisten Klienten kommen. Oft ist hier der Anreiz: Ich sehe, dass es meinem Freund/Freundin bessergeht und suche selbst ähnliche Hilfe. Hier ist darauf zu achten, dass jedes Coaching individuell ist und unterschiedlich lange und mit unterschiedlichen Wegen bis zur Klärung kommen kann. Erwartungen einer bestimmten Technik/Vorgehensweise können nicht immer getroffen werden.

Ein Beispiel typischer Aufträge

Ein Kunde hat intern seine Führungsstruktur verändert. Der ehemalige Chef, ein Macher wie er im Buche stand, ging in Rente und dafür soll eine Gruppe aus einem Geschäftsführer und seinen zwei Abteilungsleitern, die Führung übernehmen. Deren Stellen wurden als neue Hierarchieebenen eingeführt und denen unterstehen dann eine oder mehrere Ressortleiter. Die neuen Abteilungsleitungen kamen alle aus dem Bereich der Ressortleiter. Sie waren vorher wenig konzeptionell oder strategisch aktiv, da der alte Chef der typische Entscheider war. Der hauptsächliche Coaching Auftrag kommt vom neuen Geschäftsführer, der erkannt hat, dass der Übergang für seine neue Führungscrew durchaus problematisch ist. Zum einen haben sich neben alten Aufgabenbereichen, die jetzt delegiert werden müssen, noch eine Menge an neuen Aufgaben ergeben. Zum anderen erkennt der Geschäftsführer, dass die neuen Abteilungsleiter doch noch versuchen, ihm die meisten Entscheidungen zu übergeben. Daher ist es Ziel, die Personen für ihre Aufgaben neu auszurichten. Dieser Auftrag steht für den Coach immer über den Einzelaufträgen der Abteilungsleiter in jeder Coaching Sitzung. Denn diese kommen ja auch mit verschiedenen Aufträgen und Ängsten an, die aus diesem Auftrag heraus zu klären sind. So waren Überbelastung an der Tagesordnung und immer wieder die Gedanken, vielleicht auszusteigen. Hier ist es wichtig, sich am Hauptauftrag zu orientieren. Abweichungen davon wären schwierig umzusetzen, da diese keine Rückendeckung von oben hatten.

Ein weiterer Aspekt bei der Auftragsklärung ist in der Regel die Angst, die bei solchen Aufträgen mitschwingt. „Wenn ich meine Fehler zeige, werde ich dafür kritisiert nicht an der richtigen Position für diesen Job zu sein." Damit ergibt sich meist ein ausgesprochener Auftrag des Klienten und eine „Hidden Agenda" (also Punkte die wichtig sind, aber eben nicht ausgesprochen werden).

- Ausgesprochen: Ja ich möchte mich besser in meine neue Rolle einfinden.
- Hidden Agenda: Zeigen Sie mir, wie ich am besten im Sinne der Geschäftsführung handeln kann.

Der zweite Punkt wäre typischerweise eine Lösung, welche Consultants einem Klienten mitgeben würden. -> „Sie müssen deutlicher auftreten und mehr delegieren."

Ein Coach sollte in diesem Zusammenhang diesen Punkt zuerst einmal ansprechen und fragen, ob das wirklich die Erwartung des Klienten ist. Oder ob er bereit wäre, diesen Punkt unter der Berücksichtigung, dass alles was gesprochen wird, auch im Coaching Raum bleibt, zurückzustellen und erst einmal herauszuarbeiten, was denn das eigentliche Thema ist, was für diese neue Stelle die notwendige Verbesserung im eigentlichen Verhalten wäre. Somit wird der Ball wieder an den Klienten zurückgespielt, die Ängste angesprochen, und erst einmal als nicht relevant nach hinten gestellt. Dann sollte der Klient die Transparenz der Vorgehensweise nochmals erläutern und die Verschwiegenheit auf jeden Fall ganz klar definieren. Nach dem Coaching muss die Frage kommen, ob der Klient mit den erarbeiteten Lösungen jetzt auch seinen Platz in der neuen Stellung besser ausfüllen kann. Beim späteren Reporting zum Geschäftsführer wird, in Absprache mit dem Klienten, die erreichte Veränderung präsentiert.

Fragen zur Auftragsklärung

Wer fragt der führt. Mit dieser Einstellung lernt man Coaching als einen Job zu sehen. Die Art und Weise der Fragen unterscheidet sich komplett derer eines Beraters und ist im Hauptfokus zielgerichtet. Mit folgender Übung können Sie dies vertiefen. Ziel der Übung ist es genügend Informationen zu bekommen, um im Hinblick auf Motivation und Beziehungsebenen ein geeignetes Coaching durchführen zu können. Gleichzeitig wird eine Trennung zwischen Helfer und Coach geschaffen, die es ermöglicht, freier von Erwartungen zu arbeiten. Bearbeiten Sie einmal „alle" folgenden Fragen zu einem Auftrag eruieren Sie einen Auftrag in seiner Gänze. Dies ist gerade für angehende Coaches eine gute Übung in Probecoachings.

Teil 1 – Ebene der inneren Klärung des Coaches.

Die Grundfragen der inneren Klärung schaffen für den Coach eine Vorjustierung, um sich selbst des Auftrags und aller Gegebenheiten klar zu werden. Viele Aspekte des weiteren Coachings sind von diesen ersten Einstellungen abhängig. Wird dieser Aspekt vergessen, können Sie wohl ein gutes Coaching durchführen, doch strukturelle Defizite führen im Coaching, wie auch in allen anderen

Dienstleistungen längerfristig zu Problemen. Nehmen sie die folgenden Fragen also als Notwendigkeit an, um Ihr Coaching System zu einem Erfolg zu machen.

- Wer will was? / Wer will nichts? Welche Personen sind am Auftrag beteiligt? Wer ist Hauptauftraggeber?
- Möchte der Klient, der vor mir sitzt, überhaupt etwas von mir? Manchmal ist das bei Angestellten tatsächlich sehr unklar. Was müssten der Klient und ich tun, um den Auftraggeber zufrieden zu stellen?
- Wie soll der Coach seine Tätigkeit tun? Gibt es Vorstellungen?
- Ist das Angebot der Leistungen des Coaches überhaupt das Richtige? Sind die Erwartungen des Klienten bezüglich des Ablaufs sehr festgelegt oder ist er offen für neue Erfahrungen und Techniken?
- Wie lange? Ab wann? / Wann noch nicht?
- Ist eine Erwartung bezüglich des Zeitrahmens zum Coaching vorhanden? Manche Klienten erwarten die Schalterlösung. Sie gehen einmal zum Coach und ihr Leben verändert sich in allen Bereichen. Andere denken, sie müssten für ein Thema eine mehrjährige Therapie durchführen.
- Wozu? / Wozu nicht?
- Was genau soll mit welchem Zweck passieren?
- Was soll bzw. darf auf keinen Fall passieren? Ein Beispiel wäre die Verschwiegenheitspflicht.
- Über welche Zielsetzungen besteht überhaupt kein Konsens?
- Sollte das Coaching nur berufliche Themen entsprechen oder auch private Themen anschneiden können?
- Mit wem? / Wer sollte aus den Betrachtungen ausgeschlossen werden?
- In Beziehungsfragen (Partnerschaft, Vorgesetzte, Teams) ist oft eine Ausrichtung des Klienten klar herauszuhören. „Ich bin gut, die anderen sind schuld.“. Für den Coach gilt die Neutralität seiner Person zu überprüfen. Denn als Coach sieht man nur eine Aussage. Im Zweifel kann man sogar eine andere Meinung einholen. Dazu dienen auch Supervisionen.

Teil 2 – Direkte persönliche Fragen an den Klienten

Diese Fragen sind Fragen, damit der Klient in die richtige innere Einstellung kommt. Sich seiner eigenen Motivation und Erwartungen noch einmal klar wird.

Fragen zur Motivation/Anlass:

- Was bewegt Sie dazu, sich durch einen Coach begleiten zu lassen? Diese Frage dient dazu, nochmals die Rolle von Klient und Coach klar zu definieren.
- Was erhoffen Sie sich davon für Ihre Zukunft? Hier bitte noch nicht zu sehr ins detaillierte Ziel eintauchen, sondern nur einen allgemeinen Zustand abfragen. Ziel ist es, dem Klienten klar zu machen, dass er eine Veränderung wünscht.
- Warum wünschen Sie sich gerade jetzt Beratung? Wenn jemand sich einen Coach sucht, dann ist das Thema, um das es geht, nicht erst gestern entstanden. Was hat der Klient bereits unternommen, um eine Klärung herbeizuführen?
- Was könnte auch zusätzlich möglich werden, wenn Sie die entsprechenden Fortschritte machen? Ist der Klient offen, auch etwas für den Erfolg zu tun oder glaubt er an Wunder und gibt die Verantwortung ab?

Teil 3 – Fragen zum Rahmen

- Wie oft und in welchen Abständen sind Sie bereit, mit dem Coach zu arbeiten?
- Was soll am Ende der Sitzung geschehen, damit sie sagen, das hat sich gelohnt?
- Wie lange darf eine Coaching Session dauern?
- Wo soll das Coaching stattfinden?
  Diese Frage ist nur in bestimmten Kontexten notwendig, z.B. wenn es um Konsultationen im Büro geht.
- Wie werden Sie Vor- und Nachbearbeitung des Coachings organisieren? Haben Sie Zeit, um sich nach dem Coaching nochmals in Ruhe mit der Verarbeitung der Themen zu beschäftigen? Sind Sie gerade aus einem Termin gekommen und brauchen jetzt erst mal Zeit, umzuschalten?
- Welche Spielregeln brauchen wir, damit es gute Fortschritte gibt?
- Und natürlich: Wie läuft das mit dem monetären Ausgleich für das Coaching (pro Session, monatlich mit Rechnung, etc.)?

All diese Fragen sind natürlich nicht jedes Mal notwendig. Jedoch sollten sich der Klient und der Coach der Antworten klar sein. Erstellen Sie sich ihre eigene Liste, die für Sie abgehakt werden sollte. Coaching braucht Struktur und damit auch eine gewisse Art der Sicherheit. Viele der Fragen können bereits im Vorfeld geklärt werden. Haben Sie eine Software oder App, welche dies für Sie leisten kann?

Informationen zum Problem

Problemtrance – Oder wie Spiegelneuronen den Coach zum Verzweifeln bringen. Die Begriffe Problemtrance und Zieltrance stammen von Gunther Schmidt[15] und Stephen Gilligan[16]. Diese erläuterten, dass ein Klient, der von seinem Problem erzählt, gerne in eine Art Trancezustand fällt. Dieser Zustand ist dadurch gekennzeichnet, dass er mit inneren negativen Bildern und passender repetitiver selbsthypnotischer Sprache aufrechterhalten oder gar verstärkt wird. Dies erzeugt ein problematisches Verhalten mit dazu passenden Emotionen. Manchmal ist dieses Verhalten, welches den negativen Zustand erzeugt, schon das eigentliche Thema. Es könnte sogar sein, dass das Problem des Klienten ansonsten in einigen einfachen Aktionen zu lösen wäre. Es ist untersucht worden, dass die Fähigkeit sich in einen schlechten Zustand zu versetzen, für die meisten Menschen um ein Vielfaches leichter ist, als sich in einen guten Zustand zu bringen[17]. Im CoachingCircle gehen wir daher sehr vorsichtig und zeitlich begrenzt mit der Problemtrance um. Denn diese hat eine ansteckende Wirkung und kann einen unerfahrenen Coach in den Bann ziehen. Das hat dann zur Folge, dass auch der Coach vom Problem so eingenommen wird, dass er den Raum der Möglichkeiten nicht mehr richtig wahrnehmen kann. Grund dafür sind sicherlich auch unsere Spiegelneuronen, die in dem Versuch, den anderen zu verstehen gerne mal in uns das gleiche Gefühl auslösen. Coaches, welche damit umgehen können nutzen die Fähigkeit des Containing. Es ist das Training dessen, das Gefühl des anderen in sich selbst zu spüren – aber es in einen Kasten zu stecken, den man jederzeit öffnen und schließen kann. Damit ist das eigene Ich und Gefühlsleben abtrennbar vom Erleben des Klienten.

Probleme sind ansteckend und brauchen einen wachen Coach, der die Fallen erkennt, welcher der Klient mit der Problemtrance erschafft.

Informationen sammeln

Gleichzeitig ist die Phase der Problemtrance notwendig, um Informationen zu sammeln, welche für den eigentlichen späteren Ablauf wichtig sind. Dieser wichtige Zeitpunkt am Anfang enthält in der Regel schon alle notwendigen Informationen, welche für die Lösung wichtig sind. Allerdings sind diese meist hinter Schichten von Schleiern versteckt. Daher ist Fragen auf Informationsebene der richtige Weg und für Klient und Coach hilfreich. Der Klient kann durchaus das Gefühl bekommen, dass sein Gegenüber nicht ganz bei ihm ist. Dann sollte dieser darauf achten und wieder einen stimmigen Rapport erarbeiten. Wenn man davon ausgeht, dass alles bereits ganz am Anfang an Informationen vorhanden ist, dann sind Beobachtung und Verständnisfragen das Mittel der Wahl den Klienten in diesem Bereich zu führen. Noch geschickter ist es zu diesem Zeitpunkt jedoch das Problemdenken im kurzen zeitlichen Rahmen zu lassen, wenn nicht sogar vollständig zu übergehen. Sollte der Klient die Problemtrance aufbauen, verlassen Sie besser diesen Part des Coachings und begeben sich gleich zum Ziel. Denn dort gibt es eine kraftvolle Arbeitsebene. Ein wenig provokant ausgedrückt könnte man auch sagen:

Jammern hilft nicht! Raus aus dem Problem – rein ins Ziel!

Es ist sicherlich für manchen „Helfer“ unter Ihnen eine vielleicht seltsame Vorstellung, den Klienten seinem Bedürfnis nach Ausdruck seines Problems keinen Raum zu geben. Wenn Sie jedoch in der Auftragsklärung definiert haben, dass Sie lösungs-/prozessorientiert arbeiten werden, können Sie diesen Ablauf mit der Struktur erklären. Sie sparen sich als Coach eine Menge intensive Problemenergie. Die Arbeit mit dem Lösungsraum hilft dabei ebenso alle Informationen zu bekommen, die für Ihre Arbeit notwendig sind. Daher: Bleiben Sie wachsam und lassen Sie sich nicht in eine Problemtrance führen. Sie übernehmen selbst die Führung und nutzen Ihre Fragen dazu. Das *Metamodell (Siehe Kapitel Fragen)* ist dafür eine gelungene Vorgehensweise.

Zielorientierung

Ein wichtiger Schritt im Coaching kann – muss aber nicht - das Definieren eines Ziels sein. Im CoachingCircle ist dieser Bereich der Starter, der den Klienten aus der Problemtrance herausholt und Möglichkeiten bietet, Veränderungen in die richtige Richtung zu leiten. Unser Gehirn arbeitet gerne zielorientiert. Doch bitte vergessen Sie hierbei nicht, dass Leiden auch entstehen kann, wenn Ziele nicht erreicht werden. Es ist der Tanz zwischen Problem und Ziel, der den Klienten wahrscheinlich schon oft in dieses Leiden gebracht hat. Oder anders ausgedrückt: Erst wenn der Klienten von seinen unbewussten Zielen ablässt und sich auf Ziele einlässt, die seine Wahlmöglichkeit erweitern oder neue Perspektiven beinhalten, wird Veränderung leicht möglich.

Zieltrance

Der gewünschte Zustand oder das Bild davon, wie man sich in diesem Zustand verhält und interagiert, hat für den Klienten einen hohen Stellenwert. So sieht sich der Klient in der Regel dort zufrieden und glücklich. Allein diesen neuen Zustand zu erschaffen, kann für ein Coaching transformatorische Effekte bewirken. Eine Zieltrance ist in der Regel immer bereits vorhanden, doch kann der Klient diese bei weitem nicht so innerlich wahrnehmen, wie das Problem. Alleine der Wunsch, dass er etwas verändern möchte, hat dazu geführt, dass der Klient zum Coach kommt. Dadurch ist bereits eine Art Ziel entstanden. Dieses kraftvoller zu machen, ist ein erster neuer größerer Schritt auf dem CoachingCircle.

Von der Problemtrance zur Zieltrance

Ein Ziel, das falsch definiert ist, kann genauso große Probleme erschaffen wie ein Problem, dass zu viel Raum bekommt. Auf dem Weg vom Problem zum Ziel ist ein unendlicher Raum von Möglichkeiten, der nur durch die physikalische Realität geprägt ist. Eingeengt ist dieser Möglichkeitenraum jedoch vielmehr von den Denkstrukturen des Klienten. In der Regel sollte der Coach eine größere Bandbreite an Handlungsoptionen vorweisen können, um nicht in das Gefühl der Ausweglosigkeit mit einbezogen zu werden. Denn dann erhält er seine Fähigkeit, dem Klienten zu helfen, eigene Lösungen zu erschaffen. Wenn dies einen neuen Weg vom Problem zum Ziel erschafft, ist er auf dem richtigen Weg. Wenn beide damit ein neues Ziel erarbeiten, dass noch selbstverantwortlicher erschaffen werden kann, dann wird das Coaching sicher ein voller Erfolg. Und wenn dann das Problem kein Problem mehr ist, hat man das Optimum für einen Coaching Prozess erreicht.

Der Weg vom Problem zum Ziel

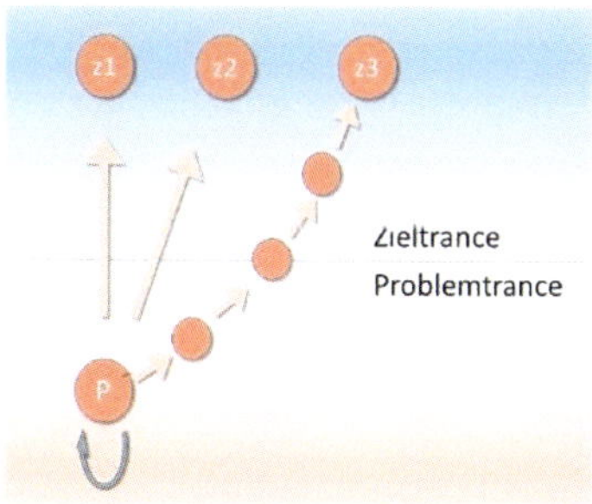

Beispiele für Zielwege:
P: Problemstate;
Z1: Gedachtes Ziel;
Z2: ganz neues Ziel;
Z3: Neues Ziel in Schritten

Die besten Lösungen für einen Coaching Prozess präsentieren sich oft folgendermaßen:

- Der Klient kommt zu einem Ziel, dass er noch nicht als Lösungsziel erkannt hatte.
- Der Klient kommt auf einem Weg zu seinem Ziel, der für ihn neu und anders ist, als er erkannt hat.
- Der Klient behält ein neues oder auch das alte Ziel im Auge, ist jedoch mit vielen kleineren Veränderungsschritten zufrieden, solange diese sich auf dem richtigen Weg befinden.
- Der Klient erkennt, dass das Problem kein Problem ist, sondern ein auf den Kopf gestelltes Ziel.
- Problem und Ziel lösen sich auf und Raum für ganz andere Wege wird geöffnet.
- Problem und Ziel bilden ein System das sich selbst erhalten will. Die Regeln des Systems werden erkannt und beinhalten die Lösung in sich.

Das sind die Lösungswege, die ich bevorzuge. Ich möchte meinen Klienten in Bewegung bringen. Wenn das Leben ein Ziel und einen dazu passenden Sinn hat, dann sind alle Schritte in diese Richtung leichter. Die „hin-zu“ Bewegung verlangt deutlich mehr Konzentration, aber viel weniger negativen emotionalen Druck als die „weg von“ Bewegung. Wenn der Klient und der Coach sich aus dem Druck des Leidens herausarbeiten, ist es um ein vielfaches leichter Lösungen zu erschaffen und Stolpersteine zu transformieren.

Und wenn der Klient dann erst einmal sein Ziel erkennt, dann werden auch die Schranken in seinem Kopf kleiner werden. Es ist, als ob eine Mauer fällt, die den Blick auf den richtigen Weg versperrt hätte. Daher sollte das Ziel für einen Coach sein, den problematischen Bereich im Vorfeld kurz zu halten. Steve de Shazer und Insa Kim Berg haben in der lösungsorientierten Therapie[18] diesen Bereich sogar völlig übersprungen. Denken Sie als Coach daran, dass jede Beschäftigung mit dem Problem, die dazu gehörigen neuronalen Verbindungen stärken könnte. Im Rahmen des vom mir benutzen prozessorientierten Coachings ist der lösungsorientierte Ansatz enthalten, erweitert diesen jedoch um folgende Aspekte:

- Der Einstieg ins Problem sollte am Anfang kurzgehalten werden, aber genügend lang, um den Raum des Themas zu öffnen. Fünf Minuten können je nach Thema bereits zu viel sein.
- Nachdem ein Ziel erarbeitet ist, kann das Problem aus Sicht der Stolpersteinsuche eingehender betrachtet werden. Der Coach achtet dabei darauf, dass ein Abtauchen in eine ungewollte Problemtrance sofort durch Zurückholen des Klienten in die dissoziierte Zieltrance unterbrochen wird. Ausnahmen sind bestimmte Prozesse, welche diesen Aspekt bewusst instrumentalisieren.

Ziele setzen

Der Langsamste, der sein Ziel nicht aus den Augen verliert, geht noch immer geschwinder, als jener, der ohne Ziel umherirrt.

Gotthold Ephraim Lessing

Lessing wusste es schon und viele andere folgten dieser Idee. Doch wenn man sich mit dem Thema näher beschäftigt, dann hat das Thema „Ziele" noch sehr viel weitere Facetten. Was genau ist denn ein Ziel für einen Menschen heute? Auf welcher Ebene manifestieren sich Ziele? Was sagt die moderne Gehirnforschung dazu und was sagen alte Meister zu diesem Thema? Nach der NLP-Denkweise ist ein Ziel verbunden mit einer inneren Repräsentation, welche positiv stimuliert und Energie gibt, damit dieses Ziel erreicht werden kann. Dem gegenüber steht das Problem oder die Schwierigkeit. Wenn man sich dessen Repräsentationen aufruft, dann erlahmt meist der Energiefluss. Aus diesen Grundgedanken heraus wurde der der Zielrahmen entwickelt. Ein Rahmen, der in einem bestimmten Kontext einen Weg zeigt, um vom Problem zum Ziel zu kommen. Und dieses Ziel sollte eben für die schwierige Situation eine kraftvolle und am besten auch selbstverantwortliche Lösung sein. Um genau zu sein, sollte es sogar noch ein paar mehr Eigenschaften besitzen. Als Hilfe, um sich diese Eigenschaften zu merken, gibt es schon seit langem den Begriff: SMART (klug)

SMART – Ziele sind:
S – pezifisch-konkret (präzise und eindeutig formuliert)
M – essbar (quantitativ oder qualitativ)
A – ttraktiv (positiv formuliert, motivierend)
R – ealistisch (das Ziel muss erreichbar sein)
T – erminiert (bis wann...?)

Probieren Sie es doch gleich mal aus: Erschaffen Sie sich ein Ziel, welches Ihnen am Herzen liegt und überprüfen Sie mit den SMART Regeln dieses Ziel. Erschafft es Herzklopfen, wenn Sie daran denken? Hat es einen klaren Terminus wie: In zwei Wochen, also bis zum 7. Juni, habe ich fünf neue Kunden akquiriert. Dabei bin ich neugierig und offen auf mögliche Kunden zugegangen und habe mit Leichtigkeit meine Dienste angeboten. Vermeiden Sie Negationen, wie un-/nicht/kein, denn Sie können nicht an einen roten Elefanten mit blauen Punkten denken, ohne sich zumindest einen Elefanten zuerst einmal vorzustellen. Wichtig ist: Ziele sind sowohl dafür da, um Klarheit zu erlangen, als auch für Anweisungen an das Unbewusste. Dieses spricht nur in inneren Repräsentationen (also erinnerten Bildern, Tönen usw. VAKOG). Diese können direkt keine Negationen beinhalten. Wenn Sie also möchten, dass Ihr Unbewusstes Sie unterstützt und Sie quasi ohne bewusstes Handeln zu Ihren Zielen bringt, dann erschaffen Sie kraftvolle positive Sätze, die sich leicht ins Unbewusste einprägen. Aber passen Sie auf – Ihre Ziele könnten auch eintreten. Nicht selten war jemand mit seinen elitären finanziellen gewünschten und erreichten Zielen danach hoffnungslos überfordert oder hat sich dafür überarbeitet. Wir können nicht alle Aspekte im Voraus wissen, daher ist ein gewisses Maß an Realitätssinn manchmal sehr hilfreich, um am Ende nicht über das Ziel hinaus zu schießen.

Der Zielsatz – Jetzt wird es ernst.

Der Zielsatz bringt den Wunsch nochmals konkreter in die Realität. Je nachdem, in welche Richtung Sie später mit dem Klienten arbeiten wollen, kann dieser Satz sehr hilfreich sein. Hier ein paar Faktoren, die dabei zu beachten sind:

- Der Satz sollte dann sehr konkret gehalten werden, wenn Sie prozessorientiert weiterarbeiten wollen. In diesem Fall helfen genaue Beschreibungen einer bestimmten Situation in der das Ergebnis vorliegt, um die nächsten Schritte einzuleiten.

- Sätze, die global definiert werden wie: „Ich bin immer glücklich und zufrieden", helfen Ihnen als Coach in der Regel nicht weiter und führen nur zu unnötig langen Gesprächen.

Der Versuch, einen Klienten auf eine bestimmte Situation festzulegen, wird schon mal von den Klienten ausweichend angenommen. Sätze wie: „Ich habe so viele Situationen" oder „Das kann ich nicht so genau sagen, wo ich das brauchen könnte", usw. Hier sollte der Coach sich nicht beeindrucken lassen. Es ist oft ein Test des Klienten an den Coach, was Führung angeht. Mein Bild für mich selbst ist dann dabei, dass ich ein Wildpferd ganz langsam bändige. Dieses Wildpferd ist der innere Dialog des Klienten, der immer wieder neue oder unbedeutende Informationen zur Verfügung stellt. Erst wenn wir am konkreten Kontext angekommen sind, kann die nachfolgende Arbeit weitergeführt werden.

Sollte das Alles nicht funktionieren – es gibt noch andere Zielformate, mit denen man den Klienten auf den Weg bringen kann. Siehe dazu auch die Wunderfrage oder die Aufstellungen. Wichtig ist: Auch das Ausweichen ist ein Teil des prozessorientierten Coachings und beinhaltet Informationen, die sehr gut in einem provokativen Coaching Stil weitergeführt werden könnten. Doch dazu später mehr.

Formulieren des Zielsatzes - Hilfestellungen

Jetzt wieder zum oben begonnen Ablauf: Als Hilfe für einen wohlklingenden Zielsatz biete ich meinen Klienten immer an, sich Ziele so zu formulieren, dass ein Teil den Kontext beschreibt, in dem etwas abläuft, der zweite Teil sich mit konkreten Handlungen dafür auseinandersetzt und ein dritter Teil das „Wie" und ein vierter das „Wofür" beschreibt. Beispiel:

Kontext: *Im Umgang mit der Kollegin M...*
Handlung: *... sage ich klar „Nein"...*
„Wie" *... dabei bin ich freundlich, gelassen und vor allem eindeutig.*
„Wofür" *... Damit schaffe ich mir Freiräume, um meine Arbeit kreativer erledigen zu können.*

Die Aspekte können dabei auch vermischt oder teilweise indirekt verwendet werden. Wichtig ist nur, der Satz sollte anziehend formuliert sein und motivierend genug, eine schwierige Situation zu verändern. Der „Wofür-Teil" sollte dabei den motivierenden Aspekt übernehmen und am Anfang oder Ende des Satzes platziert werden. In der heutigen Literatur finden Sie Sätze, welche dies beinhalten als *Motivziele* benannt. Daher sind die Prozesse bei der Zielfindung bereits wichtig. Coaches nutzen gerne den Zielrahmen, die Wunderfrage oder SMART Ziele oder auch die Ziele-Arbeit von Martina Schmidt-Tanger (Z.E.N.T.R.A.L. Format). Vieles davon ist ähnlich und bringt auf jeden Fall den Klienten dazu sein Thema genau zu reflektieren. Dieser Teil darf im Coaching Prozess genügend Zeit einnehmen. Im Folgenden stelle ich Ihnen den Zielrahmen vor, der vor allem am Anfang mit seinen Möglichkeiten das prozessorientierte Coaching hervorragend unterstützt.

Übung zum Zielrahmen

Ziel der Übung: Der Zielrahmen ist für den Coach ein praktisches Werkzeug, dass man gerade am Anfang im Coaching sehr einfach und wirkungsvoll einsetzen kann. Mit diesem Ablauf helfen Sie Ihrem Klienten sich seiner Ziele schnell und gezielt klar zu werden. In unserer Ausbildung nutzen wir den Zielrahmen gerne als eine Möglichkeit den roten Faden des Problems und der Lösung zu evaluieren und Hindernisse zu erkennen.

Anwendungsbereiche: Geeignete Ziele erzeugen und hinterfragen.

Selbstanwendung: In vielen Selbstlernkursen wird der Zielrahmen oder ähnliche Methoden gerne angeboten, mit dem Hinweis auf die Möglichkeiten, die dahinter sind. Ich empfehle jedem, sich selbst immer wieder Ziele zu setzen und dies im Rahmen des Zielrahmens zu hinterfragen.

Ablauf: Die Fragen aus Sicht des Coaches an einen Klienten sind in normaler Schrift gestellt. Zusätzliche Kommentare und Anweisungen für den Fragenden sind *Kursiv* geschrieben

1. Formuliere das Ziel grob.

2. Gestalte Dir ein inneres Bild, wie es aussieht, wenn Du Dein Ziel erreicht hast, dissoziiert. Wie ist Deine Körperhaltung, wie bewegst Du Dich? Dein Gesichtsausdruck? Deine Stimme? Wie verhältst Du Dich? Lasse das Bild wie einen Film ablaufen, der so positiv wie möglich ist und überprüfe dabei, was Du noch verbessern könntest.

3. Formuliere Dein Ziel als genauen Satz. Achte dabei darauf, dass unser Unbewusstes Aufgaben sehr wörtlich nimmt. Das Ziel ist erstrebenswert, positiv, unter eigener Kontrolle, realistisch und anziehend. Ist das Ziel in genügend große Chunks (Teile) aufgeteilt? *Der Coach hilft dem Klienten beim Formulieren seines Satzes nur insoweit, dass der Satz immer wieder aufgenommen wird und zurück gespiegelt wird. Beispiel:* „Du meinst also,

Dein Satz könnte lauten: Ich bin im Beruf aktiv und wach" - Stimmt das? Oder fehlt noch etwas?

4. Stelle Dir *ähnliche Situationen/Kontexte* vor, in denen Du das noch gebrauchen könntest. Gibt es Situationen, wo es für dich hinderlich wäre? Passe gegebenenfalls Deinen Satz an. *Die Ausweitung erzeugt meist eine Verstärkung des Ziels.*

5. *Ökologie*: Wenn Du Dein Ziel erreicht hättest, auf was müsstest Du verzichten, was Du jetzt noch hast? Was ist der Nutzen des alten Verhaltens? Überprüfe, ob der Nutzen auch im neuen Verhalten gegeben ist, oder ob Du im Ziel etwas Besseres dafür hast. Bzw., wie müsste das Ziel erweitert werden, um den Nutzen noch mit im Ziel zu verwirklichen? *Der Ökologie-Check bedeutet, dass man sich wirklich sämtlicher Konsequenzen bewusstwird, die die Erreichung des Zieles haben wird.*

   Beispiel: Ein Klient möchte eine bessere Stellung im Unternehmen einnehmen und mehr verdienen. In diesem Unternehmen gehört aber mehr zeitlicher Einsatz zu einer gehobenen Position. Ist sich der Klient im Klaren darüber, wie viel Zeit er für dieses Ziel einsetzen möchte? Wenn ja, ist es durchaus sinnvoll, diesen Aspekt mit aufzunehmen. Daraus ergeben sich dann auch wieder weitere Konsequenzen, wie regelmäßiger Sport oder Meditation, der für einen inneren Ausgleich zur Mehrarbeit steht. All das könnte, wenn es um ein wohlgeformtes Ziel geht, wichtig für die Formulierung sein.

   Außerdem wird bei gut formulierten Zielen der Ökologie-Check eine weitere Hebelwirkung bringen. Und zwar dadurch, dass der Coach erkennt, wer außer dem Klienten sonst noch von diesem Ziel profitieren wird. Weitere Ausführliche Ökologiefragen gibt es im Karteikasten zum Prozessorientierten Coaching.

6. *Future Pace:* Wenn Du dieses Ziel erreicht hättest, wie würde sich Dein Leben verändern? Führe den Klienten 3 - 5 x in die Zukunft assoziiert in die Zukunft finde Situationen, in denen er sein Ziel lebt. Was verändert sich bei Ihm – in der Wahrnehmung und später auch im Verhalten. Wie wirkt es sich auf sein Umfeld aus und welche Aspekte sind noch wichtig.

Stolperstein

Mit dem Klienten ein geeignetes Ziel erarbeitet zu haben kann manchmal schon das Ergebnis eines Coachings sein. Doch noch interessanter wird es, wenn Sie mit dem Klienten versuchen die Tiefe zu erkunden. Dafür ist die erste und wichtigste Frage an den Klienten:

Was hindert Dich daran, Dein Ziel zu erreichen?

Bei einer guten Ziel-Evaluation können bereits einige Aspekte aufgetaucht sein, doch nur der genaue Detektiv-Prozess, der jetzt stattfindet, bietet genügend

Informationen, um Entscheidungen für geeignete Lösungswege zu fällen. Dieser Teil ist auch in unseren Ausbildungen ein wesentlicher Bestandteil. Wenn Sie es als Coach schaffen, den inneren Schalter so umzulegen, dass Sie, nachdem Sie Zuhörer und Informationsjunkie waren, nun zum Fährtenleser werden, können Sie sich auf einen spannenden Prozess freuen. Denn der Coach geht während der Stolpersteinsuche in den „Neugier State“ eines Sherlock Holmes. Denn die wahren

Lösungen sind oft gut im Menschen versteckt und mit anderen Schichten der Verschleierung verdeckt. Diese Schichten können Ebenen von Emotionen oder logische Muster sein. Der Klient ist sich dieser Aspekte seines Denkens nicht bewusst. Er kennt seine Schwierigkeiten, aber nicht die Handlungen und Denkmuster, welche diese erschaffen. Die Frage „Was hindert Sie daran, Ihr Ziel zu erreichen" sollte daher nur eine Prozessfrage sein, die das Gespräch in eine neue Richtung bewegt. Jetzt gibt es verschiedene Reaktionen:

Roter Hering: Der Klient wirft dem Coach schnell eine plausibel klingende Lösung vor die Füße. Zum Beispiel: *„Ich bin halt so, weil mein Vater auch nicht mit Geld umgehen konnte."*

Widerstand: Der Klient sträubt sich dagegen in die Tiefe zu gehen. *„Das ist doch unwichtig und trägt nicht zur Lösung bei."*

Der Klient schiebt Halbwahrheiten vor, die anscheinend gegen das Thema sprechen: *„Es geht doch nicht, dass man sich einfach umdreht und geht?"*

Projektion: Der Klient schiebt die Verantwortung auf andere. *„Das konnte doch nichts werden, weil mein Chef ja auch keine Ahnung davon hat"*.

Suchprozess: Der Klient geht in eine Suchschleife nach eigenen Anteilen. Sichtbar an Augenbewegungen (Suchmuster) und vorsichtigen Aussagen zum Thema. Hier sind wir jetzt auf dem richtigen. Ihre Aufgabe als Coach ist es jetzt die richtige innere Repräsentation des Stolpersteins zu finden. Aber dazu später mehr.

Der rote Heringe und Ablenkungen vom eigentlichen Thema

Um vom Prozess abzulenken, wird man am Anfang gerne mal vom Klienten mit „roten Heringen" gefüttert. Robert Dilts erwähnte dies in diesem Zusammenhang: Ein Klient, schafft es in diesem Moment, sich selbst und den Coach mit roten Heringen in die falsche Richtung zu führen. Für den Coach erscheint bei der Stolpersteinsuche meist sehr schnell eine Emotion in Verbindung mit Kindheitserlebnissen, die quasi zum Hinschauen animiert. Oder würden Sie einen roten Hering vor Ihnen auf dem Boden nicht auch näher betrachten? Diese Ablenkungen sind ein Schutz für den Klienten, um nicht das anzugehen, was nicht betrachtet werden möchte. Und der Geist der Klienten ist intelligent und nutzt unbewusst, während eines Coaching Gesprächs, alle machbaren Möglichkeiten des Ablenkens. Ein Coach, der in dem Glauben daherkommt, er habe einen Klienten vor sich sitzen, der voller Zielstrebigkeit ist das Thema jetzt sofort anzugehen, irrt leider. Denn Ihr Klient hat immer mehrere innere Anteile. Es gibt Teile, die zur Lösung hinstreben, aber auch welche, die eine Lösung in bestimmte Richtungen nicht so gerne sehen. Und die übernehmen manchmal die Führung, lenken ab oder werfen quasi Lösungen in den Raum. Es gibt jedoch ein klares Kriterium, ob man dem Stolperstein auf der Spur ist. Es ist vor allem ein deutlicher Bruch in der Selbstverantwortung. Fragen Sie sich also als Coach in dieser Phase immer:

Verlässt der Klient jetzt gerade die Selbstverantwortung und manipuliert sich oder andere mit Schwäche? Was genau müsste getan werden, wenn es für die Person selbstverantwortlich perfekt wäre?

Dieser Gedanke an die Verantwortung ist ein guter Fokus für den Coach, um einer Spur zu folgen. Wann verlässt ein Klient seine Verantwortlichkeit oder wann übernimmt er zu viel davon? Beides wird sich als Problematik im Leben in verschiedenen Bereichen widerspiegeln. Finden Sie diese Bereiche und Sie sind der eigentlichen Lösung auf der Spur. Ein anderer Ansatz, den ich in diesem Zusammenhang gerne verfolge ist die Frage nach der inneren Wahrheit: *„Ist es wirklich hundertprozentig wahr?“* Welche Annahmen macht der Klient noch, um sich selbst daran zu hindern, seinen neuen Weg zu gehen. Und wenn es tatsächlich halbwahre Gedankenmuster sind, dann zeigen diese sich in einer Art *„verqueren Logik“*. Diese sollten der Coach und hoffentlich auch der Klient auch im folgenden Gespräch erkennen. Allgemein gilt: Hat man den Stolperstein gefunden, dann ist es wie, als würden plötzlich alle Instrumente eines Orchesters wirklich im selben Takt spielen und die Dissonanzen verschwinden. Es gibt hier nicht viel zu schreiben. Unser Gehirn baut auf Kausalitäten und Logik auf. Wenn man die Logik des Klienten verstanden hat, dann wird sich auch die innere Logik des Stolpersteins mit der Akribie eines Detektivs aufdecken lassen.

Vorsicht Falle: Nicht Sie als Coach müssen den Stolperstein alleine verstehen. Vor allem Ihr Klient muss diesen klarsehen und erkennen.

Die Suche nach dem Stolperstein

Für Anfänger in diesem Bereich empfehle ich auf der Suche nach dem richtigen Stolperstein, mit dem Fokus auf die verlorene Selbstverantwortung, wie folgt vorzugehen: (Siehe hierzu auch Kapitel: *Die magischen Faktoren*)

1. Die Frage: Was hindert Sie daran Ihr Ziel zu erreichen?
2. Detailfragen des Metamodells
3. Spezielle Fragenmodelle, die das schützende Glaubenssystem durchbrechen. (OBSCURE, Provokatives Coaching, The Work, usw.)
4. Sobald Ideen (rote Fäden) auftauchen, folgt man den Fragen des inneren Bereichs des Coaching Circles. Passen Sie den Coaching Stil an das Thema des Klienten an und kommen damit immer weiter in die Tiefe des Themas.
5. Dem Unbewussten Raum geben – Hypnose oder Aufstellungsarbeit.

Im prozessorientierten Coaching ist dieser Bereich der wesentliche Weg. Das bedeutet, Sie bauen mit Fragen einen Prozess auf, der den Klienten zum eigenen Verständnis bringt. Er erkennt seine Anteile. Öffnet sich seinen Ängsten und nutzt dann erst die Mittel der Interventionsformate zum Lösen der Themen. Der Stolperstein ist der Eintritt in diesen Prozess. Wie ein Tunnel, der schneller zum Ziel führt. In der Physik gibt es den Tunneleffekt auch, bei dem Teilchen eine Energiebarriere, die sie klassisch nicht überwinden können, in einer Art Tunnel trotzdem durchqueren. Prozessorientiertes Coaching ist ähnlich. Es versetzt den Klienten in einen Zustand, in dem er seine Barriere erkennt und neu bewertet und dadurch hinter dieser Barriere seinem Ziel einen Schritt näherkommt.

Interventions- und Lösungsformate

Jetzt gibt es je nach Modell und Vorgehensweise viele verschiedene Wege um Veränderungsarbeit zu verfestigen. Der innere Kreis, wie im nachfolgenden Abschnitt beschrieben bietet Ihnen einen Entscheidungsweg, was als nächstes geschehen kann. Für den Weg der Lösung dahin gibt ganz unterschiedliche Formate, um zu einer Lösung zu kommen. Und in diesem Aspekt steckt schon wieder ein Hindernis. Denn die Lösung, wie wir sie für ein komplexes Gehirn wünschen, kann noch immer nur Teile des Ganzen beinhalten. Und so sind auch die meisten Formate spezifisch für bestimmte Aspekte des Denkens ausgelegt:

- Formate, die für eine Zielerarbeitung hilfreich sind.
- Lösungen für Arbeiten mit inneren Bedürfnisanteilen
- Glaubenssystem Lösungen
- Lösungen bei emotionalen Blockaden
- Unterstützungsformate, um benötigte Ressourcen für ein Verhalten zu integrieren
- Kurzzeitformate und schnelle Selbsthilfeformate.

Die Liste könnte noch eine ganze Zeit so weitergehen. Und jeder Art von Format hat seinen eigenen Ansatz und seinen eigenen Anspruch auf Vollständigkeit für einen kompletten Coaching Prozess. Es funktioniert auch wunderbar an manchen Coaching Sitzungen tatsächlich nur ein einzelnes Format durchzuführen. Manche Formate sind so lang, das dem Coach zu nichts weiter mehr Zeit bleibt. Dass Interventionen trotzdem erst an dieser Stelle im Coaching Circle sind, bedeutet nur, dass es hilfreich ist über die vorhergehenden Aspekte Bescheid zu wissen bevor man sich an einen Lösungsweg begibt. Es bedeutet nicht, dass es nur so und prinzipiell nicht anders geht. Coaching ist ein fließender Prozess und jeder Coach weiß, dass Lösungswege manchmal ihren eigenen Regeln folgen. Es geht jedoch darum, eine Struktur zu haben, der man folgen kann, gerade dann, wenn man als Anfänger im Coaching noch das Gefühl hat, die richtigen Schritte zu vermissen, die getan werden sollten.

Die meisten Ausbildungen definieren in der Regel die Lösungsformate als Teil der wichtigsten Prozesse im Coaching. Doch im prozessorientierten Vorgehen gilt:

Prozess vor Lösungsformat!

Das ist der Aspekt, der prozessorientiertes Coaching von anderen Coaching Techniken unterscheidet. Erlernen Sie den Weg der Coachinganalyse, um den Klienten in die heilende Energie zu bringen. Aus Sicht der Neurologie der Veränderung wird Ihnen das helfen mit ihren Klienten schnell effektiv andere Lösungen und Lösungswege zu erschaffen, die nachhaltig sind. Sie kommen genau an dem Punkt, der den Klienten helfen kann, seinem gesetzten Ziel näher zu kommen. Für die Lösungsformate gibt es eine Schatztruhe voller Veränderungsarbeit und jeder Coach wird seinen Weg finden und seine Techniken, mit denen er am liebsten arbeitet. Die besten Formate, welche ich gerne einsetze biete ich in einem Karteisystem für den schnellen Einsatz in der täglichen Arbeit an. Sehr zu empfehlen sind auch weitere Sammlungen von Kollegen, wie im Anhang angegeben.[19]

Abschluss, Integration, Hausaufgaben

Gerade bei der Arbeit mit Teilen sollte eine Integration zur Ganzheit einer Person stattfinden. Wer gerne multiple Persönlichkeiten erzeugt, sollte einmal „*Ich und die Anderen*[20]“ lesen. Ebenso sollten mögliche Hausaufgaben besprochen werden und auch die Auftrags-Nachbesprechung sollte hier jetzt stattfinden. Gut geeignet ist hier Skala Arbeit. „Wie geht es Ihnen jetzt in Bezug zum Beginn? Wo waren Sie am

Anfang und wo sind Sie jetzt auf einer Skala von 1 - 10, 10 ist sehr gut und 1 ganz schlecht."

Skalen

Skalenarbeit ist ein wichtiger Aspekt des Coachings und sollte regelmäßig genutzt werden. Denn es hilft dem Klienten eine rationale Definition für etwas zu finden, was im Coaching meist nur subjektiv beschrieben werden kann. Lassen Sie Ihren Klienten die Befindlichkeit auf einer Skala am Anfang und am Ende eines Coachings oder zu Beginn und nach einem Format festlegen und zeigen Sie dem ihm damit, wie sich eine Veränderung eingestellt hat.

Verankern mit Future Pace

Ein wichtiger Bereich im Abschluss ist der Future Pace. Also das Integrieren der Lösungen in die Zukunft. Hiermit wird die Nutzung der Lösung überprüft. Ist der Klient bereit, seinen Teil zu übernehmen und umzusetzen? Gleichzeitig hilft dies dem Unbewussten in der Zukunft Anker zu setzen und schwierige Situationen vorweg zu nehmen und den neuen Weg bereits einmal als Lösungsweg durchzuspielen. Damit ist die Aktivierung der neuen Lösungen in dieser zukünftigen Rolle einfacher. Also das Gehirn erinnert sich quasi dann, wenn eine Situation eintritt, die der alten Situation glich, an die neue Lösung. Die Tür für neues Verhalten steht damit offen.

Und ebenso gilt hier das T.O.T.E. Prinzip – *Test - Operate - Test - Exit.* Wenn etwas nicht funktioniert hat, dann mache etwas Anderes. Dieser Satz ist wichtig für den Coach, damit er seine eigenen Handlungsweisen immer wieder überprüft. Verhindert wird manchmal die Anwendung dieser überaus wichtigen Regel durch die dem Coach eigenen Glaubensmuster. Darf ich denn versagen? Ich muss Leistung bringen, usw. Dies könnte einem möglichen veränderten Lösungsansatz, der jetzt noch angehängt werden kann, im Wege stehen. Das bedeutet, dass Sie ganz objektiv bleiben und davon ausgehen, dass Coaching keine Zauberei ist, sondern auch einmal nicht so funktioniert, wie Sie das erwarten. Hilfreich ist das, was funktioniert. Aber wenn etwas nicht funktioniert, dann mache etwas Anderes.

Nicht der Coach, sondern seine Erwartungen verhindern freie Lösungen!

Integration des Gelernten

Je mehr Erfahrung man bekommt, desto mehr erlernt man einen Blick für Muster und sieht immer wieder ähnliche Blockaden und Glaubenssätze bei den Klienten. Wenn man als Coach annimmt, dass die Erkenntnisse, die man selbst gewonnen hat, bereits beim Gegenüber angekommen sind, ist man zum Ende nochmals in eine typische Falle getreten. Sie denken sich nach einem Prozess mit Glaubenssätzen vielleicht: Es war doch so klar, dass der Klient und sein Muster „Das tut man nicht" aus diesem und jenem Grund immer wieder versagt, wenn er eine Frau ansprechen möchte. Für sie ist das als Coach jetzt ziemlich klar. Doch ihren Klienten könnte es ganz anders gehen. Je nachdem welche Art vom Prozess Sie erarbeitet hatten, könnte auch jetzt noch eine gewisse Art von Verwirrung oder emotionaler Beteiligung in ihm vorhanden sein. Daher ist eine Integration des Gelernten enorm wichtig. Denn am Ende sollte immer wieder mal ein überprüfbares neues Verhalten stehen, dass der Klient anhand der Veränderung die er gelernt hat, für sich so überprüfen kann, dass er den Unterschied zum Anfang wahrnehmen kann und auch eine Idee für ein neue Handlungsalternative mitnimmt.

Dafür gibt es ein paar wunderschöne Übungen:

- *Future Pace und Dein älteres weises Selbst*
  Frage an den Klienten: Wenn Du Dir vorstellst, dass Du das Thema, welches Du heute erkannt hast, nun ab sofort anders tust. Wie wird sich Dein Leben in Zukunft verändern?
    - In einem Tag?
    - In einer Woche?
    - In einem Monat?
    - In einem Jahr?
    - In 3 Jahren?
    - In 5 Jahren?

  Und wenn Du mal 10 Jahre in die Zukunft gehst und dort Dir vorstellst, wie du wirklich Weisheit mit diesem Thema erlangt hast und Du innerlich darüber lächelst, wie schwierig es *früher* für Dich war, welche Tipps „Do's and Don'ts" hast Du für Dich in Deinem jetzigen Leben? Bitte aufschreiben und eine Woche täglich lesen.
- *EMS: Erkenntnisintegration mit System*
  Schreiben Sie nochmals das alte Verhalten, das Ziel und die neuen

Erkenntnisse, so wie Sie als Coach diese verstanden haben, auf Zettel und verteilen Sie diese mit dem Klienten auf dem Tisch. Lassen Sie sich nochmals die Zusammenhänge vom Klienten erklären und erlauben Sie sich einfach mal zuzuhören. Danach fotografieren Sie das Abschlussbild und senden es per Mail oder drucken es zum sofortigen Mitnehmen aus.

- *Integrationstrance*
  Der Klient bekommt eine kleine entspannte Trance, bei der er sich selbst in der Zukunft sieht und betrachtet. Der Coach verstärkt nochmals die vorab herausgearbeiteten Aspekte und visualisiert diese in der Trance mit dem Klienten.

Für fleißige Coaches gibt es auch die Möglichkeit noch drei Tage nach dem eigentlichen Coaching eine Verstärkung zu senden. Nach wissenschaftlichen Erkenntnissen sind regelmäßige Erinnerungen im richtigen Zeitablauf zugleich Verstärkungen. Dies funktioniert hervorragend und beschafft dem Coach zugleich oft weitere Klienten. Aber das könnte Thema eines ganzen Buches sein wie zum Beispiel: „Marketing für Coaches“.

Feedback mit dem Klienten

Im Coaching und in manchen Therapien gewinnt der Begriff Transparenz immer mehr Bedeutung. Dies unterscheidet sich auch von der traditionellen Medizin und Therapie, bei der es eine Art Gefälle zwischen Klient und Arzt zu geben scheint. Doch durch die Transparenz werden Coach und Klient gleichgestellt. Der Austausch am Ende einer Coaching Sitzung ist ein wichtiges Instrument um den Level wiederherzustellen. Es kann während eines Coachings vorkommen, dass der Coach unter bestimmten Umständen die Führung verstärkt übernimmt, um den Klienten über problematische Steine zu führen. Dies ist oft im Rahmen eines neuen experimentalen Verhaltens der Fall, in dem der Klient dem Coach vertraut und sich einem neuen Verhaltensweg überlässt und diesen probiert. Doch in der nächsten Sitzung sollte das vielleicht schon wieder das normale Coaching Miteinander sein. Also Erarbeitung von Lösungen, bei der ein Coach nur der Zuhörer und Fragensteller ist.

Der Transparenzprozess am Ende eines Coachings nivelliert das Verhältnis. Dazu ist zu beachten, dass beide (oder auch alle Anwesenden) Sitzungsteilnehmer dem Gegenüber ein Feedback geben:

- Der Klient bekommt die Gelegenheit, dem Coach ein Feedback über die Art und Weise der Arbeit und Vorgehensweise zu geben. Hilfreich ist es vielleicht auch, hier dem Klienten vorher beizubringen, wie man ein gutes Sandwich-Feedback gibt.

- Auch der Coach hat Gelegenheit dem Klienten ein Feedback bezüglich seiner Kooperation und Mitarbeit zu geben. Dies ist zuerst einmal ungewohnt. Diesen Aspekt habe ich hinzugefügt, weil mich Klienten oft gefragt haben, wie sie denn waren. Die Erfahrung, dann auch eine Antwort zu geben, die mehr als nur Phrasen waren, hat nochmals ganz spannende Aspekte und Ergebnisse im Austausch mit dem Klienten ergeben.
- Führen Sie mehrere Runden durch.
- Es ist gewiss ungewohnt dies mit einem Klienten durchzuführen. Doch nur so bekommen Sie ein qualifiziertes Feedback. Ihr Klient wird Ihnen danken, für den Raum, den er bei Ihnen bekommt. Und auch wenn es einmal nicht so gut läuft, kann durch diese Prozedur ein guter Abschluss des Gesprächs erschaffen werden. Nutzen Sie diese Chance.

Hausaufgaben für den Klienten

Hausaufgaben für den Klienten sind Verstärkung und Integration und oft zugleich Aktivierung neuer Impulse. Die Stärkung der *Reflexionsfähigkeit* des Klienten und Erhöhung der *Eigenverantwortlichkeit* sollten zielgebend dafür sein. Am Anfang einer neuen Sitzung können die Ergebnisse auch schnell zu wichtigen Themen führen. Der Begriff Hausaufgabe ist in seiner Bedeutung auch nur für uns Coaches wichtig. Erwähnen Sie den nicht unbedingt vor Ihren Klienten. Denn diese gehen unterschiedlich, je nach Musterprägung mit diesen Aufgaben um. Manche machen dies vorbildlich sofort, andere vergessen diese sofort und wieder andere stressen sich sofort beim Gedanken daran, dass Sie „Hausaufgaben" zu tun haben. *„Sofort"* bedeutet hier tatsächlich Muster, die fest programmiert sind und oft limbische Reaktionen auslösen. Reden Sie stattdessen zur Selbstverantwortlichkeit des Klienten. Erklären Sie ihm, dass es doch eine gute Idee wäre, wenn das Gelernte sich in seinem Leben verfestigen würde. Ein Weg „ohne" den es in diesem Fall nicht geht, ist das Üben des Gelernten. Die Regel sagt: Wenn man etwas nicht innerhalb von 24 Stunden umsetzt, dann tut man es nie.

„Also lieber Klient. Sie haben die Wahlmöglichkeit. Ich habe mit Ihnen eine Tür geöffnet, deren Sie sich jetzt ganz bewusst sind. Ihr Gehirn und Ihre Muster könnten (je nach Thema und Lösungsweg) in den nächsten Tagen versuchen, diese Tür wieder zu schließen oder zu verstecken. Denken Sie an Dornröschen. Ich könnte Ihnen ein Schwert mitgeben, welches Ihnen hilft, dass Sie den Weg durch die Tür offenhalten und in der nächsten Zeit öfters gehen, so dass der Weg wieder zur Straße und die Tür zum Tor wird. Möchten Sie das? Ja? Dann hätte ich Folgendes für Ihren Weg: ..."

Beispiele für Hausaufgaben

- *Tagebuch führen*
  Kurze oder lange Form von Notizen am Abend oder am Ende eines Arbeitstages. Reflexionstagebücher sind hilfreich um zu erkennen, wann man über den Stolperstein gefallen ist. Je mehr der Klient sich dessen bewusst wird, desto eher wird er im Alltag des Stolpersteins gewahr sein und die neue Lösung anwenden.
- *Neue Verhaltensweisen ausprobieren*
  „Setze Dich bewusst immer einmal am Tag 10 Minuten auf einen Platz ohne etwas zu tun. Kein Handy, Radio, TV, Computer, Lesen. Nur Du und Dein Geist." Diese Übung alleine kann für Manche eine besondere Verhaltensweise sein. Je nach Thema des Klienten gibt es eine Vielzahl von Übungen, die der Klient am Tag tun kann.
- *Körperliche Wahrnehmungsübungen*
  Als Mensch hat man ständig ein Wach- und Informationssystem mit dabei: den Körper. Der sendet gerne Warnhinweise, auf die der Klient hören sollte. Üben Sie mit Ihrem Klienten die Warnhinweise und die beste Reaktion darauf hin ein. Dann geben Sie ihm die Aufgaben:
  1.) notieren Sie, wenn die Hinweise kommen – mit der zugehörigen Situation.
  2.) wie eingeübt zu reagieren, wenn es der Situation angepasst ist (siehe auch Ressourcen Modell).
- *Beobachten des Systems*
  Wer in der Firma hat ein ähnliches Muster wie der Klient? Lassen Sie Ihren Klienten diesen Menschen beobachten und daraus neue Erkenntnisse gewinnen. Wenn der Klient so und so handelt – wie reagiert ein Gegenüber? Das Spielen und Wahrnehmen der verflochtenen Systeme ist, wenn das Auge darauf geschult wurde, für viele Klienten sehr heilsam.
- *Beobachtungen der Umwelt*
  Diese Aufgabe stärkt das Assoziationsgedächtnis des Klienten (und des Coaches) und verstärkt damit die neuronalen Muster des erarbeiteten Ziels. Geben Sie Ihrem Klienten ein Beispiel aus der Natur-Umwelt, bei dem die Lösung schon beinhaltet ist. Beispiel: Milton Erickson hat mal einen (sehr bekannten) Schüler in den botanischen Garten geschickt,

damit er dort eine spezielle Kakteenart beobachtet und lernt: Auch in einer trockenen (schwierigen) Umgebung kann man wachsen.

- *Mentortechnik*
  Schreiben Sie einen Zettel mit der Frage: Was würde mein Mentor jetzt tun? Oder: Was würde ... (jemand der das Thema perfekt kann) jetzt tun? Diesen Zettel soll der Klient an seinem Arbeitsplatz sichtbar installieren und sich dann regelmäßig damit auseinandersetzen.

- *Kommunikationsübung Zweiergespräch*
  In jeder Art von Beziehung ist es wichtig, gelegentlich einen offenen respektvollen Austausch durchzuführen. So ist es in einer Partnerschaft oder Ehe das Paargespräch. Die Regeln davon sind sehr einfach aber effektiv:
  Jeder hat eine gewisse Zeit, in der er seine Wünsche, Sichtweisen und Bedürfnisse über sich ausdrückt. In dieser Zeit ist der Gegenüber Zuhörer. Dann wechseln die Rollen. Es ergibt sich zum Beispiel ein Gespräch, das in 30 Minuten fünf Mal hin und her wechselt. Das reine Zuhören eines Gesprächsteilnehmers lässt damit Raum für Öffnung.
  Diese einfachste Form des Paargesprächs gibt es auch im Unternehmen, als Feedbackrunden oder Mitarbeitergespräche. Doch auch wenn die Inhalte dabei anderer Natur sind, sollte darauf geachtet werden, dass Themen, die einzelnen Teilnehmer ihre Bedürfnisse klar ausdrücken, ohne gleich eine Reaktion zu erwarten.
  Geben Sie Ihrem Klienten Hausaufgaben dieser Art mit an die Hand. Erklären sie Ihm wie er das tun kann und wie er seinem Gegenüber dazu einladen kann das mit Ihm durchzuführen.
  Diese Art von Hausaufgabe ist oft eine große Herausforderung.

- *Kommunikationsübung über Komfortgrenzen*
  Schicken Sie Ihren Klienten raus in die Welt. Am besten dorthin, wo er es nicht erwartet und lassen Sie Ihn Menschen ansprechen und dabei eine bestimmte Aufgabe erfüllen. z.B:
  - einen schüchternen Klienten eine hübsche Frau ansprechen lassen
  - einen introvertierten Menschen ein Interview führen lassen
  - einen, der sich selbstständig machen will, ein Akquise Gespräch in einem Unternehmen führen lassen

Praktische Nachbereitung

Organisationsstrukturen sind auch für Coaches wichtig. Hier kann ich empfehlen, sich mit bewährten Strukturen des Praxismanagements zu beschäftigen. Nach jedem Coaching ist es sinnvoll, sich Notizen in gekürzter, jedoch nachvollziehbarer Form zu machen. Für mich hat sich anfangs ein Coaching Tagebuch, später dann eine Art elektronischer Karteikasten, den ich per Handy überblicken und abrufen kann, als hilfreich erwiesen.

Notiert werden in Stichpunkten:

- Thema der Sitzung
- herausgearbeitetes Ziel
- gefundener Stolperstein
- Format der Lösung/Veränderung
- Erkenntnisse darüber hinaus
- Hausaufgaben
- Ideen für die nächste Sitzung

Es ist gut, direkt nach einem Coaching diesen schriftlichen Teil zu erledigen. Notizen, Ideen fürs nächste Mal, und auch gegebenenfalls Rechnungen schreiben, helfen, den Kopf für den nächsten Klienten leer zu bekommen. Für ungeübte Anfänger in diesem Bereich geschieht sonst Folgendes:

Das Thema des Klienten bleibt im Kopf. Ständig denken Sie darüber nach, wie eine Lösung aussehen könnte und ob der gefundene Weg jetzt der richtige für den Klienten war. Wenn dieser dann das nächste Mal kommt, der richtige Lösungsweg nicht mehr rekapituliert werden. Es fehlt die Klarheit für den Prozess. Dies ist ein Muster derjenigen, die empathisch genug sind, sich in jemand anderen hinein zu versetzen. Gleichzeitig ist es auch eine Qualität eines Coaches. Doch auch wieder loszulassen will regelmäßig geübt sein. Sie schaffen Sie sich ein System der Nachbereitung, um wieder einen freien Geis zu haben. Arbeit sollte man nicht mit nach Hause nehmen.

Mentale Nachbereitung

Nach einem Coaching ist es gut, sich und den Raum wieder effektiv zu reinigen und verbrauchte Energie auszulassen. Finden Sie Ihren eigenen Weg, sich wieder in einen geerdeten Zustand zu bringen. Dies ist der direkte Übergang in die nächste Runde. Meditieren Sie, trinken Sie ein Glas Wasser in Ruhe, Sitzen Sie einfach da und lassen Ihren Kopf klarwerden. Alle Gedanken dürfen sich beruhigen. Coaching Prozesse sind zum Teil intensiv und können „Energie“ in Bewegung bringen. Das Lüften des Raums und des Kopfes sind Rituale, die Ihnen dabei helfen, sich wieder zu zentrieren.

Energetisches Reinigungsritual

Ich habe dafür für mich aus meinen Reisen ein kleines indonesisches Reinigungsritual mitgebracht, das den „Energiekörper“ reinigt. Dabei stelle ich mir ein leuchtendes helles Licht über mir vor. Mit meinen Händen, oder auch nur mit meinen virtuellen inneren Händen, forme ich in Gedanken aus diesem Licht ein goldenes Sieb. Das halte ich dann in den Händen und ziehe es langsam über den Körper hinab bis zu den Füßen. Ich stelle mir vor, dass dieses Licht, wie ein Kamm, alle falschen Energiefasern, die zur Bindung mit dem Klienten gehören herauskämmt. Das Häufchen verbrenne ich in einem mentalen Feuer oder gebe es an die Weite des Universums ab.

Fazit

Der äußere Rahmen eines Coachings erschafft die Sicherheit. Und war die Sicherheit alle notwendigen strukturellen Aspekte eines Coachings beachtet, und den Prozess in die richtige Richtung gelenkt zu haben. Zu jedem Zeitpunkt können sie sich wieder an dem Ablauf orientieren und in Phasen, in den es scheinbar nicht weitergeht orientieren. Coaching Strukturen sind wie die Grundmauern eines Hauses auf dem man aufbauen kann. Doch schon am Anfang gibt es Dinge zu beachten, die sich auf den weiteren Prozess auswirken. Es gibt Abhängigkeiten, wie zum Beispiel:

- Dem Coach muss es gut gehen, damit er hilfreich sein kann.
- Ohne Rapport keine Veränderung.
- Ziele, sind mit dem Auftrag gekoppelt
- Ohne Ziel keine gerichtete Veränderung

Allein für diese Aspekte kann es hilfreich sein, sich an äußeren Strukturen zu richten, um ein erfolgreiches Coaching zu erschaffen. Wenn Sie genügend Erfahrung haben, wird dieses Struktur zwar in den Hintergrund treten, doch wie beim Autofahren, werden Sie diese automatisch nutzen um geeignet zu steuern.

Der innere Bereich des Coaching Circle

Jetzt wird es im Coaching spannend. Wenn alle äußeren Bedingungen geklärt sind, dann ist es an der Zeit, den Prozess so anzustoßen, dass eine nachhaltige Änderung erfolgt. Coach und Klient erarbeiten eine andere Sichtweise auf das Thema. In diesem Moment verliert sich oft die Struktur, denn die meisten Coaches nutzten jetzt ihr menschliches Bauchgefühl. Was auch durchaus richtig ist, denn jetzt ist Einfühlungsvermögen gefragt. Und doch gibt es hier auch mögliche Strukturen. Ich biete ein Entscheidungsmodel als Orientierung, welches den Weg für den richtigen Veränderungsprozess öffnet. Die meisten angehenden Coaches durchlaufen in der Ausbildung einzelne Themenbereiche und verstehen erst spät den Zusammenhang unter diesen Blöcken. NLP, Fragetechniken, Lösungsformate. Die Erfahrung meiner Ausbildungen ist, dass ab dem Zeitpunkt, in dem wir in den inneren Bereich eintauchen, plötzlich alle Puzzlesteine ein gemeinsames Bild ergeben. Ich habe aus diesem Grund für diesen inneren Bereich verschiedene Strukturen, aufbauend auf einem grundlegenden Logikmodell, entwickelt. Vorgehensmodelle sind im Coaching spezielle Schrittfolgen, die sich hervorragend in die Arbeit mit dem äußeren Rahmen, bestehend aus Auftrag, Ziel und Lösungsweg, eingliedern lassen. Gerade das nachfolgende Strukturmodell ist zuerst einmal für Einzelpersonen als Klienten gedacht, kann aber leicht für Gruppen und Paare adaptiert werden.

Um was geht es nun wirklich?

Der Coach braucht nun Wissen über das „wirkliche" Problem des Klienten. Dies klärt er durch die Auftragsklärung oder Problem-/Lösungsanalyse mit dem äußeren Bereich des CoachingCircles. Achten Sie als Coach darauf, mit sich und dem Klienten nicht in einen Stuckstate bzw. eine gemeinsame Problemtrance zu kommen, während Sie sich mit den Hintergründen beschäftigen. Hilfreich ist es dabei immer, das dissoziierte Ziel als Anker zu verstehen und mit einer kleinen Armbewegung den Klienten wieder in diese Sicht versetzen zu können. „Wie bitte war nochmals ihr Ziel und würde jemand dem dieses Ziel so wichtig ist, sich so an diesem Problem anhängen?" Wenn dieses Gleichgewicht zwischen Informationen finden und Lösungen erschaffen gut klappt, dann wird sich irgendwann folgende grundlegende Frage für den Coach ergeben:

Wo im Spektrum zwischen „Altes auflösen" oder „Neues erlernen" setze ich den Veränderungsweg an?

Sehen Sie den Klienten dabei als jemanden an, der stabil in einem Gleichgewicht hängt, welches zwischen folgenden Aspekten schwankt:

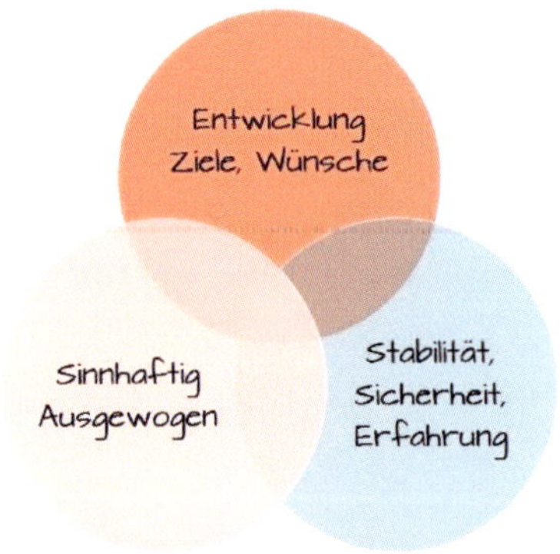

Die Zukunft, die Vergangenheit und die Sinnhaftigkeit ziehen mit unterschiedlichen Bedürfnissen am Klienten. Und wenn er bei Ihnen ist, dann können Sie davon ausgehen, dass es nicht wirklich ein befriedigendes Gleichgewicht ist. Daher braucht es Lösungswege: Eine erste feinere Unterscheidung gliedert sich im Strukturmodell in eine strukturierende, strukturauflösende, strukturverschiebende oder strukturunterbrechende Lösung. Oder eben eine Mischung dieser Formen. Das hört sich zu aller erst natürlich sehr schematisch an, doch richtet sich das stark an den Fähigkeiten des Gehirns aus, sich zu verändern. Die Wissenschaft spricht dabei von der Hepp'schen Plastizität:

„Wenn ein Axon der Zelle A [...] Zelle B erregt und wiederholt und dauerhaft zur Erzeugung von Aktionspotenzialen in Zelle B beiträgt, so resultiert dies in Wachstumsprozessen oder metabolischen Veränderungen in einer oder in beiden Zellen, die bewirken, dass die Effizienz von Zelle A in Bezug auf die Erzeugung eines Aktionspotenzials in B größer wird."
(Heppsche Lernregel[21])

Dies bedeutet, dass eine Lernstruktur in unseren Gehirnen existiert, die bereit ist, zu wachsen und neue Verbindungen (Strukturen) zu erzeugen. Zugleich aber gilt: *„Use it or loose it"* – Also Verbindungen zwischen Zellen, die nicht mehr genutzt werden, bauen sich ab – vor allem nachts im Schlaf. So bleibt das Gehirn plastisch beweglich und passt sich an die sich ständig verändernde Umwelt an. Trotzdem ist Veränderung kein Paukenschlag, sondern eine zarte Musik eines ganzen Orchesters, die unser Gehirn dazu bringt, langsam aber dann immer schneller, neue Wege zu gehen. Moderne Lösungen im Coaching sollten dies immer beachten.

Strukturen und Lösungen

Die Taxifahrer von London: In einer Studie, bei der spezifische Gehirnstrukturen für Merkfähigkeit untersucht wurden, hat sich für die Berufsgruppe der Taxifahrer von London ein sehr eindeutiger Beweis für die Plastizität des Gehirns ergeben[22]. Diese Taxifahrer müssen sich 25000 Straßen und 20000 Orte und Sehenswürdigkeit in der Lernphase merken. Diejenigen, welche dann die Prüfung bestanden haben, hatten eine relevante Massezunahme in dem Gehirnbereich, der für die Merkfähigkeit zuständig ist. Genauer untersucht ergab sich, dass es sowohl Zunahme von Neuronen als auch Zunahme von Verbindungen unter den Neuronen ergeben hat. Die Vergleichsgruppe der Durchgefallenen und Abbrecher der Taxiprüfung hatten das nicht. Und genau das ist eine Zunahme von Struktur, wie in der Heppschen Regel definiert. Durch die Erhöhung der Verbindungen ergeben sich erweiterte Fähigkeiten, mit denen die Taxifahrer mehr Wissen über die besten Wege und Verbindungen haben. Erschafft man im Coaching solche neuen Strukturen, dann erhält der Klient damit mehr Wahlmöglichkeiten und Freiheitsgrade, was auch zu einem besseren Gefühl zu schwierigen Situationen führt. Wie erreicht man das? Natürlich dadurch, dass man als Coach neue Wege findet und diese trainiert. Mentales Training ist damit durchaus ein gangbarer Weg.

Lösungsstrukturen

Wenn man die Vernetzung des Gehirns als Teil des Coachings betrachtet, lassen sich Lösungsformen damit gut beschreiben. Wie ein Pfad in einem Wald, der von alleine zuwuchert, ist unsere Denkstruktur nicht fest. Sie können neue Wege anlegen, alte wieder langsam abebben lassen, oder geschickte Verschiebungen der Wegverläufe durchführen. Hier ein paar Beispiele dafür.

Strukturierende Lösungen

Das sind diejenigen Lösungen, in denen das Ziel durch eine klare Strukturierung der Vorgehensweise, mit Meilensteinen und Zielerreichungskriterien festgelegt wird. Dies können äußere Ziele sein, doch auch innere Ziele, wie mehr Disziplin oder Ordnung. Ermöglicht werden diese Ziele meist durch konsequentes Durchdenken von gewünschten Situationen und mentales Training der neuen Verhaltensweisen. Einen Plan für das Ausmisten der Akten oder das tägliche Lauftraining genauestens zu erschaffen und mit den SMART Regeln zu festigen ist eine Strukturierung, die nur dann Erfolg haben kann, wenn der Klient das dann auch tut. Ansonsten verändert sich durch das Coaching NICHTS. Erst wenn kreative Lösungen gefunden, der positive Aspekt des alten Verhaltens integriert ist, das Thema mental trainiert und oft genug real wiederholt wurde, kann man von einer Lösung sprechen. Der Coach handelt hier am besten wie ein Sportcoach. Immer dranbleiben, bis das Ziel erreicht wurde. *Im Bild der Waldwege, bedeutet das, solange und so oft auf den neuen Weg zu wandern, bis er ausgetreten genug ist.*

Strukturauflösende Lösungen

Oft gilt es alte Muster aufzulösen oder etwas loszulassen, was nicht mehr benötigt wird. Hier geht es meist um sich selbst erhaltende Glaubensmoleküle, die in sich geschlossen, ein altes Denken aufrechterhalten. Der Coach hilft dem Klienten diese Struktur so aufzulösen, dass die Unsinnigkeit erkannt wird und somit losgelassen werden kann. Auf einer äußeren Ebene kann dies durchaus auch das Festhalten an materiellen Dingen oder Beziehungen bedeuten, die für die Person nicht mehr hilfreich sind. Ich kann mich da an eine Klientin erinnern, die ein Haus und gleichzeitig viel Ärger von ihrem Vater geerbt hat – und 20 Jahre Gerichtsstreit hinter sich herzog, weil Sie emotional mit diesem Haus so fest verbunden war, dass sie diesen Ärger auf sich nahm. Der Rechtsstreit hatte inzwischen den Wert des Hauses überstiegen. 20 Jahre? Hier hätte Loslassen hilfreich sein können. Als Coach arbeitet man damit der Generalisierung des Gehirns entgegen. Denn unser Denken hat den hilfreichen Spleen, alles was einigermaßen klappt, als Regel intern abzulegen und dann nicht mehr darüber nachzudenken. Also gilt es diese Regeln zu finden, die Generalisierung zu hinterfragen und den neuen Weg aufzuzeichnen.

Waldarbeiter schließen manchmal Wege, damit die Natur sich erholt und alte Wege vergessen werden. Ein Hinweisschild und ausreichend neue und bessere Wege sind dafür hilfreich.

Strukturverschiebende Lösungen

Das sind Lösungen, bei der ein Klient vorhandene Ressourcen nicht ausreichend nutzt, um mit den meist noch unreflektierten Schwierigkeiten klar zu kommen. Dieser Bereich ist der am meiste zu bevorzugende Lösungsweg, da er sehr stark mit den Fähigkeiten des Klienten arbeitet. Nochmalige Unterscheidungen werden dann auftreten, wenn man feststellt, dass die Ressourcen zwar vorhanden sind, aber eben trotz des Coachings nicht umgesetzt wurden. Hier heißt es zurück auf Los und nochmals genau betrachten, was wohl wirklich hinter dem Thema steht. Ein Beispiel wäre die Klientin, die sich in einer Männerdomäne im Job hervorragend durchsetzen und klar führen kann. Aber bei Ihrem pubertierenden Sohn reagiert sie immer emotional und inkongruent. Als wir die Fähigkeiten, die Sie im Job hatte, mit in die Situation zuhause übernommen haben, konnte Sie Ihr Verhalten Ihrem Kind gegenüber verändern.

Oder in der Waldsprache: Wenn man erkennt, dass neben dem kurvenreichen Waldweg ein geteerter Radweg ist, mit dem man schneller ans Ziel kommt, dann kann sich diese schon vorhandene Fähigkeit nützlich machen und alte Wege werden nicht mehr gebraucht.

Strukturunterbrechende Lösungen

Es geht dabei um die Unterbrechung der Reaktionsstrukturen aber auch um den Glauben an die Reorganisationsfähigkeit des menschlichen Geistes. Oder kurz gesagt: unser Gehirn hat noch ein paar sehr hilfreiche Möglichkeiten zur Verfügung, die bis heute noch nicht genügend erklärt sind. Warum schafft es ein Mensch plötzlich in einem Notfall ein Auto hoch zu heben oder wieder zu genesen, ohne dass die Ärzte daran glauben? Der Mensch ist zu so viel mehr fähig als die Wissenschaft es bisher definiert. Daher habe ich auch ein paar Wundertechniken in meinem Werkzeugkasten, die hervorragend funktionieren aber nicht erklärt sind.

Doch auch die Utilisierung und Umdeutung vielleicht sogar in Hypnose können ganz andere Attraktoren im Denken erschaffen und damit plötzlich Energien in einem Menschen freisetzen, mit der plötzlich etwas ganz Anderes wichtig wird. Als Metapher hieße das: *Wenn an einer anderen Stelle im Wald etwas entsteht, das attraktiv ist, warum soll ich denn noch auf diesen alten Pfaden wandern?*

Coachingwege mit Struktur

Wenn man sich nun diese oben genannten Aspekte als Grundlagen für Veränderung nimmt und dazu den Ansatz, dass unser Denken in verschiedenen Aspekten immer wieder ähnliche Vorgehensweisen sucht, ergibt sich jetzt ein Lösungsmodell, dass praktisch für den Coach anwendbar ist. Die Lösungen ergeben sich in folgenden Bereichen:

> *Ressourcenarbeit:* Der Coach erarbeitet mit dem Klienten Lösungen, die bereits vorhandene Fähigkeiten des Klienten beinhalten und umsetzen.
>
> *Glauben/Werteveränderung:* Der Coach führt den Klienten an einen Punkt, an dem er alte Glaubenssysteme loslässt und neue erarbeitet.
>
> *Blockierende Emotionen:* Gefühle, die nicht gelebt sind, blockieren weitere Entwicklungen. Der Klient lernt mit Emotionen umzugehen, durchlebt oder unterbricht diese.
>
> *Somatoforme Symptome:* Störungen im Körper, die mental bedingt sind, können durch Arbeit mit dem Körper auch verändert werden. Das Spektrum der Körperarbeit ist weit und spannend.
>
> *Beziehungssysteme auf strukturell systemischer Ebene:* Systemische Strukturen können sowohl für die Informationssammlung als auch für Lösungen benutzt werden. Die Arbeit mit Systemen nutzt eine Reihe anderer Vorgehensweisen und löst das Strukturmodell von seiner starren Hülle.

Open Space und energetische Lösungen: Alles was sich nicht oben einordnen lässt. „Vielleicht sind wir Menschen mehr als Reiz-Reaktions-Mechanismen. Daher finden sich immer wieder Lösungen, die weit davon entfernt sind. Wunder geschehen immer wieder. Doch auch Wunder können zumindest gerufen werden. Ob diese kommen, hängt von vielen Faktoren ab.

Als Coach lernen Sie diese Ebenen zu unterscheiden. Schnittmengen sind ebenso möglich, so gibt es z.B. auch bei Glaubenssystemen die Unterscheidung in logische und emotional gefestigte Glaubenssysteme, die wiederum andere Herangehensweisen benötigen. Und je mehr man sich mit den systemischen Aspekten beschäftigt, desto mehr erkennen Sie den immer weiter werdenden Zusammenhang der einzelnen Aspekte.

Das Haus der Türen

In meinen Kursen erkläre ich meinen Teilnehmern die Struktur des Denkens im Bereich der Probleme und Lösungen gerne als ein Bild von einem Menschen, der in einem Raum steht. In diesem Raum ist er mit seinem Problem. Der Wunsch ist in diesem Moment vorhanden, etwas zu verändern, indem es bereits als Problemempfinden im Denkprozess vorhanden ist. In diesem Raum sind verschiedene Türen, die hin zur Lösung führen.

a) Die Tür: Die Lösung kann ich eigentlich, aber ich mache es nicht.

Im einfachsten Fall wird der Klient eine oder mehrere ihm bereits bekannte Türen öffnen und dahinter das Bild der verschiedenen Lösungen erkennen. Ein Coach kann jetzt als hilfreiche Hand dienen, der den Klienten mit seinen Ressourcen verbindet. Dies symbolisiert die offene Tür. Er kann den Klienten dazu motivieren die Tür zu durchschreiten. Das heißt, der Klient könnte, wenn er wollte, doch fehlt ihm der Zugriff auf entsprechende Ressourcen für den Schritt durch die Tür.

Ein Beispiel dafür ist der Klient, der mehr Ordnung leben möchte. Er hat alle Qualitäten und Erfolg und weiß genau, dass es für seine Arbeitsweise besser wäre, mehr strukturiert zu arbeiten. Dies kann er in einem anderen Kontext, wie in seiner Wohnung auch hervorragend, doch am Schreibtisch bekommt er das nicht in den Griff. Der Coach erschafft nun einen Ressourcentransfer von einem auf den anderen Kontext und damit wird es für den Klienten auch ganz einfach am Schreibtisch die nötige Disziplin aufzubringen.

b) Die Tür: Kann mir nicht vorstellen, dass es anders geht.

Ganz anders ist es mit dem hinderlichen Glauben und Überzeugungen. Lösungen aus diesen Bereich heraus sind wie Türen, die mit Ranken verdeckt sind. Der Klient glaubt nicht daran, dass es noch andere Lösungen geben kann. Die Türen sind da, sind jedoch nicht sichtbar für den Klienten. Ein Coach erkennt diese versteckten Türen und bringt den Klient dazu, diese aufzudecken und dann auch den Weg durch diese Tür zu nehmen.

Ein Beispiel dafür ist ein Klient, der Unordnung als Lebensprinzip versteht. Das Genie beherrscht das Chaos. Und das zieht sich meist durch verschiedene Kontexte, wie Arbeit, Haushalt, Beziehungen. Dem Klienten den Weg zur neuen Überzeugung, in dem Klarheit und Struktur wichtig sind, zu zeigen heißt, eine Tür, die schon lange nicht mehr benutzt wird, den Klienten wieder erarbeiten zu lassen.

c) Die Tür: Klient kennt den Weg, aber ein Bär versperrt den Weg.

Es ist die Lösungstür vorhanden, aber der Klient wird von einem gefährlichen Monster daran gehindert, diese Tür zu durchschreiten. Das Monster ist in der Regel eine hinderliche Emotion, die so stark wirkt, dass der Klient auf keinen Fall diesen Weg gehen möchte. Also Ängste, traumatische Erlebnisse, intensive Gefühle wie Ärger, Trauer oder Hass. Als Beispiel dafür könnte eine Klientin stehen, die Angst hat, sich gegenüber ihrem Chef abzugrenzen, da sie mit der Angst lebt, dann verlassen (sprich gekündigt) zu werden.

d) Die Fessel: Ein Schlüssel öffnet Fessel und Tür.

Der Mensch ist an den Problemraum gefesselt. Mit der Fessel der Krankheit macht der Körper hervorragend auf sich aufmerksam. Schmerz in einem bestimmten Bereich des Körpers bedeutet volle Aufmerksamkeit darauf. Doch dafür sieht man den Ausgang nicht mehr. Nur wenn man genau hinsieht und versteht, welcher Schlüssel für die Gesundheit notwendig ist, erkennt man auch, dass der Ausgang der Tür zu neuen Zielen damit geöffnet werden kann. Lösungen auf dieser Ebene des Körpers bieten dem Klienten Möglichkeiten, den Schlüssel mit Hilfe des Körpers zu erkennen. Die Geschichte von Esau und dem Esel aus der Bibel beschreibt in eindrücklicher Weise diesen Ablauf. Die Geschichte in Kurzform: Esau wird von Gott verboten zum Pharao zu gehen, doch er tut es trotzdem. Beim Ritt auf seinem Esel dahin erkennt der Esel immer wieder den Engel, der ihnen den Weg behindert, um sie aufzuhalten. Der Esel weicht dem Engel aus, doch Esau wird nur wütend, warum der Esel ihm denn nicht gehorcht und schlägt seinen Esel. Am Ende erkennt Esau jedoch, dass sein Esel (sein Körper) ihm die ganze Zeit Hinweise gegeben hat, er es jedoch nicht erkannte. Er wird demütig und kehrt zurück.

Für Klienten können die Erkenntnisse, die der Körper erzählt, dazu führen, dass ganz neue Lösungen gefunden werden. Ein Beispiel ist eine bestimmte Art von Migräne, die Frauen - meist Mütter - dazu bringt sich einen Tag ins Bett zu legen. Dies oft an

Wochenenden, wenn jemand anderes die Verantwortung für Kind und Haushalt übernehmen kann. Die Krankheit hilft sich Ruhe zu verschaffen. Der Schlüssel für Gesundheit ist also, sich vielleicht selbstverantwortlich Ruhe zu gönnen. Und das ist auch die Tür in andere Räume, in der es dieses Problem nicht mehr gibt.

e) Die Tür zu den Räumen der anderen.

Sie öffnen mit dem Klienten eine Tür und alles was Sie bekommen, sind nur andere Problemräume mit weiteren Türen. Dies sind die Überzeugungen und Wege der Menschen, von denen der Klient gelernt hat. Also systemische Aspekte. Lösungen in diesem Bereich benötigen eine Visualisierung und Erkennung der systemischen Zusammenhänge, die zum Denken des Klienten geführt haben. Wenn der Klient den Bären nicht bei sich in der Tür, sondern in der Tür der Mutter erkennt, dann wird der Satz „Ich bin nicht dafür zuständig" eine viel leichtere Lösung im eigenen Problem-Lösungsraum geben und der Coach kann dann mit dem Klienten eigene Türen öffnen.

Beispiel: Ein Projektleiter wird immer wieder von Wut und Ärger über seine Vorgesetzten übermannt und kann damit nicht effektiv seinen Job durchführen. In der Arbeit mit dem Klienten erkennen Sie Muster, die der Vater des Klienten im Krieg immer wieder erleben musste und nicht lösen konnte. Als der Klient das erkennt, kann er sich von diesem Verhalten loslösen und sich einer besseren eigenen Vorgehensweise im Problemkontext zuwenden.

f) Warum durch die Tür gehen, wenn es auch noch ganz andere Wege gibt.

Türen sind ein hilfreicher Weg, eine Begrenzung zu verlassen. Doch nicht immer der einzige Ausweg. Und je weniger man an diese Begrenzungen glaubt, desto mehr Möglichkeiten bieten sich einem selbst oder dem Klienten. Also finden Sie mit Ihrem Klienten neue Wege. Klettern Sie über Mauern! Schauen Sie durch Fenster, um zu erkennen, ob die Tür wirklich das gewünschte Ziel ist! Erkennen Sie die Strukturen der Wände und lernen Sie durch die Wand zu gehen! Zum Glück gibt es mehr als man glaubt.

Beispielsweise ist die Methode MFT von Klinghardt[23], bei der man an ein Thema denkt und bestimmte Punkte am Körper klopft, wirksam und gut nachvollziehbar. Plötzlich ist der Glauben oder die Emotion entkräftet und die gedachten Begrenzungen des Klienten haben sich aufgelöst. Es passt in keine bisher erklärbare Neuro-Kategorie, aber es funktioniert. Sie haben also als Coach immer wieder vielfach mit Türen zu tun und wissen in der Regel vor dem Coaching nicht, welche Tür sich zeigen wird. Als Coach ist dafür eine flexible Arbeitsweise hilfreich. Und das Wissen um die Vielfalt der Türen. Was ein gutes Coaching in diesem Zusammenhang ausmacht, ist die Fähigkeit herauszufinden, welcher Weg denn nun der Richtige für den aktuellen Prozess ist. Struktur und Erfahrung helfen Ihnen dabei.

Oft ist jedoch der Prozess wichtiger als die Lösung. Denn ein gute Coaching Lösung sollte eindrücklich sein, und wirkt damit tief in den Gehirnstrukturen. Prof. Dr. Gerald Hüter hat das auf einem Kongress des DVNLP einmal folgendermaßen ausgedrückt:

> *„Wenn einem etwas unter die Haut geht, dann wird im Kopf eine Gießkanne von Neurotransmittern ausgeschüttet, durch die das Wachstum von neuen Nervenverbindungen im Hirn angeregt wird."*

Das Strukturmodel im Detail

Das innere Modell kann im Coaching zu jedem Zeitpunkt im CoachingCircle angewandt werden. Doch gerade für einen Neuling, ist es nicht unbedingt sinnvoll, dies vor der Zielklärung zu tun. Halten Sie sich an die Struktur und arbeiten Sie bis zum Ziel, denn dann sind Sie auf jeden Fall auf einem richtigen Weg. Die Erfahrung zeigt zudem, dass alles was kommt erst einmal Information ist. Auch das, was nicht gesagt wird und was auf anderen Kanälen (Mimik, Körperhaltung ...) mitgeteilt wird. Daher wird am Anfang eines Coachings immer erst einmal eine Art Informationssammlung stehen. Der Nachfolgende Schritt ist das Führen in die Tiefe und benötigt eine andere Herangehensweise als die Informationssuche. Meine Lehrer nannten das die Stolpersteinsuche. Dieser Weg ist ein interessanter detektivischer Prozess. Man sucht nach gewissen Regeln Hinweise, denen man sich dann weiter an einem roten Faden entlang zu hangelt, um dem Kern des Themas auf die Spur zu kommen. Dies ist kein Waten in den Sümpfen des Problems, sondern ein exakter Prozess, der auch dem Klienten mehr Wissen über sich erschafft.

Nachdem der Coach eine Spur oder den Anfang eines roten Fadens hat, bleibt er natürlich weiterhin offen für weitere Spuren. Doch solange sich die Richtung immer wieder bestätigt, kann man dem roten Faden folgen. Oft führt das zu klaren Einsichten für den Klienten. Manchmal endet ein Weg auch mit einer Erklärung, die dazu führt, dass es klar ist, man war auf einem falschen Weg. Dann sollte dieser Faden losgelassen und ein neuer aufgenommen werden. Die Teilnehmer meiner Seminare lade ich dazu ein, dies an speziellen Supervisionstagen zu üben. Dabei erlernen diese den Gesamtprozess. Und der ist definitiv ein Übungsfeld für jeden auf dem Gebiet des Coachings. Wenn Sie also loslegen, dann ist es wie mit allen neu gelernten Aspekten. Zuerst steht die Technik im Vordergrund. Erst später erkennen Sie den Gesamtzusammenhang zwischen einzelnen Punkten und richten sich darauf ein, einen Prozess als Ganzes zu sehen. Ich baue bei Klienten schon am Anfang Ankerworte ein, die ich erst am Ende vielleicht brauche. Ich nutze das soggenannte Priming, um das Gehirn des Klienten auf Veränderung vorzubereiten. All diese Aspekte gehören zum Prozess. In diesem Buch finden Sie einen Fahrplan, wie Sie Ihr Coaching steuern und damit kraftvolle Prozesse erschaffen. Aber bevor wir dies betrachten, wollen wir nochmals definieren was ein Prozess überhaupt ist.

Prozessorientiertes Coaching

Lösungsorientiertes Coaching hat viele Jahre genug Möglichkeiten geboten die richtigen Wege für den Klienten zu initiieren. Warum dann eine leicht veränderte Vorgehensweise und ein neuer Begriff? Was unterscheidet das Arbeiten am Prozess vom rein lösungsorientierten Vorgehen? Prozessarbeit bedeutet, einen Prozess in der „richtigen" für den Klienten ansprechenden Art und Weise zu initiieren und die Energie des Prozesses zur nachhaltigen und „eindrücklichen" Lösung zu nutzen. Dabei nutzt er hilfreiche und reproduzierbare Strukturen. Die innere Einstellung des Coaches, dass der Klient die Fähigkeit der Veränderung hat und den Weg finden wird, ist das Feuer, welches den Prozess entzündet.

Diese besonderen eindrücklichen Phasen sind auch im „normalen" Prozess immer wieder Bestandteil einer Sitzung. Doch diese sind eben noch nicht Teil der Struktur des Coachings, sondern eher die schönen Beiwerke, die Coach und Klient beindrucken. Doch genau das sollte eben nicht der Fall sein. Strukturen und nachvollziehbare Vorgehensweisen helfen dem Coach immer wieder Lösungen auch in schwierigen Phasen zu erschaffen. Milton H. Erickson hat im Gegenteil dazu jeden Klienten und jede Sitzung als einzigartig angesehen und bewusst auf festgeschriebene Strukturen verzichtet. Und doch haben NLP Gründer Richard Bandler und John Grinder in Ihren Beobachtungen seiner Arbeit nachvollziehbare Formate entdeckt, diese veröffentlicht und damit die einen Teil der Grundlagen der Kurzzeittherapie[24] gelegt. Dieses Reproduzieren von Schritten erschafft also neues Wissen und das ist der zweite wichtige Aspekt. Das prozessorientierte Coaching ist aufbauend auf der Struktur des CoachingCircle. Es bietet einen Weg und eine Entscheidungshilfe dafür, welche Wege man mit dem Klienten geht. Denn die Anzahl der Wege und Lösungstechniken sind sehr zahlreich. Und viele Anfänger wissen nicht welche Lösungen zuerst angegangen werden oder sehen immer nur Lösungen auf einer Ebene ohne das Gesamtbild im Auge zu haben. Sehen Sie sich eine typische Coaching Sitzung an. Diese enthält viele Phasen. Doch nicht die aneinander Reihung von Abläufen schafft Veränderung, sondern erst die Erzeugung eines Prozesses. Damit das aber gegeben ist sollten einige Aspekte geklärt sein:

- Der Coach hat die Fähigkeit und Flexibilität zum richtigen Zeitpunkt das richtige Mittel einzusetzen.
- Der Coach kennt sich mit Fragemodellen aus wie: Metamodell, zirkuläre Fragen oder auch die Methoden der Kochplattensteuerung.
- Der Coach lässt sich nicht vom Hauptprozess abbringen oder gar in das System des Klienten einbeziehen.
- Der Coach weiß, wann Führung und wann Fühlen erfordert ist.
- Der Coach verfolgt einen roten Faden.
- Der Coach hat die Fähigkeit, nachhaltige Eindrücke zu erschaffen.

Ich gehe in meiner Rolle als Coach gerne von der Annahme aus, dass der Klient alles, was zur persönlichen Änderung nötig ist, bereits selbst mitbringt. Dieses Prinzip der Utilisierung wurde bereits vorher genauer beschrieben und ist auch weiterhing eine wichtige Basis. Das heißt jedoch nicht, dass dem Klienten die Führung des Ablaufs des Coachings selbst überlassen wird, sondern dass durch die Art und Weise der Fragen geführt wird – und das ist neu –durch eine innere Einstellung des Coaches. Denn damit verändert sich auch der Ablauf, welcher im Klienten zur Lösung initiiert wird. Schon die Gedanken, die der Coach über sich und den Klienten hat, verändern. Milton Erickson hat so stark an die Selbstregulationsprozesse im Menschen geglaubt. Und dies genau hat den Ausschlag gegeben. Ein starker Glaube an den Klienten bedeutet, dass während eines guten Rapports mehr als nur der sprachliche Informationsaustausch stattfindet. Auf ganzer Bandbreite überträgt der Coach oder Therapeut dabei Emotionen, innere Einstellungen und neues Denken. Und dies schließt auch einen Glauben des Coaches an einen Weg mit ein, der zu einer Lösung führt. Somit sind die Pfeiler einer prozessorientierten Coaching Sitzung:

- Ziel- und Lösungsorientierung
- Eindrücklichkeit des Prozesses
- Guter Rapport und unbedingte Wertschätzung
- Utilisation und Glaube an den Klienten

Eindrücklichkeit durch Submodalitäten

Der Begriff Eindrücklichkeit ist hier praktisch im Sinne eines Stempels, welcher sich in das Unterbewusstsein des Denkens einprägt, zu sehen. Notwendig dazu sind vor allem Dingen Emotionen. Aber auch das was im Kopf eine Situation besonders bewerten lässt: und aus dem NLP heraus wissen wir wissen wir, dass es vor allem die

Untereigenschaften des Denkens sind, welche eine Situation bewerten und damit die Prägung aktiviert. Was sind diese Submodalitäten oder Untereigenschaften? Wir bezeichnen sie als Bausteine des Denkens, weil sie die Repräsentationen dessen sind, was als Sinneserfahrungen gespeichert wird, nochmals in kleinere Aspekte aufteilen. Also zum Beispiel die visuelle Erinnerung wird aufgeteilt in Inhalt, Helligkeit, Kontrast, Farbtiefe, Dimensionalität und vieles mehr. Und jeder Mensch hat Eigenschaften, die er bevorzugt und damit auch eine Situation unterschiedlich bewertet. Für einen Coach heißt es, dass der mit diesen Eigenschaften des Klienten gezielt arbeiten kann. So wird er nicht nur die Erinnerung an einen ruhigen erholsamen Urlaub hervorrufen, sondern das Bild auch mit passenden Submodalitäten verstärken. „*Blaues* Meer und *ruhiger* klarer Bergsee – das Wasser *glitzert* und *Ruhe* kehrt ein."

Durch diese inhaltlich und mit Submodalitäten verstärkten Sätze werden gezielte Interventionen eingeprägt und zwar für das unbewusste Denken. Es ist nicht wichtig ob der Klient in dem Moment das wahrnimmt, sondern dass sein Unterbewusstsein dies für die Prägung übernimmt. Und je mehr man die Erfahrungen des Klienten nutzt und utilisiert, welche er schon kennt, desto schneller geht es. Und damit wird es auch eindrücklicher.

Kriterien einer „eindrücklichen" Lösung

Für den Kunden hingegen bedeutet die prozessorientierte Vorgehensweise eine starke Zentrierung auf den Klienten selbst. Sei es im beruflichen, im privaten oder persönlichen Umfeld kann damit eine besonders eindrückliche Lösung gefunden werden. Eindrücklich ist diese immer dann, wenn folgende Faktoren gegeben sind:

- *Die Vorgehensweise ist an den Kontext des Ziel-Problemraums angepasst.*
  Egal was für eine Technik Sie wählen: Der Klient muss in der Lage sein, Ihre Entscheidung nachzuvollziehen und Ihrem Coachingweg zu folgen, damit das AHA! Erlebnis kraftvoll bleibt.
- *Eine emotionale Beteiligung ist vorhanden.*
  Emotionen sind der Zaubersaft der Informationen erst zu Wissen macht[25].
- *Die Logik des Ergebnisses ist begreiflich.*
  Höhere Denkvorgänge sind regelbasiert. Das bedeutet der Klient überprüft mit Ursache-Wirkungsverknüpfungen die erarbeitete Lösung. Für eine eindrückliche Lösung ist daher auch eine nachvollziehbare Logik wichtig.
- *Ein Verständnis der systemischen Zusammenhänge ist vorhanden.*
  Unser Gehirn denkt in Verbindungen. Für die meisten Probleme sind das Verbindungen des Klienten von Menschen oder Gruppen. Eine

eindrückliche umfassende Lösung integriert auch das vorgestellte Denken anderer. Also:
Was denkt meine Frau, wenn ich das so mache? Je mehr die Lösung in das System aller Beteiligten passt, umso mehr integriert sich die Lösung.

- *Es öffnet den Raum der Wahlmöglichkeiten.*
  Jetzt besitzt der Klient mehr Wahlmöglichkeiten. Denn ohne diese ist ein Mensch ein armes Schwein. Mit einer Wahlmöglichkeit ist er nur ein Roboter. Mit zwei ist er im Dilemma und erst mit mehr hat jemand das Gefühl, frei entscheiden zu können.
- *Es schafft innere Weite.*
  In Zusammenhang mit dem zuletzt genannten Prinzip tritt in der Regel auch ein Gefühl von innerer Weite beim Klienten ein, dass ein Coach auch durch somatische Marker der Entspannung beim Klienten beobachten kann.

Zudem gibt es noch eine Reihe weiterer Aspekte, die manchmal zu finden sind. Genauer werden diese in dem eigenen Kapitel „Magische Faktoren“ erklärt.

- Über die Angst gehen
- Die Selbstwirksamkeit erleben
- Die Selbstverantwortung für sich übernehmen.
- Die Wahrheit erkennen und anerkennen.

All diese Aspekte sind Kriterien eines wohlgeformten Prozessablaufs und sollten auch in der Regel mehr als nur Ideen für neue Wege mitbringen, sondern dem Klienten ein Gefühl, etwas Wichtiges erkannt zu haben, auf eindrückliche Weise erfahren lassen.

Phasen der inneren Öffnung und Integration

Welche Schritte führen denn nun zu den eigentlichen Themen, welche beim Klienten in der Tiefe liegen? Und welche Phasen sind typisch für ein prozessorientiertes Coaching? Im Laufe meiner Coach und Trainerzeit hat sich tatsächlich in vielen - nicht in allen - Prozessen eine gewisse innere Struktur gezeigt, wenn es darum ging, den inneren Raum des Klienten zu öffnen. Dieser Raum ist meist eine Erkenntnis, in sich das Thema logisch erklären lässt und der Klient das meiste Verständnis für seine Handlungen und Ergebnisse wahrnimmt. Und in dem die angebotenen Interventionsformate am meisten Wirkung zeigten. Ich gehe für den Weg in diesen inneren Bereich von fünf verschiedenen Phasen aus. Diese Stufen nenne ich die Phasen der inneren Öffnung und Integration.

Aber bitte beachten Sie: Die folgenden Phasen sind nur sinnvoll, wenn der Coach einen roten Faden hat und weiß mit welchem Thema er den Prozess durchlaufen möchte. Auch sind die Phasen typische Phasen, die hilfreich sind, aber nicht alle müssen immer vollständig durchlaufen werden.

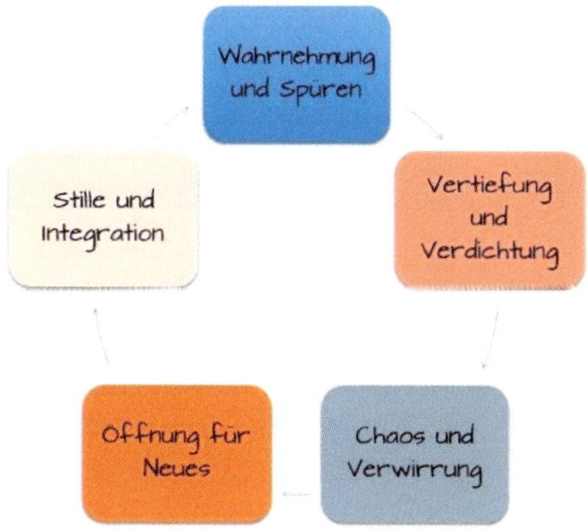

Phase 1 – Wahrnehmung und Spüren

- Innere Bildsprache des Klienten
- Raum zum Wahrnehmen der Bilder

Phase 2 – Vertiefung und Verdichtung

- Bildsprache wird führender
- Thema wird auf den Punkt gebracht

Phase 3 – Chaos und Verwirrung

- Starke Führung im Coaching
- Rütteln am System

Phase 4 - Öffnung für Neues

- Liebevolles loslassen
- Angebot oder Erkenntnis neuer Wege

Phase 5 – Stille oder Integration

- Ruhe
- Aktives Testen des Neuen

Aus ursprünglich vier Phasen wurden später fünf. Inspiriert durch die„fünf Rhythmen[26]" von Gabriela Roth wurde die Stille und Integration mit im Coaching aufgenommen, da diese auch aus neurologischer Sicht stimmig ist.

Die Phasen im Detail

Phase 1 – Wahrnehmung

In der Wahrnehmungsphase geht es für den Klienten um die innere Wahrnehmung. Also das Annehmen der eigenen Themen, aber ohne dass es so etwas wie klare

Erkenntnisse gibt. Stattdessen gilt es, das zu finden, was zwischen Problemzustand und erarbeitetem Ziel liegt. Dies sind in der Regel nur Ahnungen und emotionale Reaktionen. Würde man diesen Teil in archetypischen Begriffen ausdrücken wollen, dann könnte man es den weiblichen Anteil nennen. Also Fühlen und Hingabe ans Thema. Für den Coach bedeutet diese Phase Einfühlungsvermögen und intensiver Rapport. Die Sprache ist entspannt offen, gibt Zeit und lässt dem Klienten viel Raum. Der Coach führt in den Kontext und nutzt die bildhafte Sprache des Klienten. Also: Was siehst Du wenn Du dort vor Deinem Chef stehst? Wie klingt die Stimme Deines Mitarbeiters, wenn er Schwierigkeiten hat? Dabei beobachtet der Coach die Reaktionen und merkt sich diese für die nächste Phase.

Phase 2 – Vertiefung und Verdichtung

Langsam aber stetig steigert der Coach die Wahrnehmungen des Klienten. Bisher kam der Klient meist nie über die Phase 1 hinaus, da in der Regel die Abwehr oder Verdrängungsmechanismen automatisch anlaufen. Wenn Sie als Coach jetzt der Meinung sind, dass es ein Weg ist, der dem Klienten helfen kann (also ein roter Faden ist), dann ist auch Transparenz des bevorstehenden Ablaufs ganz hilfreich für den Klienten: „Lieber Klient es ist wohl so, dass Du unbewusst zu Deinem Thema immer mit dieser Emotion reagierst oder dieses Denkmuster an den Tag legst, dass ich als Coach jetzt noch nicht verstehe. Um das genauer zu erkennen, wäre es gut, wenn wir uns dieses Thema jetzt einmal genauer ansehen – Bist du bereit?“ Wenn das soweit geklärt ist, beginnen Sie jetzt die Informationen zu verdichten. Wie dieses Verdichten vor sich geht, erfahren Sie in dem nächsten Kapitel. Denn es hängt tatsächlich vom roten Faden ab, dem Sie folgen. Also ist es ein Glaubenssystem, eine blockierende Emotion, systemische Verstrickungen oder weiteres. Jeder Bereich möchte ein wenig anders angegangen werden.

Wichtig bei dieser Phase ist, dass Sie den Klienten nicht aus dem Thema herauslassen und zu anderen Themen abschweifen. Damit führen Sie den Klienten nur in seine klassischen Ausweichmuster. Sie verdichten jetzt das Thema.

Phase 3 – Chaos und Verwirrung

Jetzt beginnt das Magische an diesem Prozess. Ab einem bestimmten Zeitpunkt der Verdichtung, wird der Klient mit seinen Gedanken und Überzeugungen in eine Art Verwirrung oder innerem Chaos kommen. Dies hört sich schlimmer an als es ist. In der Regel ist das die Phase der Strukturauflösung. Bevor wir etwas Neues zulassen können, ist es manchmal wichtig, das Alte loszulassen. Die Arbeit des Coaches ist jetzt eher so etwas wie ein Halten der Energie und Unterstützen des Prozesses. Dieser Teil kann schon mal Emotionen einhergehen, oder auch starke Zweifel des Klienten an sich selbst und an das Problem mit sich bringen. Als Führender gehe ich jedoch mit der Einstellung an diesen Teil heran, dass sich hinter dem verdichteten Problem etwas Neues entwickeln kann. Dafür dürfen andere alte Teile losgelassen oder neu sortiert werden. Die Phase sollte – wenn überhaupt – vom Coach so kurz wie möglich gehalten werden.

Phase 4 - Öffnung für Neues

Jetzt kommt die Öffnung für Neues. Lassen Sie jetzt Ihrem Klienten Zeit, sich nach der vorhergehenden Phase zu öffnen und Neues anzunehmen. Achten Sie im Gespräch darauf, ob der Klient jetzt vielleicht neue Erkenntnisse oder Lösungen in Betracht gezogen hat und verstärken Sie diese. Nach starken Emotionen kommt in der Regel eine Phase der Öffnung, Weite und Liebe. Nach veränderten Denkmustern kommt eine Phase des Aha! Gedanken wie folgende tauchen auf: „Wie habe ich das nur immer so machen können“? Es ist jetzt wichtig, Lösungen aus der Zielearbeit vom Anfang mit einfließen zu lassen und dem Klienten dabei Raum zu geben, diese mit seinen Erfahrungen des Prozesses zu verbinden. Es ist der wichtigste Teil. Neues wird gelernt und neue Wege erschaffen, die dem Klienten seine ganze Kraft wiedergeben. Seinen Glauben an sich selbst und an eine andere mögliche Welt. Einzelne Bedürfnisanteile werden dabei wertgeschätzt und es finden sich im Prozess einvernehmliche Lösungen.

Phase 5 – Stille oder Integration

Jetzt ist es Zeit für den Klienten das Neue anzunehmen. Wenig Sprache, viel innere Öffnung. Halten Sie den Klienten in der inneren Wahrnehmung. Erschaffen Sie Bilder und zukünftige Möglichkeiten. Passen Sie jedoch auf, dass der Klient sich diese neue junge Pflanze nicht wieder durch alte Denksysteme zerstört, sondern erst einmal die Lösungsmöglichkeit als solche akzeptiert. Hilfreich sind hier auch Trancen zu Verankerung des Gelernten im Unbewussten. Und wenn Sie ein emphatisch veranlagter Coach sind, dann genießen Sie auch diesen Augenblick, denn Sie haben die Reise des Klienten ja auch miterlebt. In den Supervisionen passiert es nicht selten, dass es spontanen Applaus für den Klienten gibt, wenn er das Neue in sich aufgenommen hat.

Beispiel einer Klientin

Eine selbstständige Geschäftsfrau erarbeitete mit mir einen einfachen Zielrahmen, der wie folgt lautete: „Ich treffe sicher und klar meine Entscheidungen. So werde ich mir morgen im Autohaus verschiedene Modelle ansehen und mich dann klar und zuversichtlich entscheiden und einen Wagen kaufen.“ Hintergrund ist das eigentlich triviale Thema, dass die Frau bereits seit mehr als 8 Wochen einen Wagen gekauft haben wollte und sich auch ausführlich über Vor- und Nachteile der einzelnen Typen informiert hatte, sich aber dann im Autohaus nicht entscheiden konnte. Jetzt steht sie allerdings davor, ihren letzten Leasingwagen abgeben zu müssen und die Entscheidung drängt. Hört sich nach einem Luxusproblem an, ist aber tatsächlich ein gutes Beispiel dafür, wie ein Coaching im Prozess an tiefere Themen kommt. In diesem Fall war der Prozess sehr kurz und klar und die Phasen können gut nachvollzogen werden.

Phase 1:

Coach C: Was hindert Dich daran, dich in diesem Moment zu entscheiden?

Klientin K: Ich bin am Überlegen, ob nicht ein Cabrio besser zu mir passt, aber eine Limousine wäre eben praktischer, doch ich möchte dieses Auto ja drei Jahre fahren und wünsche mir ein Auto, dass ich eben schön finden ... (Der innere und hier nach außen gebrachte Dialog geht ein wenig weiter...)

C: Das verstehe ich – Es ist ja schon eine schwierige Entscheidung. Doch lass uns mal etwas Anderes tun, um der Lösung auf die Spur zu kommen. Lass Dir bitte mal einen Moment Zeit und gehe innerlich ins Autohaus und gehe den Weg durch die Wagen und sage Dir dann: Jetzt entscheide ich mich!

K: .. (geht in innere Bilder)

C: Lass Dir Zeit.

K: Ich fühle mich so aufgeregt. Und bekomme Herzklopfen.

C: Woher kennst Du das?

K: Früher hatte ich das auch, aber dann habe ich immer meinen Mann gefragt und der hat die endgültige Entscheidung gefällt. Aber jetzt bin ich seit einem Jahr geschieden und muss das immer alleine tun (Aufregung im Halsbereich sichtbar).

Phase 2

C: Kennst Du also andere Situationen, in denen das auch der Fall war?

K: Ja (beschreibt 2 - 3 ähnliche Situationen).

C: Gehe nochmals zum Autohaus zurück und nimm wahr was passiert. Spüre das Gefühl. Was sagt Dir das?

K: Ich weiß nicht. Ich habe nur so ein komisches Gefühl im Bauch.

C: Was sagt Dir dieses Gefühl?

K: Ich könnte was falsch machen?

C: Woher weißt Du das?

K: Ich weiß nicht.

C: Woher weißt Du, dass Du was falsch machen könntest?

K: (Stille) Ich kenne das Gefühl schon seit der Kindheit.

Phase 3

C: Dann öffne Dich dem Gefühl und siehe welches Bild dazu gehört. Was sagt Dir dieses Gefühl?

K: (Innere Trance – Augen im Visuellen) Ich mache das nicht richtig – Ich kann das nicht richtig (Eine leichte Träne erscheint).

Klientin schildert jetzt eine kurze Familienszene, in der die Mutter ihr das Gefühl gegeben hat, dass ihre Entscheidungen immer falsch sind und sie nichts richtigmachen kann.

C: Nimm wahr, dass dieses Gefühl von heute mit dem Kindheitsgefühl von damals zusammenhängt. – Stimmt das?

K: Ja genau.

C: Willst Du das?

K: (beginnt innerlich mit sich zu kämpfen – und sagt dann irgendwann entschlossen) Nein!

Phase 4:

C: Gut so – Lass Dir Zeit zu sehen, was du wirklich willst.

K: (Nach einer Zeit der Überlegung) Ich bin gut so, wie ich bin und ich kann meine Entscheidungen selbst treffen. Ich bin eine starke Frau!

C: Ja.

K: (Tränen, aber lächelnd) Ich habe immer so gekämpft, um gesehen zu werden, aber jetzt weiß ich was ich kann. Und ich glaube an mich.

C: Merke Dir dieses neue Bild.

Phase 5:

C: Ja lass Dir Zeit das einfach mal zu spüren und nimm wahr, wie es ist, nicht mehr gegen das Gefühl anzugehen, sondern das als „altes" Bild zu sehen, was die Frau heute nicht mehr benötigt.

K: (Lässt sich Zeit zu fühlen. Entspannte Haltung, Augen in leichter Bewegung)

(Ende Transkription)

Dieser Teil war jetzt nur der Analyseteil um herausfinden zu können, um was es wirklich geht. Wir haben jetzt also ein altes Glaubenssystem: „Ich kann nichts richtig machen", was gekoppelt ist mit einem starken Gefühlsanteil und einem inneren Bild von einer Kindheitsszene. Das Zielbild ist von alleine erschienen: Ich bin eine starke Frau und mache meine Dinge richtig. Auch dieser Teil war von einem Gefühl begleitet.

Ich entscheide mich als Coach jetzt für ein Format, das sowohl den emotionalen Anteil verändert als auch das Beliefsystem neu strukturiert. Dies wären zum Beispiel die Techniken: L.O.V.E. für Glaubenssätze oder LetEmGo.

Die Entscheidung treffen

Der letzte Absatz endete mit der Aussage „Ich treffe jetzt die Entscheidung, was als nächstes getan wird". Genau das ist der Punkt, dürften Sie als angehender Coach jetzt antworten. Denn die Möglichkeiten die Sie haben sind vielfältig. Um „Abläufe zu strukturieren" war es hilfreich die Grundstruktur der Entscheidungsfindung zu dokumentieren. Dabei hat sich ein hilfreicher Weg ergeben:

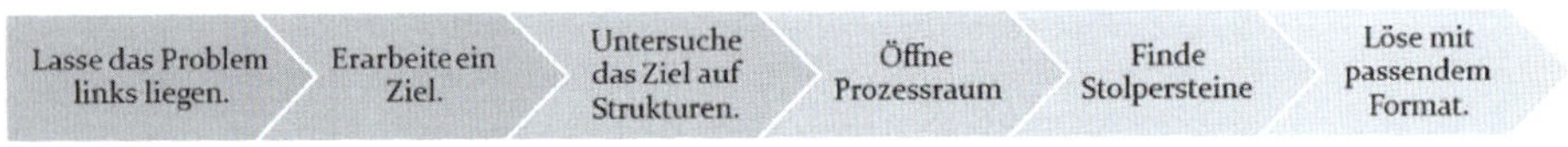

Das alles ist als Gesamtprozess zu sehen, in dem vom Anfang bis Ende darauf geachtet wird, dass neues Denken entsteht und unbewusste Aspekte beachtet und wertschätzend integriert werden. Das ist doch eigentlich ganz einfach? Wie immer ist dabei zu beachten, dass es nur ein Weg von vielen ist, aber gerade weil er eine Struktur aufweist, wird dieser gerne von Klienten angenommen. Es geht immer wieder um das Vertrauen. Gleiche Strukturen schaffen Vertrauen, aber paradoxe Lösungen erschaffen Neues und damit Veränderung. Die gute Mischung macht es also aus.

Schritt 1 - Ziele setzen und entscheiden

Typischerweise kommt der Klient mit einem Thema auf die Ebene des Verhaltens. Im Businesscoaching ist dieser Aspekt oft im Vordergrund. Abhängig vom Auftrag unterscheidet der Coach dann erst zwischen strukturierenden und strukturlösenden

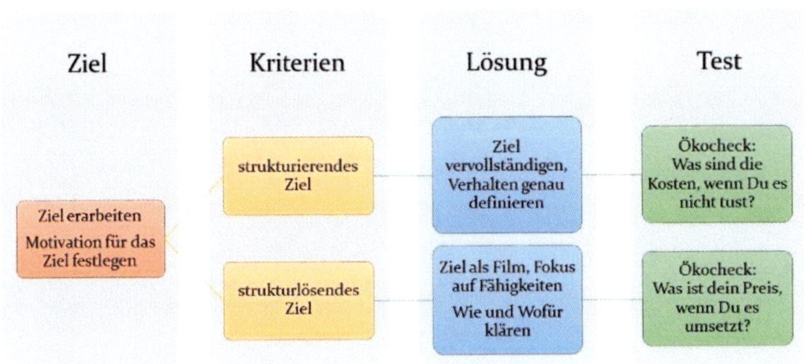

Zielen. Strukturierende Zielarbeit braucht oft eine ganze Coachingstunde, da viele Einzelheiten eines Verhaltens beachtet werden müssen. Bei strukturlösenden Zielen sollte der Focus jedoch auf die unten angezeigten Aspekte gerichtet werden. Hilfreich in der Klärung der Ziele haben sich bestimmte Intensionen im Ökocheck ergeben. Als Coach steuern Sie damit schon die Richtung des nachfolgenden Coachings.

Schritt 2 – Stolpersteinsuche und Lösungen auswählen

Ressourcenarbeit Focus auf Bilder	Klient kann es, aber ihm fehlen Ressourcen	Ressourcenarbeit	Ressourcen gehen immer
Beliefsystems Fokus auf Sprache	Anscheinend logischer Gedanke verhindert Umsetzung	Generalisierungen aufheben, Logik durchbrechen	Fragemodelle wie das Metamodell, The Work, Obscure, Formate mit Anker des Zweifels
	Ein Glaube, mit emotionaler Verankerung	Entstehung des Glaubens finden, Von Generalisierung zum Detail	L.O.V.E. Prozess Reimprint, Timeline Arbeit, Hypnose: R2C
	Glaube mit starker Werteorientierung	Systemische Zusammenhänge klären, Fixierte Prägungen öffnen	Systemische Aufstellungsanalyse, CORE Process, LetEmGo
Blockierendes Gefühl Focus auf emotionale Reaktion	Traumas mit dissoziativen State	Therapeutischer Aspekte von Trauma Arbeit beachten	Traumatherapien
	Emotionale Schutzstruktur Emotion und innerer Dialog verhindert genauere Betrachtung	Ressourcenorientierter neuer Reiz-Reaktionsaufbau	Integratives Ressourcenformat, Mentales Verhaltenstraining, Ankerkopplung
	Emotion mit unbewusster Stressreaktion als Fluchtmuster	Trennung von Auslösereiz und Muster	EFT, MFT
		Verarbeitungsprozess anregen	LetEmGo, EMDR, Mentaltraining Inner Journey
Somatoforme Störungen Focus auf Körper Symptome, Ideomotorik	Körperliche Symptome werden ignoriert und übergangen	Symptom zum Verbündeten machen pos. Absicht klären	Hypnosystemische Lösungen, Symptomreframing
Achtsamkeit auf Körpersystem ergibt emotionale Beteiligung	In den Körper verdrängte Gefühlsebenen erkennen	Emotionale Aspekte öffnen und verarbeiten	Somatic Release, Inner Journey
	Ungeeignete körperliche Verhaltensweisen	Neues körperliche Verhalten aufbauen und trainieren	Mindfulness (MBSR), Achtsamkeitsübungen
Komplexe systemische Beziehungsvielfalt	Intrapersonelle Bedürfnisunterschiede	Innere Wertschätzung und Bedürfnisverhandlungen	Sixstep R., hynosystemische Lösungsgewinnung, Soziales Panorama
	Interpersonelle Aspekte	Klärung von Rollen und Beziehungsmustern	The Work, Zirkuläres Fragen, Aufstellungsformate 4-Positionen Modell
Open Space	Es gibt noch viel mehr als wir glauben, daher einfach mal anders rangehen.	Energiearbeit, Heilung der spirituellen Ebenen	Siehe Schamanismus, Eric Pearl, Familienaufstellungen und mehr

Die gezeigte Matrix bietet einen Ansatz und ein Auswahlkriterium als hilfreiche Struktur. Es hat nicht den Anspruch von Vollständigkeit. Die roten Bereiche sind Kategorien. Sie entscheiden dann im Coaching mittels den gelben Kriterien, was der nächste Schritt sein kann und wozu (blaue Bereiche). Die grünen Elemente zeigen mögliche Lösungswege und Formate. Im nächsten Abschnitt gehe ich genauer auf die einzelnen Aspekte ein.

Schritt 3 Integrationsformate

Nach der Stolpersteinsuche bieten sich zusätzlich zu den oben genannten Varianten noch Integrationsformate an. Diese kennzeichnen sich hauptsächlich dadurch, dass sie verschiedene Bedürfnisanteile oder neue erarbeitete Aspekte wieder mit der Gesamtpersönlichkeit des Klienten verbinden. Beispiele dafür sind klassische NLP Formate oder Aufstellungselemente.

Bedenken Sie dabei, dass es einen "Hallo"-Effekt gibt. So ist die Integrationsphase am Ende einer Sitzung hervorragend geeignet, dem Klienten Suggestionen oder lehrreiche Geschichten mitzugeben. Denn in der Werbung wie im Verkauf kennt man den Hallo-Effekt, was bedeutet, dass das menschliche Gehirn am meisten die Erfahrungen innerhalb eines Prozesses memoriert, welche am Anfang und am Ende stattfinden. Am Anfang ist er noch neugierig und wird von Dopamin durchflutet und am Ende hoffentlich erlöst und Serotonin ist aktiv. Deshalb ist Storytelling - oder das erzählen einer Geschichte, welche die erarbeiteten Ergebnisse bildhaft und nachdrücklich zusammenfasst, einer der größten Erfolgsfaktoren des Coachings. Jede Geschichte - am Ende erzählt - bleibt beim Klienten nachhaltig haften. Dazu ist es hilfreich, ein gutes Repertoire an Geschichten parat zu haben. Und die Kreativität diese Ergebnisse fließend mit in einen Coaching Prozess einzubauen.

Dieser Prozess kann zusammenfassend als Integration definiert werden und hat immer den Nutzen, dass die erarbeiteten Lösungen im Unbewussten länger aktiv sind und sich somit die Struktur des neuen Denkens weiterhin verstärkt und festigt. Überlegen Sie doch selbst einmal, wie Sie diesen Aspekt im Coaching einbauen können und finden Sie hier als Coach Ihre eigenen Erfolgsfaktoren.

Hier noch ein paar weitere Ideen für die Integrationsphase:

- Future Pace oder neues Verhalten probieren, Hausaufgaben
- Modeling, Lernen von anderen
- Trancearbeit, Suggestion und Autosuggestion
- Storytelling, Transportieren von Lösungen über Geschichten.

Lösungsräume erschaffen

Die gesammelten Wege sind nur Ideen, wie man vorgehen könnte. Erkennbar ist auf jeden Fall, dass der Coach in den verschiedenen Phasen auch eine andere Art des Führens und der Worte nutzt. Und das ist besonders, denn auch im Coaching gibt es Details, die zu beachten sind. Jeder Bereich braucht seine eigene Vorgehensweise. Und jeder Bereich seine eigene innere Einstellung. Anhand eines Beispiels eines imaginären Klienten finden Sie jetzt nachfolgend mögliche Vorgehensweisen und Entscheidungskriterien für das Coaching. Das Thema eines imaginären Klienten ist in etwa folgendes: „**Herr Muster kommt mit dem Auftrag, seine Work-Life-Balance oder nach anfänglichem Reframing seine Life-Balance besser in den Griff zu bekommen**". Zuerst findet die Erarbeitung eines neuen Ziels statt, das wie folgt lautet: *„Gelassen nehme ich die Herausforderungen im Beruf an, erschaffe mir Auszeiten und Freiräume, und achte besonders auf mich. Dadurch habe ich mehr Energie für Familie und Job."*

Jetzt beginnt der spannende Teil des Coachings: der prozessorientierte Weg. Als Coach halte ich bereits jetzt eine Menge an Informationen in der Hand. In Geiste sind mehrere rote Fäden zu finden, denen ich folgen könnte. In den nachfolgenden Absätzen werden wir jeweils einem dieser imaginären Fäden zum eigentlichen Stolperstein und Lösungsweg folgen. Diese sind:

- Ressourcenarbeit
- Glaubenssysteme aufbrechen und neu erschaffen
- Blockierende Emotionen herausfinden und lösen
- Körperbetonte Arbeit, auch Embodiment genannt
- Systemische Hintergründe und Lösungsräume
- Der erweiterte Lösungsraum mit spirituellen Dimensionen

Diese folgenden Seiten sind eine Art Nachschlagewerk für den Coach, um die richtigen Schritte zu erarbeiten. Es sind für ein und das gleiche Ziel eine Menge verschiedener Vorgehensweisen gesammelt. Jede braucht Kenntnisse, Lösungsformate und spezielle Trainings.

Ressourcenräume

Situation: Herr Muster findet sein Ziel attraktiv und erzählt dem Coach von Situationen in einem anderen Kontext, in dem er das eigentlich gut kann...

Ressourcenarbeit als strukturaufbauende Maßnahme

Anwendungsbereich:	Es werden wichtige innere Ressourcen-Strukturen aufgebaut. Die nötigen Fähigkeiten sollten schon vom Klienten in andern Kontexten vorhanden sein. Meist fehlen dem Klienten Disziplin und klare Ziele, sein Problem langfristig zu lösen. Der Coach ist dabei ein Vermittler zwischen dem Problem-, Ziel- und Fähigkeiten-Kontext.
Sprache des Coaches:	Klar, zielführend, hinterfragend, hartnäckig, bildhaft
Innere Einstellung:	Der Klient hat alle Fähigkeiten schon in sich. Das Prinzip der Utilisierung steht im Vordergrund.
Repräsentation:	Zielbilder hervorheben Storytelling
Emotionale Aspekte:	Wichtig ist, dass der Klient während der Sitzung immer weiß, dass er trotz unangenehmen Gefühlen, die Lösungen umsetzen kann. Ansonsten ist ein anderer Weg zu wählen.
Sonstiges:	Dieser Bereich ist einer der wenigen Gelegenheiten im Coaching, in dem der Coach dem Klienten auch mal ganz klar Konsequenzen und Fallstricke vor Augen führen kann und dabei deutlich Richtungen anspricht, ohne diese zu forcieren.
Lösungsmodelle:	Zielearbeit und lösungsorientierte Modelle V/K Dissoziation (Ressourcenintegration) Zeitmanagement Stressmanagement Integratives Ressourcen Format NLP Anker Techniken Hypnose

Beispiellösung:

Coach spricht mit Herrn Muster sein Ziel durch und verstärkt nochmals mit inneren Bildern die Anziehungskraft und positiven Aspekte des Ziels. Dann suchen Coach und Klient Fähigkeiten und Ressourcen, die der Klient noch benötigen würde, um zu mehr Ruhe zu kommen. Der Klient findet Gelassenheit und Humor wichtig. Sie suchen mit dem Klienten (erfolgreich) Situationen, in denen er bereits humorvoll und/oder gelassen reagiert hat und verbinden diese Situationen über verschiedenen Techniken mit der Ausgangssituation diese im „Kopfkino“ leicht zu lösen ist.

Glauben/Werte strukturauflösend logisch fixiert

Situation: Herr Muster findet sein Ziel attraktiv und glaubt jedoch in keiner Weise daran, dass dies umsetzbar ist. Die Begründung ist beim Klienten sehr rational und ohne Emotion. Der Coach findet Verletzungen in Ursache-Wirkungsverbindungen und sieht die Möglichkeiten, das Ziel zu erreichen, nachdem der hinderliche Glaube verändert wurde.

Glaubenssysteme durchdringen

Anwendungsbereich:	Nichts fixiert unsere Handlungen mehr, als Glaubenssysteme, die einmal entstanden sind, weil diese logisch waren und dann nie mehr wieder hinterfragt wurden. Oft schützen sich diese Gedanken Konstrukte. Wenn das Konstrukt wirksam hinterfragt wird, kommen oft Verwirrung und versteckte Erlebnisse vor der eigentlichen Lösung zutage.
Sprache des Coaches:	neugierig, logisch, korrekt, genau, provokativ, aufzeigend, rüttelnd, vielfältig, offen, hinterfragend, NLP Metamodell
Innere Einstellung:	Der Klient hängt einem unbewussten Muster an – der Coach will dies lockern, um mit diesem Lösungsformat Glaubensmoleküle auflösen zu können. Logische Glaubensmuster sind meist durch einzelne Erfahrungen entstanden, die zu einem bestimmten Zeitpunkt richtig waren.
Repräsentation:	Lösungsmöglichkeiten durch Arbeit mit Untereigenschaften der Repräsentation. Alte Glauben verstecken sich gerne im sprichwörtlichen inneren Nebel.
Emotionale Aspekte:	Durch das Aufheben der logischen Verbindung kann es sein, dass der Klient sich „komisch“ und „verwirrt“ fühlt. Das sind normale Restrukturierungsprozesse im Gehirn.
Sonstiges:	Dieser Bereich bietet vielfältige Lösungsmöglichkeiten. Wichtig ist ein Coach, der sich nicht von der Logik des

Klienten einfangen lässt, sondern bewusst und hartnäckig immer wieder die Denkmuster dem Klienten zurück spiegelt.
Dieser Prozess braucht in der Regel keine spezifische Intervention mehr. Sobald der Klient sein Denksystem erkannt hat, kann er in der Regel neue Lösungen umsetzen.

Lösungsmodelle:	OBSCURE The Work Provokatives Coaching NLP: Ankerarbeit mit den Submodalitäten des Zweifels schwächt sehr hartnäckige Glaubenssysteme

Beispiellösung:
Herr Muster glaubt nicht daran, dass man in seiner Firma gelassen arbeiten kann. „Das ist vollkommen unmöglich". Der Coach hinterfragt solange, bis es doch positive Beispiele gab. Zum Beispiel zu Beginn des Jobs. Herr Muster gibt zu, dass es damals anders war. Coach fragt nach, wann genau sich dies verändert hat. Als Herr Muster Vater wurde. Da musste er auch mehr arbeiten und Verantwortung übernehmen. Mit „The Work" bekommt der Coach heraus, dass Herr Muster damals nach einem unangenehmen Gespräch mit dem Chef mal eine Zeit lang Angst hatte, gekündigt zu werden. Herr Muster erkennt auch, dass er mit seinem Stress, der aus dieser Zeit rührt, alle anderen um ihn herum nervt, so dass keine Gelassenheit stattfinden kann. Dabei lehnt er sich zurück und atmet tief aus. Der Klient erkennt seinen eigenen Anteil am Stress und kann jetzt andere Lösungen anerkennen.

Glauben/Werte emotional fixierte Strukturen auflösen

Situation: Herr Muster findet sein Ziel attraktiv und glaubt jedoch in keiner Weise daran, dass dies umsetzbar ist. Die Begründung kann nicht wirklich logisch erklärt werden. Vielmehr findet der Coach viele Verletzungen im Sprachbereich. (Muss man, Sollte, Geht doch nicht usw.)

Glaubenssysteme, die in der Kindheit / Jugend fixiert sind

Anwendungsbereich:	Die Art der Kodierung eines Glaubenssystems hängt stark vom Alter ab, in dem es geprägt wurde. Hier unterscheide ich intern noch langfristige Prägungen. Diese Art von Veränderungsarbeit ist meist eine Neukonstruktion der Erfahrungen. Dabei treten oft zusätzliche emotionale Aspekte auf.

Sprache des Coaches:	führend, empathisch, dabei erwachsen, würdigend, trotzdem logisch korrekt, manchmal auch provokativ
Innere Einstellung:	Der Klient hängt einem unbewussten Muster an, hinter dem oft eine schmerzliche Erfahrung lag. Der Coach glaubt daran, dass ein erwachsener Klient, wenn er wirklich hinschaut, diese Erfahrung emotional leicht verarbeiten kann, da er als Erwachsener viel mehr Fähigkeiten als das Kind hat.
Repräsentation:	Neukonstruktion der Ereignisse mit allen Repräsentationssystemen. Hilfreich sind kinästhetische Anker, um den Klienten zu steuern. „Wo im Körper ist das wahrnehmbar – Wie verändert sich die Haltung dadurch?“ Oft sind diese Glaubenssysteme mit inneren Glaubenssätzen verkoppelt, die früher gesagt wurden.
Emotionale Aspekte:	Wenn vom Klienten erkannt wurde, wie sehr er sich durch ein Gefühl von damals zu einem logischen Entschluss von heute bringen lässt, ist es wichtig die Emotion nicht überschäumen zu lassen. Geben Sie dem Klienten ein Gefühl von erwachsen sein zurück, mit dem er die Neuprägung der Glaubenssätze leicht bewerkstelligen kann. Hier ist der Wechsel der logischen Ebenen auch sehr hilfreich.
Sonstiges:	Im Gegensatz zu den mehr logisch fixierten Denkmustern ist diese Arbeit mit viel mehr Feingefühl durchzuführen. Öffnung geschieht nur in vertrauenswürdiger Atmosphäre.
Lösungsmodelle:	L.O.V.E.-GS, Hypnosystemisch, LetEmGo NLP: Reimprint, Swish Modelle, Silva Silberrahmen Hypnose The Work

Beispiellösung:
Herr Muster glaubt nicht daran, dass es im Tagesablauf hilfreich sein kann, sich einmal 5 Minuten Zeit zu nehmen und tief zu atmen. In der Zeit könnte er nochmals überlegen, mit welchen Prioritäten er jetzt die nächsten Arbeitsschritte angeht. Stattdessen reagiert er nur noch und setzt auch keine Grenzen mehr gegen andere Mitarbeiter, die ihm weitere Arbeit übergeben. Dadurch verliert er aus den Augen, was für ihn bei der Arbeit wichtig ist. Auf die Frage warum er sich keine Zeit nimmt,

kann eine emotionale Reaktion festgestellt werden, die mit Worten wie: „Das geht doch nicht anders.“ oder „Das muss so sein.“ einhergehen. Der Coach arbeitet das dazugehörige Gefühl heraus und findet ein Referenzgefühl in der Vergangenheit, in dem ein übermäßig strenger Lehrer mit harten Methoden die Schüler zum Arbeiten gebracht hat. Der Coach verändert den Satz und das Bild und bietet so dem Klienten eine neue Denkgrundlage.

Glauben/Werte strukturverschiebend bearbeiten

Situation: Herr Muster kann sich in der Arbeit nicht richtig abgrenzen und übernimmt immer noch weitere Aufgaben von Anderen. Es wird klar, dass der Selbstwert geringer ist als der Wert der anderen Menschen.

Wertesysteme brauchen viel Feingefühl

Anwendungsbereich:	Ein Wertesystem beeinflusst auf einer hohen Abstraktionsebene das Denken des Klienten. Abläufe sind so automatisch und auch so glaubwürdig, dass der Klient kaum eine andere Sicht auf das Thema akzeptieren kann. Lösung kann hier nur eine Würdigung aller Aspekte und Verschiebung / Zusammenarbeit / Integration der Teilaspekte sein.
Sprache des Coaches:	Submodalitäten, besonders respektvoll, z.T. wie Glaubens-Satz Arbeit jedoch mehr öffnend, herausführend, mit Metamodell entschlüsseln.
Innere Einstellung:	Der Klient hat eine solch starke Prägung, dass Change Prozesse mehr Zeit brauchen. Wichtigste erste Einstellung ist, dass in einem Kontext jeder Wert für eine Reihe von Bedürfnissen steht und dass diese alle erst einmal berücksichtigt werden wollen, bevor neue Lösungen entstehen.
Repräsentation:	Wertesysteme oder starke Prägungen sind oft mit allen Repräsentationssystemen verankert. Hilfreich ist die Hierarchie der Wertigkeit mittels einzelner visueller Eigenschaft zu entschlüsseln und auf diesen zuvor erarbeiteten Lösungen neu zu konstruieren. Lösungen können mit Teilmodellen und dem Ort der Repräsentation herausgearbeitet werden. Siehe hypnosystemische Lösungen.

Emotionale Aspekte: Da Prägungen auf lange Sicht stattfanden, kann das Spektrum der Emotionen auch sehr weitreichend sein. Von völlig emotionslos (es ist einfach so) bis hin zu schweren, immer wieder zugefügten Verletzungen (dann meist eher ein Fall für Therapie).

Sonstiges: Bitte bleiben Sie bei dieser Arbeit geduldig und nutzen Sie das ganze Spektrum Ihres Könnens um den Klienten Schritt für Schritt aus seinem System zu führen.

Lösungsmodelle: Systemische Strukturaufstellungen
Hypnosystemische Teilearbeit
LetEmGo
NLP: Werte mittels geeigneter Submodalitäten in der Hierarchie verschieben.

Beispiellösung:
Sie erarbeiten eine Hierarchie der Werte des Klienten. Dabei kommt heraus, dass der Teil „Sorge für Dich“ eine weniger wichtige Bedeutung als der Teil „Kümmere Dich um andere hat“. Nach einem Gespräch mit vielen öffnenden Fragen (und ein wenig provokativ), unter Berücksichtigung aller Ängste, sagt der Klient endlich, dass es doch dumm von ihm war, immer die Interessen der andern in den Vordergrund zu stellen. Er sieht also irgendwann, dass er die Verantwortung für sich nicht übernimmt, wohl aber die Verantwortung der anderen Mitarbeiter auf sich nimmt. Er erkennt, dass dies eigentlich kontraproduktiv ist. Jetzt kann der Coach unter Zuhilfenahme einer inneren (hypnosystemisch) oder äußeren (systemische Aufstellung mit Figuren) Repräsentation die Bedürfnisse der einzelnen Teile herausarbeiten und diese so verhandeln und verändern, wie es für den Klienten gut ist. Der Klient erkennt über die Zusammenhänge und lernt neue Entscheidungskriterien für sich kennen. Wichtig ist es dabei die Bedürfnisse der einzelnen Teile im Auge zu behalten.

Emotionen auflösen (kinästhetische Strukturauflösung)

Herr Muster denkt an sein Ziel, sich mehr Zeit für sich zu nehmen. Doch statt sich darauf zu freuen, kommt immer ein mulmiges Gefühl im Bauch, dass ihn erstarren lässt und handlungsunfähig macht.

Emotionen sind dazu da, gefühlt zu werden

Anwendungsbereich:	Traumas und blockierende Gefühle, die sich in einem Coaching plötzlich zeigen und anscheinend bearbeitet werden wollen. Therapeutisches Zulassung für den Prozess des „Über die Schwelle Gehens“ sind notwendig. Gefühle sind dazu da, gefühlt zu werden und immer wieder gelöst zu werden. Ein Gefühl, dass in seiner Ganzheit durchlebt wurde, ist vorbei.
Gefahr:	Aber Achtung! Ein Gefühl das nur halb gelebt wurde, könnte zu einer Re-Traumatisierung führen und die Thematik verstärken.
Sprache des Coaches:	Ruhig, Trancesprache, sehr wenig Worte, einfache Sprache, viele Repräsentationen ansprechen.
Innere Einstellung:	Gefühle die unter der Oberfläche sind und immer wieder auftauchen sind dazu da, gelebt zu werden. Um wirklich zu fühlen worum es geht, ist es wichtig in tiefen gegenseitigem Vertrauen Lösungsarbeit zu erschaffen. Meist sind es reale oder konstruierte Erfahrungen aus dem Kindes- oder Jugendalter, in dem Hilflosigkeit vorherrschte. Man arbeitet dabei nicht mit oberflächlichen Gefühlen wie Ärger auf den Partner oder Vorgesetzten, sondern findet das Gefühl hinter dem Gefühl.
Repräsentation:	Kinästhetisch – Nur wenige Bilder zulassen, kaum Sprache zulassen, einfach nur fühlen.
Emotionale Aspekte:	Vielfältig.
Sonstiges:	**Dies ist Therapie!** Hinter all unseren Handlungen stehen Gefühle und Emotionen. Doch manche hindern uns, aus Angst nochmals an die Oberfläche zu kommen. Wichtig ist, dass unser Gehirn die Fähigkeit zum Abkapseln von Gefühlen hat und der Coach das solange respektieren sollte, bis es für das Thema keine anderen eleganteren Lösungen gibt.
Lösungsmodelle:	Über die Schwelle gehen Inner Journey NLP: Timeline zum Trauma R2C Schamanisch: Integration von Seelenanteilen

Beispiellösung:
Der Coach lässt Herrn Muster das mulmige Gefühl fühlen. Es ist so etwas wie Hilflosigkeit. Bei der Frage, ob Herr Muster dies in seinem Leben kennt, wird eine Spur sichtbar, die sich durch alle Lebensbereiche zieht und immer wieder deutlich wird und ihn aus der Bahn wirft. Nach einer kleinen Trance zurück in die Kindheit erinnert sich Herr Muster an eine Situation, als er als Kind im Krankenhaus lag und sich hilflos und verlassen fühlte. Mit diesem Gefühl geht der Coach 4-5-mal über die Schwelle, bis das Gefühl nicht mehr so übermächtig ist. Danach findet er es leicht, sich in seinem Job genügend abzugrenzen.

Emotionale Schutz-Struktur

Herr Muster denkt an sein Ziel, sich mehr Zeit für sich zu nehmen. Doch statt sich darauf zu freuen, ärgert er sich immer über andere und seinen Chef, dass die ihm die Zeit klauen.

Die Fähigkeit des Gehirns, emotionale Aspekte zu verarbeiten

Anwendungsbereich:	Für Gefühle und Emotionen, welche nicht so stark sind, dass diese den emotionalen Schockzustand (Starre) erzeugen, gibt es vielfältige Lösungsmöglichkeiten. Das Grundprinzip lautet: Gefühl wahrnehmen und andere Reaktion trainieren. Der Umgang mit Emotionen kann durch ein Netzwerk aus mentalen Prozessen gewrappt werden (Affektkontrolle). Die Gefühle sind vorhanden und vielleicht als solche auch wichtig, aber ein erwachsener Verstand kann lernen damit umzugehen.
Sprache des Coaches:	Dualität im Wechsel: Ansprechen des Gefühls, sehr zart und liebevoll und Kindersprache: Strukturaufbau in einer erwachsenen Sprache – klärend, logisch klar, gewonnene Einsichten wiederholend.
Innere Einstellung:	Coaching als eine Art Verhaltenstraining im Geist oder eben mentales Training. Wenn das Gefühl ansprechbar ist, dann Arbeit auf verschiedenen Ebenen, um die neuen mentalen Programme, die mit dem Klienten erzeugt werden, zu festigen. Die Programme können auch in der Kindheit entstanden sein und mit diesem inneren Anteil verändert werden.

Repräsentation:	Mikro-Strategiemuster nutzen. Das bedeutet: Immer wieder aufeinanderfolgende verschiedene Repräsentationen nutzen und in einen neuen Zustand überführen. Zum Beispiel: ärgerliches Gefühl → Neues Lösungsbild → Satz „Der hat's auch nicht leicht“ → Entspanntes Gefühl.
Emotionale Aspekte:	Durch Überlagerung verschiedener Gefühle und Vorgehensweisen schafft man es oft, dem Klienten neue Wahlmöglichkeiten im Kontext zu gestalten.
Sonstiges:	Wenn die neuen Wahlmöglichkeiten und die Gefühle, die neu hinzukommen, „bessere“ Lösungen (für das Unbewusste) sind, wird sich die neue Lösung meist in zukünftigen Situationen durchsetzen. Kommt es danach immer noch zu alten Reaktionen, dann ist ein anderer Weg zu wählen.
Lösungsmodelle:	Zielearbeit mit Wunderfrage Ressourcenarbeit Mentales Training neuer Verhalten Züricher Ressourcen Model NLP: Present and Desired State History Change Vier Positionen Model

Beispiellösung:
Der Coach führt den Klienten in seine Problemsituation und nimmt dann der Reihe nach vorher besprochene und Ressourcen mit dazu, die dazu dienen, ein besseres Gefühl zu der Situation zu bekommen. Jetzt ist der Klient 2 Gefühlen ausgesetzt. Um die Situation noch zu entschärfen, kann das Vier Positionen Model hinzugefügt werden. Der Klient bekommt jetzt durch den Blick aus unterschiedlichen Augen (Selbst, Gegenüber und Metaebene) eine andere Wahrnehmung. Jetzt ist es ihm möglich, das gute Gefühl in der Situation zu behalten.
Es ergeben sich jetzt neue Handlungsmöglichkeiten und eine davon erweist sich dann in der Umsetzung so kraftvoll, dass es sogar ein finanzieller Erfolg für den Klienten wird. Ab jetzt braucht er dieses alte Muster nicht mehr.

Emotionen - Strukturverschiebung

Herr Muster denkt an sein Ziel, sich mehr Zeit für sich zu nehmen. Doch statt sich darauf zu freuen, ärgert er sich immer wieder und kann es nicht richtig glauben, dass er immer wieder so automatisch reagiert.

Magische Aspekte – Gefühle benötigen den Körper als Bühne.

Anwendungsbereich:	Somatische Marker sind die Bereiche in unserem Körper, welche unsere Emotionen nutzen, um eine Art Feedbacksystem zu erschaffen. Stellen Sie sich vor, man könnte den Kommunikationsweg unterbrechen und gleichzeitig eine Verarbeitung der mentalen und Glaubenssysteme anregen, die mit diesem Gefühl in Verbindung standen. Ist das Gefühl nicht mehr wahrnehmbar, ändern sich die Muster sehr schnell und einfach. Anwendungsbereich: Emotion und Glaubenssysteme vermischt.
Sprache des Coaches:	Klar, liebevoll, transparent, aber auch ein wenig technisch, um dem Klienten zu zeigen, wir haben eine Technik, die wirkt. (Skalenarbeit, Feedback)
Innere Einstellung:	Trenne die Verbindung von emotionalem Auslöser und Gefühl mit Körperwahrnehmung. Dadurch ist eine schnelle Verarbeitung erlebter Situationen möglich.
Repräsentation:	Alle Repräsentationsebenen ansprechen und mit Sätzen auditiv begleiten.
Emotionale Aspekte:	Der Klient lernt, dass eine Verarbeitung von Gefühlen machbar ist und bekommt daher das wichtige Gefühl der Selbstwirksamkeit.
Lösungsmodelle:	LetEmGo MFT – EFT EMDR Schamanische Rituale

Beispiellösung:

Herr Muster ist sich bewusst, dass sein Stress ein gelerntes Verhalten aus der Schule und dem Druck der Eltern von früher ist. Herr Muster versteht, dass es mit seinem starken Sicherheitsbedürfnis zusammenhängt. Der Coach findet dann den emotionalen Anteil und verarbeitet mit LetEmGo die Situation. Dann öffnet er durch provokatives Fragen noch den Glaubenssatz, bis die Überzeugung dahinter sich verringert hat. Danach integriert er einen neuen Glauben, bei dem Selbstbewusstsein und Gelassenheit eine wichtige Rolle spielen. Dies geschieht mit LetEmGo, verbunden mit einer Ankertechnik.

Emotionen-Strukturunterbrechung

Herr Muster, lässt sich kaum auf Teamprozesse ein oder verstreut unterschwellig schlechte Laune. Vor allem seinen Vorgesetzten hat er im Visier und zeigt es dem auch durch halbherzige Arbeiten. Seine Kollegen haben ihn lange geschätzt, doch so langsam haben Sie auch keine Lust mehr auf diese Stimmung.

Verbindung zwischen Auslöser und Gefühl wird unterbrochen.

Anwendungsbereich:	Unterbrechung des Zugangs zu den Emotionen und damit Verhinderung der Auslösung des Emotionsprogramms. Verdeckte Emotionen mit automatischen Reaktionen, die zwar vom Klienten wahrgenommen, aber nicht verändert werden können, sind der Hauptanwendungsbereich.
Sprache des Coaches:	Klar, liebevoll, transparent, immer wieder nachfragend und neu kalibrierend.
Innere Einstellung:	Der Auslösereiz wird vom Gefühl abgekoppelt. Das bedeutet für mich als Coach, dass ich solange den Prozess durchführe, bis wenig oder keine Reaktion mehr auf den Auslöser stattfindet. Die Lösung funktioniert nicht immer, aber wenn es Verbesserung bringt, dann gleich richtig. Daran zu glauben hilft!
Repräsentation:	Benutzen der kinästhetischen Repräsentationsebene.
Emotionale Aspekte:	Mit jedem Durchgang verändert sich meist die Reaktion des Gefühls und eine Art Besserung sollte vom Klienten wahrgenommen werden.
Sonstiges:	Der Klient bekommt im Laufe des Prozesses immer mehr das Gefühl der Selbstwirksamkeit. Nachfolgend kann die Ausgangssituation noch mit Ressourcenarbeit verstärkt werden.
Lösungsmodelle:	MFT – EFT

Beispiellösung:

Herr Muster wird sich im Coaching bewusst, dass er in seinem Job gekränkt wurde. Grund waren nicht eingelöste Versprechen zu seinem Arbeitsvertrag. Dies bezieht er vor allem auf seinen Vorgesetzten, brachte das Thema aber wegen der Kränkung nicht auf den Tisch, sondern hat sich innerlich zurückgezogen. Beim Klopfen[27] der Ebenen wird ihm klar, dass er nur aus Angst heraus, abgelehnt zu werden, das Thema bei seinem Vorgesetzten nicht angebracht hat. Mit jeder Runde wird es leichter für Ihn seine Kränkung abzulegen und klarer seine Bedürfnisse zu vertreten.

Embodiment - Somatoforme Störungen, strukturauflösend

Herr Muster kann sich im Büro schlecht konzentrieren. Auf die Frage was ihn ablenkt, bemerkt er, dass er im Büro immer öfter Magenschmerzen bekommt und sich nicht wirklich entspannt an seine Arbeit setzen kann. Der Arzt hat aber keine Erkrankung des Magens feststellen können - also eher eine psychosomatische Reaktion.

Körperliche Symptome mit mentalen Aspekten

Anwendungsbereich:	Verfestigte körperliche Symptome ohne klare Ursache. Dies ist natürlich keine Arbeit für einen Coach, sondern Therapeuten, doch soll dieser Bereich für die Vollständigkeit der Technik mit angesprochen werden.
Sprache des Coaches:	Leichte Trance, ruhig, führend, braucht unter Umständen viel Zeit um zu fühlen, inneren Dialog vermeiden oder externalisieren.
Innere Einstellung:	Krankheitssymptome haben eine mentale Repräsentation. Der Coach/Therapeut glaubt daran, dass hinter der Krankheit eine blockierende Emotion oder ähnliche Blockaden liegen. Kommunikation kann im Trancezustand auch mit dem betroffenen Bereich oder über indirekte Kommunikation stattfinden.
Repräsentation:	Der Körper kann nur als abstrakte Vorstellung im Geist abgerufen werden. Einsatz von starken Assoziationen oder Personalisierung der betroffenen Körperbereiche (Teilemodell),

Emotionale Aspekte: Bei im Körper gespeicherten Traumen können durchaus intensive emotionale Reaktionen kommen – Siehe Trauma Lösung nach Peter Levine.

Sonstiges: Der Körper speichert viele verschiedene Aspekte im Gewebe ab oder verfestigt die Bereiche, so dass dazu gehörige Gefühle nicht mehr wahrgenommen werden.

Lösungsmodelle: Somatic Release (Föhrweiser-Wesolek & Röder)
Trauma Lösung nach Peter Levine
Inner Journey
Strukturunterbrechende Arbeit LetEmGo

Beispiellösung.

Herr Muster wird auf eine Trancereise geschickt, bei der der Klient in den Körper reist und im Magen Kontakt zu dem Teil aufnimmt, der den Schmerz auslöst. Bei Herrn Muster kommt eine Angst, gekündigt werden und eine damit verbundene Erinnerung an einen alten Job hoch. Jetzt wird mit dem Gefühl über die Schwelle gegangen und es einfach als das angenommen was es ist: ein Gefühlszustand. Ein paar Tränen fließen, doch dann öffnet Herr Muster die Augen und sagt: „Das kann doch nicht wahr sein, dass ich wegen dieser alten Geschichte immer noch Magenschmerz habe.“ In den nächsten Sitzungen wird das alte Bild verändert und ein neuer Umgang mit dem Thema Angst und vermeintliche Sicherheit gesucht. Ein therapeutischer Weg könnte erst mit Inner Journey die Emotion durchgehen, neue Handlungsweisen erarbeiten und dann erst mittels MFT die Verbindung zum mentalen System trennen.

Beziehungssysteme, innere Teile, strukturausgleichend

Herr Muster ist Familienvater und im Beruf immer noch auf der Suche nach der richtigen Berufung. Um seinen Traum erfüllen zu können, müsste er sich manchmal klarer entscheiden. Doch sowohl sein Job wie auch seine Familie sind ihm wichtig. Doch alles zusammen scheint er nicht richtig erfüllen zu können.

Wir sind viele – und der Klient auch!

Anwendungsbereich: Wir sehen als Coach den Klienten als Summe vieler einzelner Persönlichkeiten, die von verschiedenen Bedürfnissen geführt werden. Im Coaching erschafft der Coach eine systemische Aufteilung innerer Prozesse in einzelne virtuelle Persönlichkeiten. Dies erleichtert die Erarbeitung von Lösungen.

Sprache des Coaches:	Moderator, Fragensteller und Leiter einer Gruppendiskussion. Führend und gleichzeitig sehr respektvoll und wertschätzend allen Teilen gegenüber. Integration in leichter bis tiefer Trance.
Innere Einstellung:	Unterschiedliche Teile des Klienten lernten zu unterschiedlichen Zeiten diverse Fähigkeiten und übernehmen verschiedene Aufgaben. Problematik liegt meist an Kontroversen zwischen verschiedenen Teilen.
Repräsentation:	Visualisierung der verschiedenen Teile als Personen, Tiere, Schauspieler. Innerer Dialog wird im Außen deutlich ausgesprochen.
Emotionale Aspekte:	Deutlich mehr Klarheit, wenn die emotionalen Bedürfnisse geklärt werden.
Sonstiges:	Am Ende immer wieder Reintegration der aufgeteilten Teile zu einer vollständigen Persönlichkeit.
Lösungsmodelle:	Hypnosystemische Lösungsmodelle.

Beispiellösung:
Der Coach fragt Herrn Muster, welcher Teil von ihm denn der Familienvater ist und welcher der Manager. Dann werden die Teile visualisiert und mit ihren Bedürfnissen analysiert. Es ergibt sich ein ständiger Konflikt zwischen diesen beiden Teilen. Erst als ein kreativer Teil hinzugeholt wird, der als Schlichter und Ideenlieferant fungiert – finden die Teile eine jeweils einvernehmliche Lösung für einen guten zeitlichen Ablauf. Am Ende werden die Teile wieder integriert.

Beziehungssysteme, äußere, strukturauflösend

Herr Muster kommt als Klient zu Ihnen und möchte besser Grenzen setzen können, um entspannter Arbeiten zu können. Doch das Gespräch gerät immer wieder in eine Sackgasse, weil immer wieder die anderen ihm das Leben schwermachen. Er kann kaum Ziele setzen, weil doch die Anderen das nicht gutheißen würden. Sein projizierter Ärger über diese ist sehr groß.

Anwendungsbereich: Dieser Bereich ist für die Arbeit mit Konflikten und Projektionen. Klienten, die in ihrer Problemstellung sehr dissoziiert sind und ihre eigene Rolle in einem System ausgeblendet haben, kommen selten zu guten Lösungen, wenn die realen eigenen Gefühle nicht wahrgenommen werden können. Die Arbeit ist es hier, den Klienten wieder zu sich zu führen.

Sprache des Coaches: Freundschaftlich führend. Teils provokativ, aber auch sehr offen für Antworten des Klienten

Innere Einstellung: Was ist Wahrheit? - Es gibt diese nicht. Und die Vorannahme, dass alles, was dem Klienten im Außen geschieht, auch etwas mit ihm selbst zu tun hat. Der Klient verfestigt sein Glaubenssystem dadurch immer mehr, indem er sich Projektionen dessen im Außen sucht. Der Coach führt den Klienten nun in eine Umkehrung von der nach außen gerichteten Arbeit in eine nach innen ausgerichtete Kommunikation und Selbstreflexion. Der Coach muss sich gewahr sein, dass ein Klient gerade dass nicht hören will. Wichtig ist ein festes vertrauensvolles Verhältnis zwischen Klient und Coach.

Repräsentation: Visualisierung der verschiedenen Teile als Personen, Tiere, Schauspieler. Innerer Dialog wird im Außen deutlich ausgesprochen.

Emotionale Aspekte: Deutlich mehr Klarheit, wenn die emotionalen Bedürfnisse geklärt werden.

Sonstiges: Am Ende immer wieder Reintegration der aufgeteilten Teile zu einer vollständigen Persönlichkeit.

Lösungsmodelle: The Work,
Zirkuläres Fragen
Aufstellungsformate
NLP: 4 Positionen Modell

Beispiellösung:

Der Coach geht mit dem Klienten durch die vier Positionen. Ich - Du - Meta und Quelle. Aus der Sicht der Metaposition fragt er die vier Fragen aus „The Work". Nach und nach erkennt der Klient, dass sein Ärger auf die Anderen, die immer Grenzen setzen, der Ärger und die Hilflosigkeit auf sich selbst ist, weil er es nicht schafft, seine Bedürfnisse rechtzeitig zu erkennen und seine eigenen Grenzen zu setzten.

Nachdem dies erkannt wurde, kann der Coach mit Ressourcenarbeit dem Klienten helfen, seine Grenzen besser zu wahren.

Open space – Offenes System

Anwendungsbereich: Zu starre Coaching Strukturen verfehlen manche Lösungen. Das Gehirn hat mehr Möglichkeiten als nur Strukturen zu erzeugen und aufzulösen. Open Space heißt, sich mit weiteren globalen Strukturen in Verbindung zu setzen und diese gezielt einzusetzen und gleichzeitig offen zu sein, für ganz neue Wege. Auch offen zu sein, dass es keine Lösung gibt, ist ein Teil dieses Bereiches.

Beispiele für Lösungsmodelle:

Aufstellungsarbeit mit Familienstellen: In Aufstellungen lösen wir die Beziehungsverknüpfungen, welcher der Klient aus seiner Familie mitbringt. Dabei kommt es vor, dass in Aufstellungen Erstaunliches zu Tage kommt, was als Familiengeheimnis verborgen war und auch bewusst nicht vom Klienten erkannt wurde. Doch mit der Klärung dieser Themen kann der Klient das Thema an die Ahnen zurückgeben. „Ich stehe nicht mehr zur Verfügung[28]“ ist der magische Satz, mit dem Verbindungen gelöst werden.

Buddhistische Psychologie: Die innere Haltung und Achtsamkeit, die hinter all der philosophischen Weisheit des Buddhismus steht, hilft heute mit ihren praktischen Anteilen vielen Menschen auf einen neuen Lebensweg. Die liebevolle und mitfühlende Art zu Denken und zu Handeln in Verbindung mit der Erkenntnis der dualen Welt (spirituelle und materielle) verändert die Struktur des Gehirns und den Umgang mit Problemen. Diese Art der Heilung ist ein langfristiges Konzept und kann simultan hervorragend zu dem Coaching eingesetzt werden.

Schamanische Techniken: Schamanen, welche Heilungsarbeit leisten, inkarnieren oft göttliche Wesen oder Geister. Auf jeden Fall ist eine „Verbindung“ zu etwas Höherem in ihnen präsent mit dem sie Heilen können. Wir haben einige dieser Abläufe in eine Art der Coaching Form gebracht, die erstaunliche Wirkungen zeigt.

Klopftechniken: Der Klient denkt an sein Problem und klopft auf den Meridianen bestimmte Punkte und körperliche, mentale und emotionale Themen lösen sich damit auf. MFT oder das bekannte EFT sind Vertreter dieser Arbeit. Siehe hierzu die Arbeiten von Klinghardt und Gary Craig[29]

EMDR: Verarbeitung von Themen durch Augenbewegungen sind schon lange bekannt. Aber wie das wirklich funktioniert, kann keiner genau erklären. Aber es wirkt.

Und viele andere...: Die oben genannten Vertreter sind nur Platzhalter für eine Unmenge spannender und unglaublicher Techniken. Es gibt noch viel mehr und daher wünsche Ihnen als Coach einen offenen Geist, um auch mal Techniken auszuprobieren, die außerhalb Ihres Glaubenskonzeptes liegen. Manchmal gilt eben doch: Wer heilt hat recht.

Das was sich nicht direkt in den Circle eingliedern lässt

Analyseformate

Auf dem Weg von Problem über Ziel und Stolperstein gibt es einen oder mehrere Abschnitte in dem vieles für den Coach und dem Klienten unklar ist. Dies sind Analysezeiten, die in der Regel mit Fragetechniken geklärt werden. Auch hier gibt es verschiedene andere Ansätze, um zu den Informationen zu kommen, die für ein gutes Coaching wichtig sind:

- *Aufstellung zur Analyse*

  Mit einer Visualisierung der Beziehungsstrukturen erkennen Coach und Klient oft viel schneller die zu Grunde liegenden Themen, als durch reine Fragemöglichkeiten.

- *Trancearbeit und Hypnose*

  Hypnose ist immer in der Coaching Arbeit vorhanden. Nur eben meist nicht in einer besonderen Trancetiefe. Aus NLP Sicht ist Trance nur ein veränderter Bewusstseinszustand. Das kann schon das „Gedanken laufen lassen" beim Autofahren sein. Eine Vertiefung dieses Zustands, wie es in der Hypnose geschieht kann bildhafte Trancen erschaffen, die zu den stärksten Ressourcenarbeiten gehören. Denn Bilder, die verdeckt im Unbewussten sind, können durch Hypnose aufgedeckt und verändert werden. Der Klient erkennt Zusammenhänge, die ihm im bewussten Zustand nicht unbedingt gekommen wären oder lange benötigt hätten.

- *Timeline Arbeit*

  Diese Arbeit bezeichne ich tatsächlich als Booster, um an ein Thema zu kommen, dass aus der Vergangenheit geprägt wurde. Arbeit auf einer Zeitlinie ist eine spezielle Aufstellungsarbeit, die weniger eine Repräsentation der Beziehung als der Zeit zugrunde liegt.

Integrationsformate

Zum Ende eines Coachings, wenn Lösungen noch nicht völlig rund sind, oder es sich durch die Arbeit ergeben hat, dass noch eine Art innere Spaltung zwischen alt und neu vorhanden ist, bieten sich Formate an, die helfen, offene Anteile wieder zu verbinden und zu integrieren. Beispiele für diese Arbeit sind die nachfolgenden Formate:

Formatbeispiele

- Integration mit Händen (bei 2 inneren konfligierenden inneren Anteilen)
- Present and Desired State
- Open Heart Integration (Emotionale Themen)
- New Behaviour Generator
- Matrix-Integration-Format
- Inneres Kind annehmen
- Ganzheitstrance

Genaue Beschreibungen zu den genannten Formaten finden Sie entweder im zweiten Teil des Buchs oder in der Coachingbox „Prozessorientiertes Coaching“

Worauf Sie bei den Prozessen achten sollten

In den vorhergehenden Kapiteln haben Sie eine Menge Techniken und Vorgehensweisen gehört. Es gibt einen großen Auswahlbaum von Möglichkeiten, der ein Coach folgen kann und auch eine Entscheidungsmatrix, wie im Kapitel beschrieben, kann Ihnen helfen, die richtigen Wege zu gehen. Wenn Sie sich jetzt dafür entscheiden, einen Prozess in die Tiefe zu führen, sollten Sie Ihr Timing so einrichten, dass es zu keiner Unterbrechung des Prozesses kommt. Denn wenn Sie nicht nur an Ressourcen arbeiten, werden auch „negative" Aspekte aus der Problemtrance des Klienten angesprochen. Dies widerspricht dem lösungsorientierten Anspruch, bietet jedoch im Gegensatz zur reinen Ressourcenarbeit tiefgreifende Lösungsmöglichkeiten. Um also das negative Thema nicht zu verstärken, sollte der Prozess deshalb immer bis zur Lösung weiterlaufen.

Wenn Sie als Coach das Gefühl haben, dass eigentlich ein therapeutisches Thema dahintersteht, oder Sie mit aufkommenden Emotionen nicht umgehen können, dann sollten Sie diesen Weg nicht wählen. Sie könnten in eine Sackgasse kommen. Dafür ist es gut kurzfristige Lösungsformate zur Verfügung zu haben, welche einen schnellen „State break" – also eine Zustandsänderung des Klienten hin ins Positive bewirkt. Ein vorausschauender Coach ankert bereits zu Beginn einer Sitzung einen derartigen Zustand im Klienten. Mit Berührungen, Geschichten, bestimmten Worten haben Sie dann eine Möglichkeit diese schnell wieder aus einem schwierigen Zustand herauszuführen. Dies gehört zum Rapport des äußeren Kreises und ist ein wichtiger Bestandteil der Arbeit mit Klienten.

Fallbeispiel aus der Coachingpraxis

Das folgende Beispiel ist zum Mitdenken. Folgen Sie den Fäden, die im Gespräch entstanden sind. Wie kann man als Coach während dieses Prozesses Unterstützung dergestalt anbieten, dass der Klient seine eigenen toten Blickwinkel zu erkennt und das Gesamtkonzept versteht? Wie kann man neue „Realitäten servieren" – also Angebote erstellen, die der Klient bei Gefallen dann selbst bestellt und zu sich nimmt.[30] Überlegen Sie einfach mal mit und machen Sie sich ihre roten Fäden, welche für das nachfolgende Coachingformat dann wichtig sind.

Thema: Bessere Konfliktgepräche führen

Ein Ressortmanager kommt zum Coaching. Die Abklärung des Auftrags ergibt im telefonischen Kontakt, dass er sich wünscht, bessere *Konfliktgespräche zu führen* und Techniken zu erlernen, um schlagfertiger zu reagieren. Da dies durchaus im Rahmen eines Coachings anzusehen ist, kommt ein Auftrag zustande.

Teil 1 - Informationssammlung

Problematik: Der Klient ist dritte Führungsschicht aber nur mit 2 Mitarbeitern, die ihm zuarbeiten. Ein Kollege, nennen wir ihn Herr B, aus einer benachbarten Abteilung wird nach Ansicht des Klienten zunehmend zu viel im eigentlichen Umfeld seines Tätigkeitsbereichs aktiv. Der Klient hat Ängste um seine Rolle als Teamleiter, die natürlich an seine Aufgabe gekoppelt ist – die ihm jetzt Herr B abspenstig macht. In einer Anhörung mit seinem Vorgesetzten, bei der zufällig auch über B geredet wird, beschwert sich folglich der Klient in diesem Zusammenhang über die Übergriffigkeit des Herrn B. Der Vorgesetzte, interessiert an einer Zusammenarbeit Beider, leitet das ungefiltert an Herrn B. weiter und bittet die beiden Herren, das gemeinsam auszutragen und zu klären.

In diesem Gespräch ist Herr B durchaus offen, und erklärt auch, dass er mit dem Thema des Klienten absolut nichts am Hut habe. Zitat: „Das ist doch nur ihr eigenes Thema!“ Doch der Klient erzählt dem Coach, dass Herr B mit seiner taktilen aber durchaus offenen Art die Möglichkeit hat, irgendwann die Rolle des Vorgesetzten zu übernehmen. Er hat gute Kontakte zur ersten Führungsebene und ist fachlich auch kompetent. Der Klient fürchtet jedoch die Rolle des Herrn B als Chef, was er genauer aber nicht formulieren kann. Gleichzeitig hat der Klient auch immer das Gefühl, der andere ziehe ihn irgendwie über den Tisch. Beim Nachfragen kommt langsam heraus, dass der Klient sich im Unternehmen zunehmend isoliert hat und nicht ausreichend Kontakt zu Teammitgliedern auf gleicher Ebene findet. Der einzige Ansprechpartner wäre sein Vorgesetzter oder Herr B, der aber lieber mit anderen zum Mittagessen geht. Der Klient ist zudem verunsichert über die forsche Art und Weise, wie eine seiner Mitarbeiterinnen über und mit ihm redet und gerät ihr gegenüber sogar einmal in Zorn. Die Mitarbeiterinnen reden anscheinend hinter dem Rücken des Klienten über diesen und dessen isolierte Arbeitsweise.

Teil 2 – Der richtige Auftrag

Dieser obige Teil zeigt schon viel Vertrauen des Klienten in den Coach und so konnten eine Menge Informationen gesammelt werden, die im Gespräch auftauchten. Da sich zuerst alles nach einer Projektion der eigenen Themen auf B anhörte, ging es am Anfang daher erst einmal an den am Anfang definierten Auftrag. Die Frage des Coaches ging also dahin, ob man den Auftrag nicht erweitern könne, da ja anscheinend das Thema „mehr Schlagfertigkeit“ nur eine Lösung für ein spezifisches Problem sei, welches sich auch in anderen Bereichen zeige. Dies wurde auch bestätigt und der Auftrag auf eine mögliche Persönlichkeitsveränderung hin erweitert.

Teil 3 – der richtige Zielsatz

Daraufhin wurde ein Zielbild und ein Zielsatz erarbeitet, der verkürzt etwa wie folgt klang: Im Umgang mit meinen Kollegen und Mitarbeitern bin ich souverän und überzeugend. Ich erschaffe mir im Unternehmen ein Netzwerk, indem ich offen auf Menschen zugehe und Kontakte knüpfe. Damit sichere ich mir meine Führungsrolle und fühle mich sozial integriert.

Stolpersteinsuche

Auf die Frage: Was hindert Sie denn dieses Ziel umzusetzen, ergab sich schnell ein Muster von Verpflichtungen und Ausdrücken, wie „Das gehört doch nicht zum Job“ oder „Ich habe doch so viel zu tun, ich kann mich doch nicht noch darum kümmern“. Nachdem ich als Coach das mehrfach angehört hatte, begann ich mir den ersten roten Faden zu bilden. Die Wortwahl deutet auf logische Erklärungen für etwas, was der Klient vermeidet. Also ein Glaubenssystem, logisch fixiert. Allerdings scheint auch ein emotionaler Anteil dabei zu sein. Ich folgte mit meinen Fragen diesem roten Faden: Was ist Erfolg für Ihn, wie ist sein Zielbild damit verbunden und wie schafft er es den Erfolg zu vermeiden? Was müsste ich als Coach tun, um mich in dieselbe Situation zu manövrieren? Schrittweise kamen wir darauf, dass er als Grundmuster, das Zurückziehen liebt, sich jedoch verletzt fühlt, wenn jemand anderes dadurch sich mehr Raum nimmt. Bilder der Vergangenheit und Schule kamen plötzlich mit dazu. Und auch ein Gefühl einer Verletzung, die damals entstand.

Jetzt stellte sich natürlich die Frage, ob er sich verändern möchte, oder ob er seine Rolle verändern will. Ich nutzte einen leichten provokativen Stil und legte ihm folgenden Satz in den Mund: „Ich bin es im Job nicht wert meinen Raum einzunehmen, und überlasse diesen gerne anderen – so wie ich es früher gemacht habe“. Als er den Satz laut ausgesprochen hatte, veränderte sich seine Haltung, Stimme und Ausdruck. Der Glaubenssatz war geschwächt.

Lösungsarbeit.

Ich verstärkte den oben erschaffenen Zustand, indem ich jetzt auf die Ressourcen einging, die wir vorher im Ziel schon angesprochen hatten und mit der Situation verbanden. Mit dem Integrativen Ressourcen Format entstand Motivation, Tatkraft und Souveränität, die der Klient auch in der darauffolgenden Zeit im Job umsetzte. Er fühlte sich zwar anfangs in Konfliktsituationen immer noch nicht ganz wohl, konnte jedoch mit dem Gedanken, dass dies ja nur ein „altes“ Gefühl war, schnell umschalten und seinen Raum einnehmen. Wir trennten systemisch noch die alten

Klassenkameraden von dem Bild der Kollegen, so dass die Projektionen immer weniger wurden.

Ergebnis

Im oben genannten Beispiel sieht man, dass mehrere rote Fäden zusammenkommen. Und aus einer systemischen Metaposition heraus erkennt man auch, dass der Klient schon bei der Erzeugung des Auftrags sich klein macht. Er möchte besser kämpfen können (schlagfertiger sein). Das alleine ist schon das Bild des kleinen Schuljungen, der meint mit Kampf gegen die Großen wird man besser. Die Veränderung des Auftrags hat den Prozess schon frühzeitig in eine Richtung gelenkt, die Größe erschaffen hat und keinen Kampf mehr brauchte.

Fazit

Die verschiedenen Ebenen des inneren CoachingCircle werden im Gespräch sichtbar. Es sind Bereiche des täglichen Coaching Alltags, die in ihrer Anwendbarkeit heute durchaus weit verbreitet sind:

> *Ressourcenorientierung:* Ist im Prinzip eine Struktur aufbauende Arbeit und hilft dem Klienten mehr Zugriff auf seine eigenen Fähigkeiten und Ressourcen zu bekommen.
>
> *Glaubenssatz/Werte Veränderung:* Dieser Bereich steht für das Denken, welches fest geprägt wurde. Es sind meist Denkstrukturen, die lange Zeit gut funktioniert haben. Allerdings wird es manchmal notwendig, alte Muster loszulassen. Hier ist oft Struktur auflösende Coaching Arbeit hilfreich.
>
> *Emotionen:* Ohne Emotionen geht nicht viel im Kopf. Diese Regeln den Ablauf und sind vor den einzelnen Denkmustern zur Stelle und meist die Grundlage unserer Entscheidungen. Aber nicht alle emotionalen Reaktionen sind für das Leben hilfreich. Manche dürfen auch bearbeitet und verändert werden. (Struktur auflösend-unterbrechend)
>
> *Somatoforme Störungen und Lösungen:* Manche Menschen reagieren intensiv mit dem Körper. Körperbezogene Lösungen nutzen Haltungen und Bewegungen, um neue Lösungen zu erarbeiten. (Strukturaufbau/ -abbau/ -unterbrechung)
>
> *Systemische Vorgehensweise:* Im systemischen Denken wird der Mensch mit Familie, Ahnen, Freunden, Team Mitgliedern, Chefs aber auch immobilen Dingen, wie dem Haus des Vaters, als Teil eines Systems betrachtet. Gute Lösungen betrachten neben den bisher genannten Ebenen auch diesen Bereich auf allen Strukturebenen.

Nichts von all dem - Open Space: Der CoachingCircle ist ein effektives System aber nicht allwissend und für alle Bereiche bereits fertig. Dafür existiert der Open Space Bereich, für alles was nicht erklärbar ist, aber trotzdem wirkt.

Finden Sie im Coaching die roten Fäden wie ein Detektiv und folgen Sie denen, bis Sie den magischen Moment erleben, indem Öffnung und Weite von alleine aus dem Klienten kommt. Und dann ist Veränderung ganz leicht. Als Grundlage dessen sollten Sie mit Ihrem Klienten Achtsamkeit entwickeln. Also sowohl Sie als Coach, als auch der Klient selbst beginnen die Ebenen des Denkens nicht einfach nur hinzunehmen. Sondern das Denken wird beobachtet und damit bekommt man einen anderen Zugang zu sich selbst.

Die magischen Aspekte

Eine schmerzliche Wahrheit ist besser als eine Lüge.

Thomas Mann – deutscher Schriftsteller

Am meisten fühlt man sich von der Wahrheit getroffen, die man sich selbst verheimlichen wollte.

Friedl Beutelrock – deutsche Schriftstellerin

Ordnung ist die Verbindung des Vielen nach einer Regel.

Immanuel Kant – deutscher Philosoph

Nicht logisch und doch sinnvoll

Auf den ersten Blick ist das Verhalten von Menschen und seine Handlungen innerhalb ihres Systems nicht immer logisch zu erklären. Und doch aus seiner Sicht meist sinnvoll. Eine der Vorannahmen des NLP sagt, dass jedes Verhalten eine positive Absicht hat. Es kommt darauf an, aus welcher Richtung man diese Handlungen betrachtet. Dass Kriege geführt werden ist nicht logisch, doch war es anscheinend für irgendjemand sinnvoll. Oft ging es um Gewinn von Territorium oder um die finanzielle Bereicherung Einzelner.

Gerade für mich, der in der Physik eine Erklärungsgrundlage für die Welt gefunden hatte, waren menschliche Interaktionen daher lange nicht erklärbar. Wie Mr. Spock sagen würde – „sie sind nicht logisch“. Erst NLP, Coaching und systemische Arbeit haben mir veranschaulicht, dass es Zusammenhänge gibt. Das heißt noch lange nicht, dass ich es erklären kann, doch kenne ich bereits einige Faktoren, welche die Muster beeinflussen. Mir ist bei meiner Arbeit aufgefallen, dass es ein paar wesentliche Faktoren gibt. Der Blick auf diese Faktoren ist schon fast ein Quanteneffekt[31]. Denn durch die Fokussierung dessen, was man als Coach beobachten und erreichen möchte, wird auch der Klient in seiner Lösungsfindung beeinflusst. Daher ist es schon essentiell, Aspekte zu finden, die wirken! Denn diese „magischen Aspekte“ brauchen manchmal keine großen Lösungsformate und Interventionen. Sondern allein der Fokus darauf kann Lösungen erschaffen, die selbst der Coach nicht erwartet. Als Erklärung für den Punkt an dem diese Faktoren wirken, kann man sich gerne ein Modell der Physik oder Biophysik zu Nutze machen:

Regulationsprozesse

Im Menschen regeln biokybernetische Mechanismen das feine Gleichgewicht der Homöostase. Es geht um interne Selbstregulation. Und jede Regulation folgt einem einfachen Prinzip: Es gibt einen Faktor, der den Sollwert bestimmt: also den best möglichen Blutdruck oder die richtige Sauerstoffsättigung im Blut. Und es gibt einen Wert, der den aktuellen Zustand beschreibt. Jetzt vergleichen interne Sensoren die beiden Zustände und steuern anhand bestimmter Wirkmechanismen den Ausgleich bis Ist- gleich Sollwert ist. Im Coaching ist der Coach dabei Teil eines größeren Regelungsmechanismus. Im Tanz zwischen Ziel und Problem sind bestimmte Faktoren zu erkennen, um geeignete Stellschrauben für den weiteren Gesprächsverlauf stellen zu können. Damit wird ein neues stabiles Gleichgewicht für den Klienten erreicht. Dieses sollte zudem auch noch tragfähig sein und die neu gelernten Aspekte beinhalten.

Da sich dieses Buch sich um das Thema „prozessorientiertes Coaching“ dreht, sind die magischen Aspekte für mich auch die Faktoren des Prozesses, welche Vergleichskriterien zwischen dem erwünschten und dem aktuellen Status definieren.

In Bezug auf das Thema des Klienten: Wenn einer der Faktoren Wahrheit, Selbstverantwortung oder systemische Ordnung „besser“ wird, dann ist es eine „gute“ Lösung.

Die *hauptsächlichen* magischen Faktoren sind:

- Die Wahrheit
- Die Selbstverantwortung
- Die Ordnung

Dann gibt es noch *untergeordnete* Faktoren wie

- Selbstwirksamkeit
- Kompetenzsteigerung
- sich der Angst stellen

Ein weiterer Aspekt geistert zudem noch in meinem Kopf, der für mich irgendwie dazu gehört. Zum einen ist er so etwas wie eine Klammer, die alle anderen Aspekte zusammenhält. Das „*Wesentliche*“ sollte aus der Sicht der Effektivität des Prozesses betrachtet werden. Es gibt in jedem Menschen einen Teil den wir Kernverletzung nennen, der auch bei gesunden und glücklichen Menschen einen verletzten inneren Teil ausdrückt. Dieser hat allein durch sein Vorhandensein in vielen Aspekten des Lebens die Ausprägung verschiedener Verhaltensmuster aktiviert. Was bedeutet das?

Vielleicht haben die Eltern nicht auf das gehört, was das Kind erzählt, so dass es glaubte: Keiner hört mir zu. Es suchte immer andere Methoden, um die Eltern dazu bringen, ihm Aufmerksamkeit zu schenken. Später im Leben kann der Erwachsene dann irgendwann mal erfahren, wie gut es sein kann, Vorträge zu halten und dafür Geld zu bekommen. Und da er wirklich gehört werden will, strengt er sich wie das Kind in ihm an, um die Aufmerksamkeit zu bekommen. Und hat damit Erfolg. Doch immer ist die Angst dahinter, dass diese plötzlich nicht mehr vorhanden ist. Und diese Angst ist ein ständiger Begleiter in allen Vorträgen. Kernkompetenz und Kernverletzung liegen hier nah bei einander. Und an diesem Punkt findet sich auch das Wesentliche. Die innere Entscheidung, die meist völlig unspektakulär getroffen wurde. Dies jedoch ist ein innerer Attraktor, der wesentliche Bereiche im Leben der Person betrifft. Seien Sie als Coach immer auf der Suche nach diesen Aspekten und Sie werden die größte mögliche Verwandlung bei Ihren Klienten erleben. Die Wahrheit, Selbstverantwortlichkeit und innere Ordnung werden in diesem Raum des Wesentlichen verzerrt sein. Finden Sie diesen Punkt. Seien Sie neugierig und nehmen Sie als Vorannahme an, dass es etwas Wesentliches gibt, dem Sie auf die Spur kommen dürfen.

Die Wahrheit

Ich habe vor ein paar Jahren eine Meldung gelesen, dass der Mensch täglich lügt. Über die Zahl „wie oft“ das stattfindet, streiten sich die Gelehrten. Ein Wissenschaftler, der anerkannte Studien darüber veröffentlicht, ist R. Feldmann von der Universität of Massachusets[i]. In seiner Studie bat er Studenten, sich in einem Gespräch als besonders positiv zu zeigen. Nachher gaben 60% zu, zumindest kleinere bis mittlere Lügen in diesem Gespräch aufgetischt zu haben. Das bedeutet: Lügen scheint im sozialen Umfeld normal zu sein. Und Jakob Bosshard schrieb einmal: „Der Selbstbetrug ist der häufigste Betrug und auch der Schlimmste.“ Wenn also eine Lüge die eigene Wahrheit wird, und man damit nicht nur sich selbst, sondern das System (Familie, Job, Freundschaften...) beeinflusst, beginnt manchmal eine unbekannte Macht den Versuch die Wahrheit wieder ans Licht zu holen. Bert Hellinger, einer der bekanntesten Aufsteller dieser Zeit sagt dazu:

> *Ordnung hat die Qualität von Wahrheit. Sie ist das, was ist.*

Zusammenkommen in Wahrheit

Wenn man östliche Philosophien betrachtet, dann taucht dort für den Weg zur Erlösung immer wieder der Begriff **Satsang** auf - bedeutet: eine Zusammenkunft in Wahrheit. Dabei ist eine besondere Wahrheit gemeint – und zwar die Wahrheit, die hinter dem liegt, was unser, durch das aus ökonomisch nützlichen Gründen, wahrheitsverzerrende Gehirn, uns als richtig zeigt. Wer einen Lehrer kennt, der es schafft einen Raum der Wahrheit zu erschaffen, der wird mir zustimmen, dass dies besondere Erfahrungen sind. Diese Wahrheit hinter der Wahrheit ist etwas, dem wir uns nur mit unserem Herzen nähern können. Und alleine dieser Aspekt ist es wert ein Coaching mit diesem Fokus in diese Richtung zu lenken. Niemand kann die Wahrheit wirklich sehen, doch alleine der Versuch erschafft ein System höherer Ordnung.

Beispiele zur Wahrheit

Immer wieder erlebe ich, dass dieser Weg der richtige ist und dass gerade das Verdrängen der Wahrheit manchmal durch Generationen hindurch Auswirkungen hat. Um das besser zu verstehen ein paar Beispiele:

Meine Tochter darf es nicht wissen

In einer meiner Ausbildungen erschien ein Mann, der sehr offen war und immer einen Scherz auf den Lippen hatte. Er durchlief einen Teil der Ausbildung und kam dann auf einmal, als es darum ging, sich einen Weg in eine kraftvolle berufliche Zukunft vorzustellen, immer weiter in einen Stuck State. Seine Körperhaltung fiel zusammen. Sein Atem war flach und die Bewegungen der Augen gingen plötzlich in alle Richtungen. Zum Glück war er schon so weit, dass er sich für eine Vorführung meldete, so dass wir versuchen konnten, das Thema zu hinterfragen. Mein erster roter Faden vor dem Gespräch war, dass es etwas mit dem Thema Sicherheit und Loslassen von alten Jobs oder Abhängigkeiten zu tun hatte. Doch ich irrte.

Was dann kam, war eine festgefahrene und immer wieder verbogene Realität, wie keiner es von ihm erwartet hatte. Er traute sich nicht, seinen Job zu kündigen, in dem er ausgebeutet wurde und zu einem Dumpinglohn trotz guter Qualifizierung arbeitete. Er hatte dabei Angst, dass dann seine 10-jährige Tochter wahrscheinlich einige Wahrheiten über ihn mitbekommen hätte. Zum einen hatte er seiner Tochter von einem falschen erfolgreichen Job erzählt, um ihr zu zeigen, wie toll er ist. Sie sollte keinen „Looser" als Vater haben (immer Strahlemann). Gleichzeitig ist die Ehe mit seiner Frau schon seit zwei Jahren vorbei. Sie spielen vor der Tochter immer noch heile Familie und tun so als ob nichts wäre. Doch die Tochter zeigt bereits Symptome: Körperliche, d.h. starke Allergien und Reizungen der Haut. Und auch emotional bekamen weder Mutter noch Vater keinen richtigen Bezug mehr zu ihr. Im Gespräch wurde klar, dass er vor der Wahrheit davonlief. Es konnte ja sein, dass er, wenn er die Wahrheit aussprach, nicht mehr von seiner Tochter akzeptiert wurde. Das diese dann nichts mehr mit ihm zu tun haben wolle. Und wenn er seine Stellung kündigte, dann würde dieses Bild nur noch mehr bröckeln – sprach das Glaubenssystem in ihm. Doch genau das war in diesem Moment bereits eingetreten. Nur eben auf indirekte Art und Weise. Die Allergie bewirkte bei dem Mädchen, dass sie mit niemanden wirklich nahe sein wollte und sich somit auch in sich zurückzog. Wir übten nach akzeptierter Erkenntnis den Weg der Wahrheit. Ich unterstützte ihn mit Ressourcenformaten und schickte ihn dann direkt zu seiner Tochter, um ihr zu erzählen, was wahr ist und was mit ihm geschehen war. Es war keine leichte Übung für ihn, aber als er am nächsten Tag zurückkam, leuchtete sein Gesicht förmlich vor Glück. Seine Tochter, die ihn von Herzen liebte, war vom falschen Job unbeeindruckt gewesen. Von der Trennung der Eltern zuerst erschüttert, aber dann ruhiger geworden, als er ihr alle folgenden Konsequenzen und Möglichkeiten aufgezählt hatte. Diese waren für sie nach einiger Zeit bei weitem weniger störend als die unausgesprochene Wahrheit. Im Nachtrag bekam ich nach einem Jahr sogar eine E-Mail, dass er einen neuen guten Job hat, eine neue Beziehung, die Tochter sogar bei ihm wohnt und keine Allergien mehr hat. Die Wahrheit hat das System - in diesem Teil - gereinigt.

Vierzig Jahre kein „Nein“

Ein pensionierter Lehrer, der an einer depressiven Verstimmung litt und dabei auch ärztlich begleitet wurde, kam zu mir weil er einen Weg suchte, wie er trotz Pensionierung noch aktiv sein könnte. Ich kannte den behandelnden Arzt, der diesen Lehrer an mich sendete. Er war einer meiner ersten therapeutischen Klienten, die ich am Anfang meines Coach-Lebens bekam und ich staunte nicht schlecht, als der Lehrer zwar durchaus im kreativen Prozess neue Lösungen erarbeitete, diese dann aber unmittelbar wieder verwarf. Das machte mich neugierig und ich beobachtete die Augenbewegung. Und ganz deutlich sah ich, dass kurz vor der Entscheidung, ob das eine gute Entscheidung für ihn war, die Augenbewegung kurz in die Bereiche visuell erinnert (Ve), dann ins auditiv erinnert (Ae) und dann in den inneren Dialog mit schlechtem Gefühl (K-) absank. Ich prüfte meine Beobachtung indem ich fragte, welcher Teil in ihm denn dagegensprach. Da lachte er – und sagte, kein Teil in ihm, sondern seiner Frau würde das wohl nicht gefallen. Seine Frau war damals auch Lehrerin und arbeitete noch, während er bereits in Pension gegangen war. Als wir in das innere Bild gingen, kam es sehr schnell zu einer Situation, bei der er in seinem Inneren ein Nein zu seiner Frau sagen sollte, um ihr klar zu machen, dass es für seine Gesundheit und Lebensfreude wichtig wäre. Das ging nicht. Er gestand mir, dass er in den letzten 40 Jahren seiner Frau nie in wesentlichen Dingen widersprochen hatte.

Ich staunte nicht schlecht und mit viel Reframing und Ressourcenarbeit brachte ich ihn soweit, dass er dann zum ersten Mal in seinem inneren Bild dieses magische „Nein“ ihr gegenüber aussprach. Als er das tat, stürzte seine, in der Imagination riesige Frau vor ihm zu Boden und starb. Später erfuhr, dass es am Anfang der Beziehung der Beiden einmal eine Situation gegeben hatte, in welcher er klar seine Meinung vertrat. Seine Frau ärgerte sich und lief dann im Ärger auf die Straße ohne den Verkehr zu beachten. Sie wurde angefahren und starb dabei fast. In diesem emotional geladenen Moment bildete sich seine Wahrheit: „Wenn ich widerspreche, verliere ich meine Frau“. Erst als ich ihn bat diesen Moment auszuhalten, die Gefühle von Verlust – die ja systemisch noch viel älter waren – anzunehmen, stand nach 20 Minuten seine Frau in seinem inneren Film wieder auf – jetzt auch in seiner Vorstellung kleiner als er. Die darauffolgende Sitzung bereitete ich ihn darauf vor, seiner Frau in der Realität zu widersprechen. Was er dann auch tat. Seine Depression verschwand innerhalb von drei Monaten und seine Frau kam dann drei Wochen später zu mir als Klientin, weil auch für Sie das nicht leicht zu verarbeiten war. Die verdrehte Wahrheit, dass er seine Frau umbringen werde, wenn er widerspreche, war eine für ihn einfache Lösung, um sich nicht mehr mit bestimmten Themen auseinandersetzen zu müssen. Da er als Lehrer oft genug Nein sagen konnte, reichte es ihm. Doch wie so oft holte ihn das Thema eines Tages ein.

Familiengeheimnis – Alle schweigen wie ein Grab

Ein junger Mann, der gerade Vater wurde, erlebte in seinem Job als Manager in einem Telekommunikationsunternehmen von seinen Kollegen starken Widerstand. Und das in einem Maße, das es schon fast Mobbing gleichkam. Er war aber gerade dabei, eine Familie zu gründen, daher konnte er aus seiner Sicht diesen Job nicht verändern. Als Lösungsweg stellten wir das Thema in einer unserer Aufstellungen mit Repräsentanten auf. Das Ergebnis war ein Bild, bei dem fünf Männer um ihn herumstanden und er dabei wie paralysiert war. Und je mehr er versteinerte, desto mehr hackten diese Männer auf ihn ein und wurden wütend auf ihn. Er konnte mit dem Begriff Versteinerung etwas anfangen, obwohl das erst seit der Geburt seines Kindes immer deutlicher zum Tragen kam. Im Laufe der Aufstellung erkannte er, dass das Bild immer mehr einem Bild seiner Ursprungsfamilie glich, bei dem er immer, wenn die Brüder seines Vaters zu Besuch kamen, ein ähnliches Muster erlebte. Als wir diesen Teil herausarbeiteten, erinnerte sich der Mann an einen gewaltsamen Tod in der Familie seines Vaters. Einer der Brüder ist in mittleren Jahren plötzlich gestorben, aber keiner in der Familie hat jeweils mehr über ihn geredet. Und immer wenn die Familie zusammenkam, war es so, als sei da etwas zu verschweigen. Die Offenheit und Herzlichkeit einer großen Familie fehlte ihm seit diesem Tag. Und das spiegelte sich nun auch in seinem Job wider. Er bekam von mir nun den Auftrag, etwas über den Tod seines Onkels zu erfahren. Und nach und nach, durch Recherchen bei Verwandten und in Zeitungsarchiven ergab sich, dass dieser Onkel jemanden umgebracht hatte und dann auf der Flucht vor der Polizei erschossen wurde. Zuhause hat keiner mehr über ihn geredet. Er wurde zum Familiengeheimnis. Doch die Wahrheit möchte ans Licht. Aus der systemischen Sicht ist Zugehörigkeit per Geburt nicht trennbar. Und eine Unterdrückung wird sich immer wieder in Reaktionen der Umwelt zeigen. Oft ist es ein Teil der Familie, der dann irgendwie das Muster wiederholt und sich dadurch vielleicht um die Auflösung dieser Geschichte bemüht. In einem systemischen Aufstellungsritual haben wir eine Lösung erarbeitet. Unmittelbar danach beendeten die Kollegen das Mobbing und in einer Sitzung mit offenen Worten, klärte der Manager die Beziehungen zu seinem Kollegenkreis.

Die Selbstverantwortung

In meiner eigenen Ausbildung bewunderte ich meine Lehrer Hans Rebhan und Ingrid Ellner, die uns immer wieder beibrachten, auf das Prinzip der Selbstverantwortung zu achten, wenn es darum ging, den richtigen Lösungsweg einzuschlagen. Eine ihrer Regeln war ganz dabei ganz einfach:

> *Menschen haben dort Probleme, wo diese **zu viel** oder **zu wenig** Verantwortung übernehmen.*

Selbstverantwortung ist im Rahmen der persönlichen Entwicklung ein wunderbarer Indikator. Wenn der Coach lernt, diesen Aspekt zu verstehen, dann wird er fast immer für den Klienten optimale Lösungen evozieren. Das Wort „evozieren" bedeutet in diesem Zusammenhang so etwas wie herausarbeiteten, ohne selbst die Lösung zu erschaffen.

Wenn ein Klient *zu wenig Verantwortung* für sich und seine Aufgaben übernimmt, dann drückt sich das vielleicht durch fehlende Disziplin beim Umgang mit den wichtigen Aspekten eines Jobs aus. Oder beim Vermeiden wichtiger Gespräche mit Chefs, Ehepartnern oder allen anderen Aktivitäten, vor dem man Angst haben kann. Hinter der fehlenden Selbstverantwortung ist oft eine Angst zu finden. Der Klient hat Muster und Maschen entwickelt, die Angst nicht betrachten zu müssen. Dass dadurch die Komfortzone wieder ein wenig kleiner wurde, ist meist auch erst eine Erkenntnis nach einem erfolgreichen Prozess. Diese Komfortzone, in der ein Mensch ohne Angst leben kann, scheint einem ganz natürlichen Schrumpfungsprozess zu unterliegen. Also einer Art von Entropie. Wenn nichts getan wird, um den Handlungsraum offen zu halten, schließt er sich langsam immer mehr. Klienten berichten dabei oft davon, dass sie keine Möglichkeiten mehr sehen, aus dem Problem zu kommen. Dabei sind für den Coach oft Lösungen offensichtlich. Vorschläge zu unterbreiten, ist in diesem Moment jedoch kontraproduktiv. Denn dann übernehmen Sie als Coach die Verantwortung für den Klienten, was jedoch am eigentlichen Thema nichts ändert.

Klienten die *zu viel Verantwortung* übernehmen, leben das gleiche Muster in anderer Form aus. Mütter, die zu viel Verantwortung für ihre fast schon erwachsenen Kinder übernehmen, unterscheiden sich meist nicht von Vorgesetzten, die immer alles selbst machen, ohne vernünftig zu delegieren und Arbeiten abzugeben. Auch hier sind direkt oder in zweiter Ebene Ängste zu finden, zum Beispiel:

- Erste Ebene: Die Angst vor dem Nein, wenn man jemanden bittet. Oder auch die Angst Nein zu sagen.
- Zweite Ebene: Ich gebe diese Arbeit nicht ab, weil ich es sowieso besser kann – Perfektionismus pur. Hinter dieser liegen oft emotional (durch Angst) geprägte Glaubensmuster.

Verantwortung übernehmen – Nur in Relation.

Jetzt wird es ein wenig komplizierter. Es gibt einen Satz aus den siebziger Jahren, der lautet: *Wenn jeder an sich selbst denkt, ist an jeden gut gedacht.* Ein Teil von diesem Satz ist provokant zu sehen. Was wäre, wenn jeder auf dieser Welt nur noch an sich denkt. Dann würde niemand mehr Verantwortung für etwas Größeres auf sich nehmen. Sei es Familie oder Unternehmen und damit wäre Wachstum nicht mehr möglich. Aber schon in dem Moment, wenn man Vater oder Mutter wird, übernimmt man automatisch neue Aufgaben und damit Verantwortung für das Kind. Also ist dies ein Teil des Lebens. Jeder Unternehmer, der Menschen einstellt, trägt mit seinen Handlungen eine gewisse Art von Verantwortung für die Angestellten. Bei der Suche nach der richtigen Einstellung der Selbstverantwortungs-Stellschraube kann daher die Verantwortung immer nur in Relation zum Gesamtsystem gesehen werden. Und nur wenn systemisch alle Aspekte berücksichtigt werden, kann man von einer Lösung zweiter Ebene ausgehen, die alle Beteiligten mit einschließt.

Stellen Sie sich einen Menschen mit viel Stress vor. In diesem Zustand beginnt er Grenzen zu setzen, indem er lernt, an sich zu denken und seine Bedürfnisse wahrzunehmen und dann auszudrücken. Erst wenn er das kann, erkennt er dann den Unterschied, wann er auch einmal ja sagen kann. Sogar dann, wenn es nicht seinen direkten Bedürfnissen entspricht. Aber für das System (Team, Familie, etc.) wäre es positiv und hätte in der Konsequenz auch Vorteile für ihn selbst. Die eigene Stufe in der man das **Ich** in Relation zum **Wir** sehen kann, verändert sich zudem in der Entwicklung von Menschen, Gesellschaften, Firmen. In den fünfziger Jahren hat Clare W. Graves[32], Professor für Psychologie, ein Modell der Stufen von Entwicklungen beschrieben, das später von Don Beck und Chris Cowan weiterentwickelt und unter dem Begriff *Spiral Dynamics*[33] veröffentlicht wurde.

Auch der Philosoph Ken Wilber[34] hat die Aspekte von Graves in seiner Integralen Theorie integriert und weitergedacht.

Das Grundmodell von Graves geht davon aus, dass der Mensch verschiedene Entwicklungsebenen durchläuft, die aufeinander aufbauen und gleichzeitig immer Bestandteil des Ganzen bleiben. Die Ebenen, in denen ein Mensch reift, wechseln sich dabei rhythmisch mit einer bestimmten Soziologie ab. Zum einen gibt es das Ausdrucksselbst, welches den oben genannten Satz des „Liebe Dich selbst" beachtet. In den nächsten Stufen ist es dann das Verleumdungsselbst, das die notwendige Integration des gewachsenen Selbst in das soziale Netz garantiert und unterstützt. Und sich selbst dabei verleumdet. Wenn Sie jetzt nur Bahnhof verstanden haben – macht nichts. Ich empfehle als weiterführende Literatur das Buch Gott 9.0[35], welches die Thematik in einfacher Art und Weise beschreibt. Für uns Coaches ist daraus zu entnehmen, dass im Coaching die Selbstverantwortung wichtig ist, aber kein fester Wert sein muss, sondern abhängig vom Entwicklungsstand des Klienten gesehen werden kann. Oder, wenn wir beim ersten Satz bleiben wollen: Wenn jeder an sich selbst denkt, ist an jeden gut gedacht – Alles andere sind Geschenke, die ein erwachsener Mensch für den Erfolg des Systems gibt.

In diesem Jahrtausend ist es jetzt die Aufgabe auf eine Entwicklungsstufe zu kommen, die Verantwortung für die Menschheit auf dieser Erde als Ganzes erlernt.

Wie erkennt man als Coach die falsche Selbstverantwortung?

Das kann nur durch eine gute Mischung aus subjektiven und objektiven Faktoren geschehen. Zum einen sollte ein Coach alles über die Verantwortlichkeiten seiner Klienten wissen. Wie ist die Stellenbeschreibung? Welche Aufgabe hat er im Projekt? Welche Erwartungen sind an ihn im Haushalt gestellt? Wie sind Regelungen untereinander? Sind da überhaupt ausgesprochene Regelungen vorhanden? Durch diese und ähnliche Faktoren bekommen Sie ein Bild der Abhängigkeiten und Verantwortlichkeiten, denen der Klient unterliegt. Scheuen Sie sich nicht, hier genau nachzufragen und das Metamodell einzusetzen, bis allen, also auch dem Klienten, klar ist, wie es um dieses Thema steht. Zum anderen können Sie als Coach während des Gesprächsverlaufs verschiedene Blickwinkel einnehmen und den Klienten aus Sicht der Beteiligten mit dem Fokus auf Selbstverantwortung betrachten: Was meint wohl der Vorgesetzte oder der Mitarbeiter? Welche Erwartungen daran hat der Ehepartner, Freund oder Nachbar? Je nachdem wer dazu gehört, werden Sie bald eine Menge an Informationen bekommen. Sie können auch ohne den Klienten zu fragen mal in andere Rollen gehen und sich fragen: Was würde folgender Typus tun?

A) ein abhängiger Mensch

B) ein selbstverantwortlicher Mensch

C) ein proaktiver Mensch – der gezielt ein wenig mehr macht, als er soll

Hierdurch könnten Sie gute Hinweise für sich selbst bekommen an welchem roten Faden Sie weiterarbeiten sollten. Oft haben rote Fäden, die mit selbst Verantwortung zu tun haben, einen deutlichen Aspekt, der neue Energie ins System bringt. Manchmal ist es eine Art von kleiner Aufregung beim Klienten. Manchmal ist es wie eine innere Öffnung oder innere Weite, die dann neue Wahlmöglichkeiten erschafft, wenn die Verantwortung übernommen wird.

Alle Beteiligten - also auch Sie als Coach – fühlen sich im Coaching spürbar besser, wenn eine Zunahme der Selbstverantwortung erarbeitet wird.

Es ist auch wie ein magisches Gefühl von Kraft, dass in diesem Moment plötzlich auftaucht und auch wenn es Angst macht, doch den Weg anzeigt, in den der Klient jetzt einbiegen kann. Oft weiß er es selbst, möchte aber einfach nicht hinschauen. Unterstützen Sie Ihren Klienten jetzt dabei, die Wahl für die richtige Selbstverantwortung zu treffen und trauen sie es ihm zu, dass er dies hinbekommt, auch wenn es eine Herausforderung ist. Das ist die Aufgabe des Coaches. Ermächtigen Sie Ihren Klienten zu mehr Kompetenz, indem Sie es erlebbar machen.

Coaching Fälle zur Verdeutlichung

Bitte kein Fernsehen mehr

Ein Kollege erzählte gerne eine Geschichte einer alten Dame, die mit einem seltsamen Anliegen zu ihm kam: Sie wollte kein Fernsehen mehr sehen. Zuerst ein seltsamer Auftrag, der noch seltsamer wurde, als die Hintergründe klar wurden. Sie lebte zusammen mit ihrem behinderten Mann auf einem Hof. Morgens um fünf versorgte sie zuerst die Kühe, dann ihren Mann, dann frühstückte sie. Danach Haushalt und Hof und abends wieder Mann und Kühe. Um 22:00 Uhr setzte sie sich dann endlich an den Fernseher, um noch für eine Stunde fern zu sehen. Sie wünschte sich, dass genau diese Stunde per Coaching beendet werden sollte, da ihr Mann doch durch die schlimme Krankheit noch viel mehr Betreuung brauchen würde.

Das war natürlich kein Auftrag, den ein guter Coach so annehmen kann. Die Frau wollte also tatsächlich die eine Stunde, die sie nur für sich hatte, nun auch noch für den Mann und den Hof opfern. Und damit noch mehr Verantwortung für alle anderen übernehmen. Der Coach hat sich nicht auf diesen Weg eingelassen und der Klientin klar und deutlich Ihre Situation aus verschiedenen Standpunkten gespiegelt und durch geeignete Fragen auch Sie selbst dazu gebracht, das zu sehen. Damit konnte eine Veränderung in Gang gebracht werden. Nach einigen Sitzungen fand sich dann für den Hof eine Lösung, in der ein Teil verpachtet wurde, dafür eine Pflegekraft eingestellt wurde. Aber einfach war der Prozess des Loslassens nicht für sie – und vom Ergebnis war sie lange nicht überzeugt, so stark war das Muster „Ich muss für die anderen da sein“ in ihr geprägt.

Nah am Burnout

Ein Klient in gehobener Führungsebene als Vertriebsleiter eines weltweit agierenden Unternehmens kam zum Coaching und zeigte alle Anzeichen eines nahenden Burnouts. Da meiner bescheidenen Meinung nach bei Burnout immer Beziehungsaspekte des Teams mitspielen, fragte ich ihn nach der Beziehung zu seinem Vorgesetzten. Er erklärte mir, dass das gerade furchtbar schlecht sei. Er werde von diesem gezwungen, zum Wohle des Unternehmens zu lügen. Das Unternehmen hatte Liquiditätsprobleme, die jedoch von der Führungsspitze nicht gelöst wurden, sondern nach Meinung meines Klienten, mit falschen Entscheidungen sogar noch verschlimmert wurden.

Natürlich kam der Auftrag, dass er mit der Situation besser umgehen möchte, damit es ihn nicht in diesem Maße belastet, wie es gerade ist. Denn jedes Gespräch, das er mit dem Chef führte, endete immer im Streit. Damit waren die Tätigkeiten, die er durchführte natürlich ohne die nötige emotionale Rückendeckung auch zehnmal so schwer. Es stellte sich auch bald heraus, dass er die innere Kündigung schon vollzogen hatte und nicht mehr im Unternehmen bleiben wollte. Doch er traute sich nicht, den Schritt zu tun. Also sollte ich ihm helfen, mit der Situation besser klar zu kommen. Das habe ich dann auch getan und bin auf seinen Auftrag eingegangen. Wir erarbeiteten alle möglichen Wege, die kurzfristig immer Lösungen brachten, dann aber in der Zukunft bald wieder schwierig wurden. Langsam dämmerte ihm, dass er wohl kündigen musste. Als ihm das klar war, konnten wir endlich an das eigentliche Thema. Die Angst zu kündigen. Wir gingen durch die Angst, formten diese mittels L.O.V.E. um und entfernten diese schließlich. Zum Test sprach er im Coaching laut zum Chef die Kündigung aus. Dabei leuchtete endlich sein Gesicht und die Stresssymptome verschwanden. Eine Stunde später rief er an und erzählte mir, er habe, als er nach unserem Treffen die Treppe nach unten ging, einen Anruf eines Kunden bekommen, der ihn abwerben wollte und ihm einen gut bezahlten Job anbot. Die reale Kündigung am nächsten Tag war nur noch Routine.

Alles hat seine Ordnung.

Je mehr man sich mit den systemischen Aspekten im Coaching beschäftigt, desto deutlicher wird der Faktor Ordnung. In der Rolle als Coach im Unternehmen definiere ich für mich intrinsische Prinzipien, die diesen magischen Faktor beschreiben. Folgende Anwendungsfälle der Ordnungsprinzipien werden im Unternehmen sichtbar:

- Ordnung der sozialen systemischen Gesetzmäßigkeiten eines natürlich gewachsenen Unternehmens.
- Ordnungsfaktoren, welche zu den Prinzipien der Firma gehören und damit für den Erfolg verantwortlich sind.

Systemische Ordnungskriterien habe ich viele Jahre missachtet, da die Ausrichtung auf die Selbstverantwortung genügend Lösungspotential mitbrachte. Doch im Laufe der Jahre kamen immer mehr Fälle zu mir, bei denen ich alleine durch fehlende Selbstverantwortung, nicht die Intensität der Problematik erklären konnte. Der systemische Blickwinkel wurde immer wichtiger. Die Regel, dass ein System immer nach einer Art innerem Gleichgewicht strebt zeigte oftmals, dass plötzlich manche Mitarbeiter an einem Platz saßen, in dem Sie für dieses Gleichgewicht Indikatoren, Auslöser und Lösungsfinder waren. Also irgendwie in den Fokus gerückt wurden oder sich selbst durch eigene Aspekte hineinmanövriert haben. Die Lösungen brauchten dann immer eine größere Sicht auf das System. Und der Aspekt der „Ordnung" im System war dabei hilfreich. Später lernte ich, dass es neben dem Gleichgewichtssinn (Homöostase) auch immer eine Antriebsenergie für Entwicklungen oder Anpassung an neue Umstände gibt (Allostasis). Und das war wichtig, da sich aus meiner Sicht, durch die Verfestigung der Strukturen und Ordnungen im System auch noch einige neue Probleme ergaben. Für einen Coach ist hilfreich sich die Fragen zu stellen: Wo ist eine Ordnung im System, die der Klient oder ein Beteiligter nicht lebt? Und wer zahlt den Preis dafür? Es gibt natürlich noch viel mehr Ordnungskriterien. Diese würden jedoch die Kapazität dieses Buches sprengen. Daher konzentrieren wir uns jetzt einmal auf oben genannte Faktoren.

Soziologisch systemische Ordnung

Unsere soziologischen Hintergründe beschreiben ausführlich, wie Hierarchien entstehen und was es bedeutet, wenn das System sich vergrößert oder jemand das

Unternehmen verlässt. Diese Aspekte sind immer stetiger Bestandteil unseres Lebens und Menschen wissen in der Regel nach spätestens 2 Tagen in einem neuen Team wo ihr Platz ist. Auch wenn sich dies später oder aufgabenabhängig wieder verändern kann. Es gibt also natürliche Ordnungskriterien. Im Coaching können diese als Indikator genutzt werden, wenn bestimmte „unerklärbare" Phänomene auftreten.

Beispiel: Der informelle Führer

In einem Unternehmen, das Schwierigkeiten hatte, effektive Entscheidungen umzusetzen, bekam ich einen Manager der dritten Ebene zum Coaching zugewiesen. Er erwies sich als intelligent, engagiert, erfahren und zeigte exzellente Führungsqualitäten. Diese Qualitäten und seine lange Zugehörigkeit sollten ihn eigentlich zumindest zu einem Manager der zweiten Ebene qualifizieren. Und genau das hätte er auch werden sollen, als es darum ging, die zweite Ebene neu zu strukturieren. Er hat jedoch diesen Posten abgelehnt und meinte, er hat doch einen guten Job hier und so viel Verantwortung wäre nichts für ihn.

Im Laufe der folgenden Coachings im Unternehmen mit anderen Führungskräften erkannte ich bald, dass viele der Meinung dieses Mannes mehr trauten als der eigentlichen Geschäftsführung. Damit hatten wir also einen informellen Führer im System, der ohne die Verantwortung zu übernehmen für das System Ansprechpartner war und immer im Fokus der Anderen stand, wenn es um Entscheidungen ging. Natürlich konnte er auch gefahrlos über Entscheidungen seiner Vorgesetzten „meckern". Wäre das in den Besprechungen ausgetragen worden, wäre es vielleicht sogar hilfreich gewesen. Heute weiß man, dass sowohl Konsens als auch ein gut geführter Dissens für eine optimale Entscheidungsfindung wichtig ist. Doch Dissens ohne Verantwortung ist wie ein Kind, das im Auto immer jammert: Wann sind wir denn da?" Und das bremst ein Unternehmen. Als ihm und allen Beteiligten in einer dafür angelegten Organisationsaufstellung dieses Prinzip quasi ins Auge sprang, wurde ihm sofort nahegelegt: Auf- oder Aussteigen. Er entschied sich für Zweites und hatte jetzt die Verantwortung, die zu ihm gehörte. Interne Interaktionen und Entscheidungen und die Umsetzung nach unten waren jetzt kein Thema mehr in der Führungsriege. Das ganze Führungsteam zeigt sich stärker, konnte Entscheidungen in beachtlich kurzer Zeit entscheiden und durchsetzen.

Ordnung in den Prinzipien

Eine Familie oder Unternehmen, ein Team oder Freundschaften definieren häufig unausgesprochene Prinzipien der inneren und äußeren Abläufe des Zusammenlebens und der Regeln, die dazu gehören. Manche dieser Regeln machen den Erfolg aus. Vielleicht ist es wichtig für eine Familie, einmal im Monat etwas gemeinsam zu tun. Oder die Regel, dass ein Unternehmen auf strengste Sauberkeit und Geheimhaltung achtet. Oder dass die wichtigste Grundregel lautet: Kundenanfragen immer sofort zu beantworten. Wenn man als Coach in einem Unternehmen arbeitet, ist es durchaus interessant zu sehen, wie der Klient mit den ausgesprochenen und unausgesprochenen Prinzipien umgeht. Ein Faktor für einen Unternehmenserfolg ist die Akzeptanz der Firmenwerte bei den Mitarbeitern und der Führungscrew. Es gibt unzählige Beispiele, die belegen, wie wichtig dies im heutigen Wettbewerb ist. Und der Erfolg gibt diesen Firmen gerne Recht.

Ein Beispiel ist die DM-Gruppe, die durch klare Einführung des Prinzips „Der Mensch im Mittelpunkt" für Kunden **und** Mitarbeiter ein Unternehmen als Marktführer in Deutschland etablierte. Erich Harsch, der aktuell die Geschäftsführung der Drogerie-marktkette innehält, sagte in einem Interview mit der FAZ Folgendes:

- „Wir glauben, dass in jedem Menschen der Wunsch steckt, etwas Sinnvolles zu tun."
- „Unser Ziel heißt Entwicklung, Wachstum kommt dann meistens von selbst."

Das könnte auch jeder Coach in sein Repertoire aufnehmen.

Ein weiteres Beispiel ist der Unternehmer Ray Kroc, der Anfang der Fünfziger Jahre an die McDonald Brüder herantrat und begann ihr effektives erstes Selbstbedienungsrestaurant als Franchiseunternehmen zu vermarkten. Die McDonald Brüder waren dabei für die Produktion zuständig und Ray Kroc für die Expansion der Kette. Da es anfangs wegen konzeptioneller Probleme fast zum Zusammenbruch kam, feilte Ray Krok sein System darauf hin pedantisch bis ins Kleinste aus. Dabei erarbeitete er für sich andere Prinzipien als die Brüder McDonald lebten. Dass Krok daraufhin mit Hilfe einiger Investoren den Brüdern ihre Rechte für 2,7 Millionen Dollar abkaufte, zeugte von Weitblick. Jetzt konnte er seine Prinzipien auch auf die Produktion ausrollen und der unvergleichliche Siegeszug begann. Für einen Coach im Management ist das eine gute Lehrstunde. Denn auch wenn immer mehr Unternehmen kraftvolle Leitsätze gebildet haben, gibt es noch viel zu wenige Manager, welche diese Prinzipien tatsächlich dann auch übernehmen. Lernen Sie Prinzipien zu beachten. Der Faktor, der anzeigt, ob ein Coaching sich in eine „bessere" Richtung bewegt, ist die Resonanz der Prinzipien. Hierfür eignen sich jedoch gut auch Teamtrainings, in denen eine Kohärenz der Werte erschaffen wird. Doch auch im Einzelcoaching unterstützt die Fokussierung darauf, wie integriert der Mitarbeiter in den gemeinsamen Gedanken des Teams ist, die Lösungsfindung. Als

Coach auf der Suche nach Lösungen ist der Blick auf die gemeinsamen ausgesprochenen oder versteckten Werte, welche Klient und Unternehmen haben, durchaus immer ein wichtiger Faktor, wenn es um Zufriedenheit im Job geht. Und wenn jemand meint, dass seine Werte nicht für ein Unternehmen passen, dann kann neben der Loslösung des Klienten aus seiner Mitarbeiterrolle, doch auch die Identifikation mit dem größeren System eine Lösungsebene bieten. Ermutigen Sie Ihren Klienten, einmal mehr für seine Werte einzutreten. Nur dadurch kann die Veränderung des Einzelnen auch eine Veränderung des Systems werden.

Untergeordnete Faktoren

Ein Coach erlebt mit seinem Klienten dann Glücksmomente, wenn der magische Faktor wirkt und mehr Wahrheit, Selbstverantwortung oder Ordnung ans Licht kommt. Der Klient öffnet und akzeptiert das, was er bisher vermieden hat. Er erkennt, dass es der richtige Weg ist. Oft ist dann klar, was der zielführende Weg ist und was zu tun ist. Und noch klarer wird, was vermieden und nicht betrachtet wurde. Wenn der Fokus jetzt vom Coach in diese Richtung gelenkt wird, dann können folgende untergeordnete Faktoren zusätzlich helfen, dass es der richtige Weg vom Problem zum Ziel ist:

- Sich der Angst stellen
- Selbstwirksamkeit
- Kompetenzsteigerung

Prüfen Sie die Ergebnisse Ihrer Arbeit anhand dieser Faktoren und erleben Sie, wie diese Ihnen helfen auf dem richtigen Weg zu bleiben.

Sich der Angst stellen

Hinter vielen Verhaltensmustern, die im Coaching gelöst werden sollen, liegen Ängste. Manche davon sind nützlich und sollten im gewissen Rahmen und Kontexten bestehen bleiben. Also bitte nicht als Mutprobe über den Löwenzaun im Zoo springen. Der Großteil der Ängste sind jedoch Einschränkungen der Komfortzone. Diese Ängste werden in der Regel nicht als solche wahrgenommen, sondern sind Bestandteil des Denkens geworden und regeln unbewusst die Reaktionen der Menschen auf Ihre Umwelt. Beispiele:

- Die Angst vor Strafe
- Angst vor Ausgeschlossen werden aus einer Gruppe
- Die Angst alleine zu sein, usw.

Jemand der sich auf eine Bühne stellt und einen Vortrag hält und dabei schwitzt und Angstsymptome zeigt, wird wohl nicht an die in den Genen verankerte Angst vor dem Ausgeschlossen werden aus dem Stamm denken. Er wird jedoch die Wirkungen dieser Angst erleben. Wege, um diese Ängste zu lösen, gibt es in Coaching und Therapie genügend. Die Haltung des Coaches als Beobachter ist wichtig. Und zwar diejenige Haltung, dass dort wo die größte Angst sich zeigt zugleich auch die größte Wachstumsmöglichkeit ist. Jemand der es lernt, mit dieser Angst auf die Bühne zu steigen, kann diese in positive Aufmerksamkeit verändern, welcche ihn mit Energie versorgt und wachhält. Er wird sogar irgendwann lieben, genau das zu tun. Und dadurch, dass er vor dieser Änderung bereits genügend Strategien gelernt hat, um einen Vortrag trotz der eigenen Gefühle zu halten, wird er neben der neuen Fähigkeit auch noch die alten Strategien nutzen können. Diese Verbindung könnte sich bald als besondere Kernkompetenz herausstellen und der Weg in die Zukunft hat einen neuen Stern bekommen. Wir nennen das:

---

*Aus der **Kernverletzung** entwickelt sich eine **Kernkompetenz!***

Als Coach, der daran glaubt, dass sein Klient alle Fähigkeiten in sich trägt, die er braucht um eine glückliches erfolgreiches Leben zu führen, ist die Angst ein wunderbarer Adriane Faden, dem er folgen kann: *Der Weg ist dort, wo die Angst ist.*

Erwartung der Selbstwirksamkeit

Dieses Kriterium ist konträr zur Angst. Denn die Selbstwirksamkeit und die Erwartung der eigenen Wirksamkeit sind auch durch Erfahrungen gewachsen. Im Gegensatz zur Angst jedoch durch positive Erfahrungen. SWE (Selbstwirksamkeitserwartung[36]) aktiviert einen positiven Feedback-Kreislauf im Menschen. Ein gutes Beispiel dafür ist das Alter kanadischer Profi-Eishockey-Spieler. Untersuchungen haben ergeben, dass signifikant mehr der kanadischen Eishockeyprofis im ersten Quartal eines Jahres geboren sind.[37] Nein, das hat nichts mit den Sternzeichen zu tun, sondern man hat herausgefunden, dass es folgenden logischen Zusammenhang gibt: Die Eishockey-Kindermannschaften sind in Jahrgangsstufen getrennt und Stichtag ist der erste Januar. Dadurch sind diejenigen Kinder die ältesten, welche im Januar und Februar geboren wurden. Sie sind den Anderen bereits an Größe und Kraft voraus sind. Das bleibt dann auch in den weiteren Stufen so. Denn wer gut ist, bekommt ein positives Feedback, das ihn dabei unterstützt, gut zu bleiben. Das schafft kontinuierlich eine gesteigerte Erwartung der Selbstwirksamkeit (SWE). Und damit ist Motivation und Verbesserung vorprogrammiert.

Wenn ein Coach mit seinem Klienten neue Ziele definiert und dabei ein neues Verhalten etablieren möchte, existiert dieser positive Blick auf sich selbst in dem gewählten Kontext noch nicht. *Der Klient hat das neue Verhalten ja nur selten so getan und wenn, dann eher aus seiner Unsicherheit heraus. Dies hat oft auch zu negativen Ergebnissen geführt?* Ein Coach kann mit passenden Methoden dieses neue Verhalten mit Selbstwirksamkeit aufladen, indem er...

- ...Kontexte und Erinnerungen findet, in dem der Klient das bereits konnte und die Erfahrungen daraus mit dem neuen Ziel verankert.
- ...Den Klienten so schnell wie möglich in einen Handlungsverlauf führt, in dem er das neue Verhalten ausprobieren kann und dabei seine Selbstwirksamkeit wahrnimmt.
- ...Reflexionen über das Thema als Hausaufgabe mitgibt:
  „Wo hat mein Verhalten zu positiven Ergebnissen geführt?"
- ...am besten alle Möglichkeiten nutzt.

Machen Sie für sich eine innere Checkliste, in der Sie ein neues Ziel, welches ein Klient erarbeitet, beurteilen. Ein Häkchen davon sollte die SWE des Ziels seins.

Kompetenzfördernd

In den Büchern und Berichten über Milton Erickson kann man folgenden Grundsatz immer wieder heraushören:

> *Jede Entwicklung eines Menschen sollte immer eine Tendenz zu mehr Kompetenz beinhalten. Jeder Umgang mit anderen Menschen sollte dessen Kompetenz fordern und fördern, um so das Beste in jedem zu erwecken.*

Und einer meiner spirituellen Lehrer, Carlo Zumstein[38], sagte immer und immer wieder: „Ihr habt schon alles was Ihr braucht. Ihr müsst es nur noch nutzen". Dies wurde irgendwann zu einem hilfreichen Glaubenssatz, der mir manchmal die Kraft gibt, an meiner Entwicklung weiterzuarbeiten. Und um das, was noch verdeckt ist zu entwickeln und gleichzeitig die eigene Kompetenz zu erhöhen. Der Psychologe und langjährige Leiter der Max-Planck-Gesellschaft F.E. Weinert definierte Kompetenz als:

„.. die bei Individuen verfügbaren oder durch sie erlernbaren kognitiven Fähigkeiten und Fertigkeiten, um bestimmte Probleme zu lösen, sowie die damit verbundenen motivationalen, volitionalen und sozialen Bereitschaften und Fähigkeiten, um die Problemlösungen in variablen Situationen erfolgreich und verantwortungsvoll nutzen zu können.39“

Und eben dieser zweite Aspekt – die Umsetzung in variablen Situationen – ist es, den ein Coach immer wieder beachten kann: Der Klient hat die Fähigkeiten bereits in sich angelegt oder in einem anderen Kontext bereits umgesetzt. Ein Coaching kann helfen die Kontexte zu erweitern in denen eine Fähigkeit genutzt wird. Damit erweitern sich der Wirkungsbereich und in der Regel auch die Selbstwirksamkeitserwartung.

Beachtung der Faktoren

Wenn Sie sich die Mühe machen und Protokoll über die Veränderungsarbeit Ihrer Klienten führen, dann kann es hilfreich sein, diese Faktoren und die dazu gehörigen Verhaltens- und Glaubensmuster zu notieren. Und dadurch werden Sie aus den Erfahrungen lernen und werden verstehen wie die Faktoren wirken. Nach einiger Zeit ist dieser Aspekt, wenn Sie ihn eine Zeit lang bewusst beachtet haben, eine neue eigene unbewusste Kompetenz. Diese wird vor allem Ihren Klienten auffallen, wenn Sie mit Ihnen an den richtigen Themen arbeiten.

Die Frage „Woher wusstest Du das?“ bekomme ich immer wieder zu hören, wenn ich quasi wie aus dem Hut gezaubert die Themen der Menschen ansprechen kann. Dabei ist es ganz einfach und ich bin sicher nicht der Beste auf diesem Gebiet. Es ist konsequentes Training. Bei den Klienten jedoch kommt es an, als wäre es Zauberei oder Hellsehen. Und genau deswegen nenne ich diese Faktoren „magische Aspekte“.

Fazit

Die Wahrheit, die Selbstverantwortung und die systemische Ordnung sind alles Aspekte des Denkens die einen hohen Impulswert der Veränderungen beinhalten. Bleiben Sie als Coach immer auf der Spur dieser funktionalen Parameter und Sie erhalten Lösungen, die weit mehr als nur einfaches „Ziele erreichen“ mit sich bringen. Sie verändern Systeme und damit auch mehr als nur einen Menschen.

Diese Faktoren sind schon in den uralten Lehren der östlichen Philosophie verankert und das zeigt, dass nicht nur die moderne Gehirnwissenschaft dies bestätigt, sondern auch traditionelles Wissen diesen Weg unterstützt.

Als Coach ist es auch gut sich selbst diesen Kriterien zu unterziehen. Wenn Sie achtsam sind kommen immer wieder Prüfungen, bei der Sie auf die Einhaltung der Aspekte geprüft werden. Mensch sein, bedeutet sich damit immer wieder auseinander zu setzen und Wachstum ist, die richtigen Wege zu gehen.

Coaching in mehreren Stufen

Denn wir müssen per gradus emporsteigen, auf einer Treppe zu andern Stufen; keiner wird auf einen Hieb der Erste.

Martin Luther – Reformer

Eine Angewohnheit kann man nicht aus dem Fenster werfen. Man muss sie die Treppe hinunterboxen, Stufe für Stufe.

Mark Twain - Schriftsteller

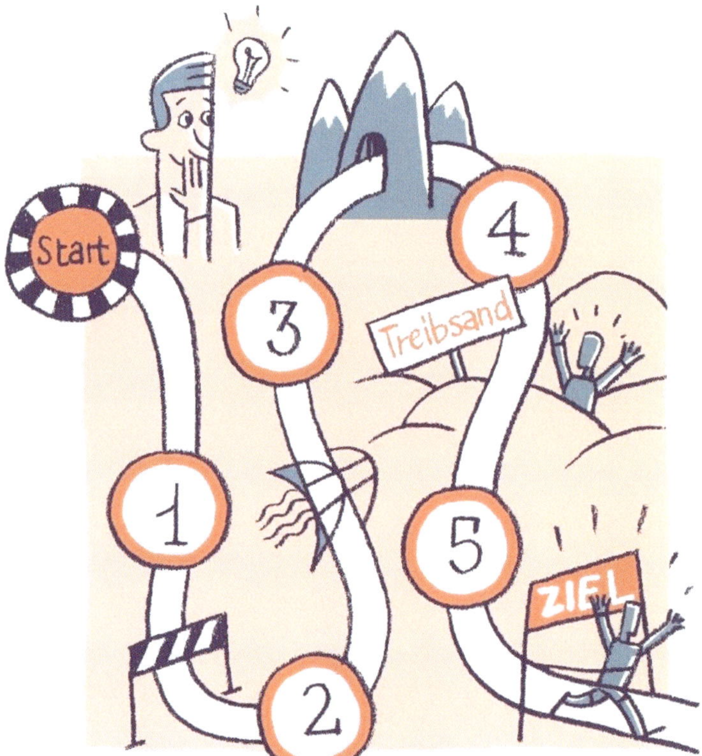

Kurzzeitveränderung

Wann immer Menschen hoffen, Veränderung zu finden, denken Sie meist an etwas, welches wir als Kurzzeitlösung ansehen. Ich habe doch bis zu dieser Kleinigkeit, die mich jetzt stört, ganz gut gelebt. Da muss es doch ein leichtes sein einen „Kniff" oder „Trick" zu finden, so dass vorherige Zustand sich wiedereinstellt. Dieser Irrglaube bringt die Menschen dazu, sich mal eben schnell einen Coach zu suchen und diesen mit gewaltigen Themen zu bombardieren und dann zu hoffen nach der Sitzung hätte sich Ihr Leben gewaltig verändert. Ein gutes Beispiel sind Menschen, die nah an einem Burn-out sind. Vielleicht merken sie schon, dass die Erschöpfung jeden Tag Teil Ihres Lebens geworden ist und die Sinnlosigkeit des Tuns immer mehr Einzug hält. Diese prägenden Faktoren nagen an der Selbstsicherheit und der Coach oder Therapeut soll es dann in kurzer Zeit richten. Ein Arzt, der für solche Fälle bereits zuständig wäre, würde vielleicht dem Klienten zuerst mal eine Auszeit von mindestens vier Wochen empfehlen und diesen in Kur senden. Der Blick auf den Coach ist daher oft durch ein hinderliches Glaubens-System verblendeter Blick. „Es muss doch schnell gehen, da ich wieder funktionieren muss", ist oft die innere Aussage. Dieses Denkmuster wirkt auch in der Auftragsklärung und daher hat der Klient die Erwartung, eine Lösung in schnellst möglicher Form umsetzen zu können. Manchmal gelingt dies auch. Es gibt bestimmte Ansätze in der Kurzzeittherapie oder der lösungsorientierten Vorgehensweise, die genau den Punkt treffen. Aber machen wir uns nichts vor: Unser Gehirn hat die typische Grundstruktur, die nach der Hepp'schen Verformbarkeit durch regelmäßiges Lernen eine Veränderung bringt.

Denken heißt noch nicht tun.
Tun heißt noch nicht können.
Können heißt noch nicht glauben.
Glauben heißt noch nicht sein.

Erst wenn man ganz das Neue ist und dies mit all seinen positiven und negativen Aspekten angenommen hat, ist der Zyklus der Veränderung komplett. Um eine stabile Veränderung zu etablieren braucht es einen Ablauf, der neben der Erkenntnis auch neue Verhaltensweisen und deren Integration in den täglichen Lebensablauf beinhaltet. Aus meiner Erfahrung ist das gut möglich, wenn eine regelmäßige Coaching Struktur mit mehreren Sitzungen besteht und somit der Klient auch den inneren zusätzlichen Ansporn hat, die gelernten Veränderungen zwischen den einzelnen Sitzungen zu etablieren und zu üben. Professionalität im Coaching bedeutet auch für den Gesamtablauf eine Grundstruktur zu haben um damit für sich selbst und für den Klienten eine Lernstruktur zu schaffen, nach der man sich richten kann. Dadurch strahlt man Sicherheit aus und bietet dem Klienten einen Fahrplan, der ein hilfreiches Glaubens-System etabliert und damit den Veränderungsprozess unterstützt.

Ich sehe das wie eine Reise, da es das Bild einer Kette von zusammenhängenden Wegpunkten beinhaltet, die erst im Gesamtablauf einen vollständigen Veränderungsprozess darstellt. Und wobei jeder Aspekt seinen eigenen Schwierigkeitsgrad hat. Dabei werden in jeder Sitzung immer wieder Teile des CoachingCircles angewendet. Allerdings kann man als Coach einen anderen Schwerpunkt in der jeweiligen Aspektierung der Themen setzen. Wir haben in unserem Unternehmen die Erfahrung gemacht, dass es verschiedene Phasen während eines Coachingprozesses gibt. Und diese Phasen kann man gezielt aktivieren und dadurch einen neuen äußeren Kreis erschaffen.

Phasen

Jeder Teil der Reise ist ein in sich geschlossener CoachingCircle. Der Unterschied zwischen den einzelnen Sitzungen ist, dass der Fokus jeweils auf einen speziellen Aspekt gerichtet wird. Im Gesamtzusammenhang zeigt sich dabei ein komplett neuer Lösungsweg. Durch diesen Gesamtablauf stellt der Coach sicher, dass er sowohl die logischen, als auch die emotionalen Strukturen angeht und dann in die wichtige Integration der einzelnen Veränderungsschritte führt.

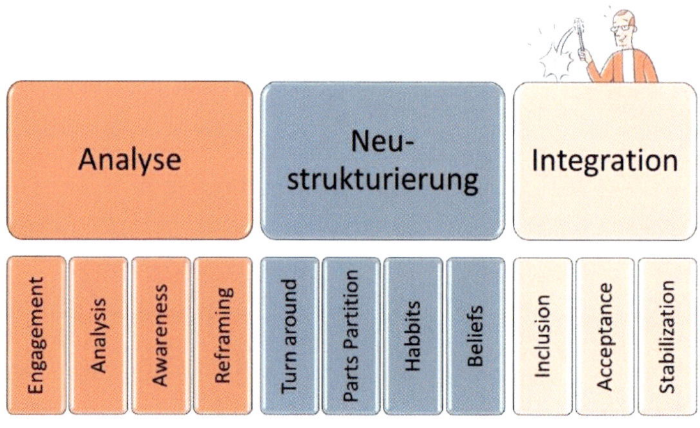

Die Phasen im Detail

Phase I – Analyse hinderlicher Aspekte

- Den Mut zur Veränderung schaffen und einen Anreiz aufbauen, das zentrale Störmuster intensiv anzugehen und neue Wege zu finden. (Engagement)
- Analyse der hinderlichen Handlungsverläufe und Regelmechanismen, die im hinderlichen Kontextverlauf aktiv sind. (Analysis)
- Analyse der unterdrückten Bedürfnisse und deren emotionaler Ausdrucksformen. Bewusstwerdung der Vermeidung oder des Kampfes. (Awarness)
- Analyse des logischen Gedankenkonstrukts. Welche positiven und negativen Auswirkungen hat die emotionale Entscheidung auf das Glauben/Werte-System.
(Reframing)

Phase II – Neustrukturierung

- Heranführen an den neuen Teil, der gelebt werden soll. Mut zur Veränderung erschaffen und Loslassen initiieren. (Turn around)
- Noch existierender Widerstand von anderen Bedürfnisteilen herausarbeiten und für gemeinsame Vorgehensweise gewinnen. (Parts Partition)
- Positive, für den Kontext hilfreiche Gewohnheiten erschaffen. (Habbits)
- Zurück zum Motiv. Neue, starke Glaubens-Systeme erschaffen. (Beliefs)

Phase III – Integration

- Aus Hausaufgaben entstandene Probleme aufgreifen, analysieren und noch additiv zum Gesamtzielbild inkludieren. (Inclusion)
- Die eigene neue Identität im Verbund des Gesamtsystems akzeptieren. (Acceptance)
- Festigen der Identität und den positiven Verhaltensmustern. Storytelling für Integration und Tests. (Stabilization)

Die Abläufe können sich optimaler Weise auf eine Sitzung pro Aspekt beziehen. Oder auch drei Sitzungen mit den Hauptaspekten. Es gibt natürlich oft genug Klienten, die Themen haben, die nur ein bis zwei Sitzungen brauchen und dann abgeschlossen sind. Für diejenigen gilt dieser Ablauf natürlich nur marginal. Das heißt ich beobachte ob bestimmte Punkte für den Klienten in dem Fall besonders hervorzuheben sind.

Phase I – Analyse hinderlicher Aspekte

Die erste Regel was ein Klient lernen kann ist „Annehmen was ist". Dafür sollte er erst einmal einen anderen Blickwinkel auf sich selbst bekommen und die Fähigkeit zur Selbstreflexion nutzen oder erlernen. Aus Sicht des Coaches ist es die Suche nach dem Thema und das Erforschen des tieferliegenden Prozesses, der zur Veränderung führen kann.

Einstieg

Der Klient kommt zum ersten Mal (mit diesem Thema) und ist voller Ideen, was er verändern möchte und wie er es verändern will. Hier ist nun die erste Falle für den Coach. Um es mit den Worten von Einstein zu beschreiben: Probleme kann man niemals mit derselben Denkweise lösen, mit der sie auch entstanden sind. Einstieg bedeutet daher, dem Klienten mit geeigneten Formaten einen neuen Blick auf sein Thema zu geben und ihn zu motivieren Veränderungsschritten in diese Richtung erschaffen. Oft ist alleine das „Aha!", das bei einer guten ersten Sitzung erschaffen wird, ein Motivator für den ganzen weiteren Weg. Also Ermutigung dafür, den Themen auf den Grund zu gehen.

Grundsätzlich gilt der CoachingCircle mit der Stolpersteinsuche als Wegweiser, was getan werden kann. In einer ersten Sitzung, in der es darum geht Beziehung und Vertrauen aufzubauen, passt der Coach darauf auf, den Klienten nicht zu überlasten. Denn für den Erstklienten kann es auch schnell zu viel Information sein. Man strebt – auch wenn man oft schon tiefer blicken kann – einen Kompromiss an zwischen:

- Aufdeckung des Musters
- Einfach zu begreifende Zusammenhänge
- Formate die Blickwechsel und Wahlmöglichkeiten im Thema erschaffen

Dadurch ergibt sich eine scheinbare Leichtigkeit mit dem Thema. Die Stimmung ist am Ende gehoben. Der Klient ist aber auch gleichzeitig neugierig und positiv motiviert, sein Thema zu lösen. Er sieht einen Weg, den er gehen kann.

Hilfreiche Lösungsformate, die in der Einstiegsphase gut eingesetzt werden sind:

- Ressourcenorientierte Lösungsmodelle wie IRF
- Present & Desired State

- Fokussieren auf Ziele – z.B. Zielrahmen

Am Ende der Einstiegsphase hat der Coach einen roten Faden, dem er folgen kann. Er hat Muster herausgearbeitet und Einzelheiten verstanden, ohne das Thema in der ganzen Tiefe evoziert[40] zu haben. Mit dem Klienten ist ein guter Rapport entstanden. Jetzt ist dieser daran interessiert die Themen, die auftauchten zu lösen. Als weiterer guter Einstieg können hier auch strukturierende Lösungen genutzt werden, wie zum Beispiel klassisches Selbst- oder Zeitmanagement mit der SMART[41] Regel. Man sucht neue Verhaltensstrukturen, die sinnvoll sind. In nächsten Phase, bei der Analyse der Blockaden, kann man dann danach suchen, welche inneren Faktoren effektives Zeitmanagement behindern.

Verstehen

In dieser Phase geht es um das Verständnis der Handlungsebenen, Loslösung von Projektionen und Erkennen von Manipulation mit Schwäche. Die logischen blinden Flecke des Klienten stehen im Vordergrund – Also sein Umgang mit der Außenwelt und der eigene Anteil am Problem. Ziel der Sitzung ist es, Zusammenhänge für den Klienten erkenntlich zu machen. Also wie immer gilt: Nicht nur der Coach versteht die Verbindungen und Hindernisse, sondern vor allem der Klient. Je nach Intelligenz können die logischen Denkmuster, die den eigenen Aspekt verdecken, sehr komplex sein.

Es gilt: intelligente Menschen haben intelligente Glaubensmuster!

Damit steigt auch die Herausforderung in der eigenen Arbeit, die Zusammenhänge zu verstehen und auf den Punkt zu bringen. Achten Sie auf den „Ego – Aspekt" des Klienten in dieser Runde. Damit verbunden ist auch immer das Thema Selbstverantwortung, die zu viel oder zu wenig übernommen wird. Folgt man diesem magischen Aspekt, findet man in der Regel schnell Ansätze um mit Veränderungsformaten zu arbeiten.

Mögliche Analyse - Techniken in dieser Phase sind zum Beispiel:

- Verbal Selbstverantwortung induzieren - VSI
- Provokatives Coaching
- Zielrahmen
- Systemische Einzelarbeit

Am Ende der Sitzung hatte der Klient mindestens das eine „AHA!“ Erlebnis, das notwendig ist, die eigene Blindheit der Musterwirkmechanismen zu erkennen. Der Coach kennt den Einstiegspunkt, in dem er in die nächste heiße Phase eintreten kann.

Bewusstwerden

Mit dem Vorwissen der ersten Runden benutzt der Coach nun seine analytischen Fähigkeiten in Verbindung mit den emotionalen Aspekten des Verstehens, des Zuhörens und des Beobachtens ganz genau. Ziel ist es, die zugrundeliegende Basis des Themas aufzudecken und damit den Stolperstein kennen zu lernen. Für Coach und Klient ist dies meist eine beeindruckende Sitzung, in der dem Klienten die komplexen Zusammenhänge seiner Muster klarwerden sollten. Es ist hier tatsächlich die Qualität der analytischen Fähigkeiten des Coaches, die manchmal den Ausschlag gibt. Auch eine genaue Fokussierung auf Techniken, mit der ein Klient diese Tiefe der Zusammenhänge begreifen kann, ist hier zu empfehlen. Die innere Einstellung des Coaches ist vergleichbar mit der buddhistischen Meditation, welche die Reinheit und Klarheit wie ein Diamant anstrebt. Zusammenhänge von emotionalen und systemischen Beziehungen werden erkannt und der richtige Ansatz wird gefunden, um damit zu arbeiten. In dieser Sitzung steht der Prozessfaktor im Vordergrund. Sie erschaffen als Coach einen „heißen“ Prozess, der an ein Ende kommen „muss“, damit alle Aspekte gesehen werden. Für diesen Prozess ist es in diesem Zusammenhang wichtig, den Klienten zu führen. Wenn Sie wirklich etwas aufdecken möchten, dann steigern Sie die Energie des Prozesses und lassen Sie dem Klienten nicht zu viel Möglichkeit, vom Thema abzuschweifen – außer im Rahmen des Rapports und Pacings.

Wenn es um die Grundthemen geht, dann gehe ich als Coach grundsätzlich bei erwachsenen Menschen davon aus, dass Schichten über Schichten das eigentliche Thema verdecken. Die Reise dahin, abhängig von der gewählten Technik, kann den Klienten manchmal dazu bringen, seine Ausweichmuster zu aktivieren. Bleiben Sie im richtigen Augenblick klar und deutlich und führen Sie Ihrem Klienten vor Augen, was ein Ausweichmuster ist. Dann folgen Sie wieder Ihrem roten Faden. Ich empfehle wegen des Schichtenmodells neben dem „normalen“ Coaching-Gespräch, sich auf Techniken zu fokussieren, die mit einem Schichtenmodell arbeiten. Folgende Methoden sind dafür gut geeignet:

- Inner Journey – Reise durch die Emotionsschichten – Dies ist der assoziative Weg, der den Klienten immer weiter an das Thema heranführt, bis das auslösende Bild erscheint.

- Core Process – Reise des Beobachters – Dies ist der dissoziative Weg, der den Klienten immer mehr zum Beobachter seiner eigenen Handlungsschichten werden lässt.
- Auch die Diamond-Technik[42] als Erweiterung des Core Prozesses kann hier gut verwendet werden. Immer wieder wird das Verbindende von Satz und Gegensatz gesucht und dabei ein Erkenntnisprozess in Gang gesetzt.
- Nicht zu vergessen, die systemische Aufstellungsarbeit, bei der ein Coach die Fülle der beeinflussenden Faktoren mit Menschen, Figuren oder Karten stellen kann und somit den Überblick zu den Schichten behält.
- Arbeiten auf der Zeitlinie

Am Ende dieser Sitzung ist oft wohlige Erschöpfung und ein tiefes Verständnis der Musterwirkmechanismen vorhanden. Der Coach unterstützt seinen Klienten darin, indem er aufzeigt, dass es eine sehr wichtige Sitzung war, und man „jetzt" nur noch aufräumen braucht. Und dass er eine wichtige Erkenntnis gewonnen hat.

Reframing

Wenn sowohl Handlungsaspekte als auch emotionale Aspekte klar sind, ist es an der Zeit die Glaubensmuster zu durchbrechen. Jetzt geht es auf die Suche nach Glaubens-Sätzen und Systemen, die verändert werden und zudem neue Bedeutungen bekommen. Beobachten Sie genau, welche Repräsentationsebenen ein Klient bevorzugt oder nutzt und wählen Sie als Coach die Arbeitsweise passend zum System. Visuelle Menschen bekommen visuelle Formate, um die Codierung des Musters zu durchbrechen. Auditive und kinästhetische Menschen können im Gespräch herangeführt werden, an Ihren Mustern zu zweifeln und die positiven Aspekte zu erkennen.

Passende Methoden sind zum Beispiel:

- NLP Reframing, Reimprint, Timeline-Reframings
- The Work[43]
- NLP Swish Varianten
- OBSCURE
- LetEmGo

Sie achten während dieser Phase als Coach darauf, dass durch die Arbeitsweise, manchmal Weltbilder zusammenbrechen können, und sind daher besonders darauf bedacht, dass der Klient seine positiven Aspekte beachtet. Der lösungsorientierte Ansatz steht im Vordergrund. Die wichtige Frage lautet daher: „Was ist die Kernkompetenz, die aus dem Glaubenssystem entstanden ist?" Nach dem Coaching hat der Klient eine andere Weltsicht, kennt seine Kernkompetenz und hat den inneren Antrieb, mit diesem jetzt auch seine Welt zu verändern und seine Komfortzone zu erweitern.

Phase II - Neustrukturierung

Abbiegen

Hauptaspekt dieser Phase des Coachings ist das Loslassen. Damit verändert sich auch die Sichtweise, denn nach den ersten vier Phasen hat der Klient ein Bewusstsein zu seinen Themen erarbeitet und lösungsorientierte Ansätze für Glauben und Verhalten gefunden.

Stellen Sie als Coach das Thema für diese Phase von Anfang an klar: „Lieber Klient Sie wissen was Ihre Hindernisse sind, doch jetzt ist es an der Zeit diese alten Muster loszulassen.“

Nennen wir diesen Schritt: Über den Rubikon gehen. Der Schritt, der jetzt getan wird, kann nicht mehr rückgängig gemacht werden. In dieser Phase wendet sich der Klient seinem neuen Leben zu. Dafür können wichtige Entscheidungen notwendig sein. Helfen Sie Ihrem Klienten mit dem Fokus auf Ziel und dem Wissen der Stolpersteine, sich für eine neue kraftvolle Zukunft zu entscheiden. Aktivieren Sie ihn in dieser Phase. Nur wenn man Altes losgelassen hat, kann wirklich Neues kommen. Sie sind dabei verständnisvoll, aber auch hartnäckig und führen Ihren Klienten durch diese Bereiche. Machen Sie ihm auch klar, was es bedeutet, wieder zum alten Muster zurück zu kehren. Sie werden sehen, dass dies wirklich keiner will.

Als Formate nutze ich in dieser Phase gerne Rituale, welche den Übergang symbolisieren. Beispiele:

- Über den Rubikon (Format von Bernd Isert) zeigt die Verhaftungen der Muster an die Ahnen (Familie, Lehrer, Vorbilder)
- Entscheidungen auf der Timeline
- Outdoor – Zielearbeit mit assoziativen Elementen der Natur, welche die Hindernisse ausdrücken

Nach dem Coaching fühlt sich der Klient befreit. Er ist im Neuen angekommen und hat das Alte losgelassen.

Innere Anteile

In uns gibt es unterschiedliche Anteile. Diese sind manchmal gleichzeitig und manchmal in unterschiedlichen Kontexten aktiv. So wird es immer einen Anteil geben, der nach Freiheit und Selbstverwirklichung strebt und einen Anteil, der nach Stabilität und Sicherheit sucht. Doch leider ist es nicht immer so einfach und das Teilemodell ist vielschichtig. Daher ist in dieser Phase das Anliegen des Coaches: „Alle Anteile arbeiten zusammen zum Wohl des neuen Zieles“. Für den Klienten gilt es nochmals herausarbeiten welche inneren Aspekte den neuen Weg stören. Und gleichzeitig ist diese Arbeit wunderbar dafür geeignet, den inneren König zu küren. Das bedeutet, dass nicht der Schweinehund die Handlung bestimmt, sondern ein innerer Anteil, der wach und bewusst mit dem Thema umgeht und Entscheidungen trifft und nicht treffen lässt. Wenn Sie es schaffen die störenden Teilen mit ins Boot zu holen und die Bewusstseinskraft zu stärken, werden das meist wunderschöne Sitzungen, die dem Klienten jetzt Auftrieb geben, seine Veränderung weiter zu integrieren. Methoden dieser Phase sind:

- Hypnosystemisches Coaching
- NLP Teile Arbeit wie Six-Step oder Verhandlungsreframing
- Internal Family System (IFS)

Nach dieser Phase hat der Klient ein Gefühl für die inneren hilfreichen und blockierenden Anteile, aber auch gleichzeitig die Wahrnehmung, diese zu kennen und bewusst einsetzen zu können.

Gewohnheiten

In der letzten Phase dieses Blocks haben wir den König des Teilesystems eingesetzt. Jetzt gilt es die Struktur des Königreichs aufzubauen. Denn diese erschafft eine Stabilität in Handlungsvorgängen und Entscheidungen. Es geht darum Gewohnheiten mit dem Klienten aufzubauen, welche ihm helfen das Neue, was durch das Coaching entstanden ist, ins Leben zu integrieren. Erst wenn die Blumen regelmäßig gegossen werden, können sie wachsen. Suchen Sie gemeinsam mit Ihrem Klienten Aspekte, welche ihm dabei helfen. Hier sind auch kreative Anteile gefragt. Denken Sie aus den Mustern hinaus und erschaffen Sie Neues. Wiederkehrende Handlungen erschaffen Sicherheit. Der Körper schüttet dadurch Wirkstoffe aus, welche belohnend wirken. Dafür ist es wichtig mit dem Klienten einen Plan für die Umsetzung zu erschaffen. Achten Sie auch nochmals gut auf die Physionomie des Klienten, wenn er seine Gewohnheiten aufzählt. Wo ist das alte Muster noch wirksam? Eröffnen Sie ihm den Blick auf das alte Muster, um ihm dabei zu zeigen, wie wichtig es ist, den Fokus auf den inneren König und damit wieder auf die *Selbstwirksamkeit* zu lenken.

Ihr Klient wird es Ihnen danken, wenn er handhabbare Lösungen aus dieser Phase mitnimmt. Lassen Sie ihn auch dafür einen Vertrag mit sich selbst machen und einen Vertragsüberwacher festlegen. Dies kann ein Freund aus seinem Umfeld sein, dem er diesen Vertrag zeigt und einen Endpunkt festlegt, an dem diese Gewohnheiten eingebaut sind. Wenn einige der Gewohnheiten nicht funktionieren, dann ist das für den weiteren Ablauf völlig in Ordnung. Denn in der nächsten Phase wird dieser Aspekt beachtet.

Methoden dieser Gewohnheiten - Phase

- Kreativ-Methoden wie das Disney-Modell
- Mindmapping
- Integration mit Trancearbeit
- Hauptsächlich Gesprächsführung
- Integratives Ressourcen Format IRF

Nach dem Coaching geht der Klient mit dem Wissen aus der Stunde, das Alte nicht mehr zu brauchen und und „genau“ einen Fahrplan für das „Neue“ zu wissen.

Beliefsysteme oder auch Glaubenssysteme

Der Klient könnte aus der letzten Phase mit Enttäuschungen zurückkommen, weil er seine Vorhaben nicht umgesetzt hat. Jetzt ist es nochmals ein guter Zeitpunkt, sich mit den Glaubenssysteme zu beschäftigen. Im Gegensatz zur Reframing-Phase geht es in dieser viel mehr um eine Verstärkung der neuen Glaubenssysteme. Dazu packen Sie mit Ihrem Klienten nochmals die alten und neuen Glaubenssysteme aus und fokussieren jetzt auf die Neuen. Denken Sie daran, dass diese mit inneren logischen Konstrukten und Emotionen verknüpft sind. Erschaffen Sie quasi eine Art Fahrplan, bei dem ein Auslöser – oder noch besser – ein Vorzeichen des auslösenden Konstrukts bereits die positiven Ideen und Handlungen auslöst – bewirkt in Verbindung mit den erarbeiteten neuen Gewohnheiten der letzten Phase. Also lernt zum Beispiel ein Klient, der merkt, dass er sich vor einer Herausforderung drückt, den Gedanken zu pflegen, der ihm sagt „Du und Deine Aufgabe sind wichtig“.

Als Coach sind Sie in dieser Phase wieder an den Grundstrukturen des Denkens interessiert. Also aus NLP Sicht an den Submodalitäten. Erschaffen Sie aus den Strukturen der alten Glaubenssätze neue kraftvolle Motivatoren. Nutzen Sie die Sprache und hinterfragen Sie die Realität des Klienten. Erschaffen Sie mit ihm eine attraktive neue Konstruktion des Denkens, indem Sie diese im Denken des Klienten verankern. Auch Hypnose ist dafür gut geeignet. Im Jargon des Coachings hat sich dieser Begriff mittlerweile als „*Reality Construction*“ etabliert.

Sehr hilfreiche Methoden sind dabei:

- LetemGo
- Integratives Ressourcen Format IRF
- Klopftechniken wie MFT
- Trancearbeit

Nach dem Coaching, darf der Klient jetzt eine Art Verwirrung, aber auch Hochgefühl und eine Zuversicht auf seine neuen Herausforderungen haben. Geben Sie Ihrem Klienten Hausaufgaben, die Ihn dazu bringen „Neues“ auszuprobieren.

Phase III – Integration

Einbinden

Während in den ersten zwei Phasen, der Klient mit seinen Blockaden und Zielen im Vordergrund stand, richtet der Coach jetzt seinen Fokus auf das Miteinander im Verbund mit anderen Menschen, wie Familie und Teammitgliedern. Denken Sie als Coach daran, dass immer wenn sich ein Teil verändert, auch andere davon betroffen sind. Und je näher die Beziehung ist, desto mehr wirken auch die sogenannten systemischen Ausgleichsreaktionen. Denn ein System strebt zu mehr Stabilität. Darum kann es sein, dass der Klient mit seiner neuen Art plötzlich auf Widerstand stößt. Der erste Part, den der Coach hierfür betrachten kann, ist in den Bereichen der Hausaufgaben entstanden. Wenn Sie Ihrem Klienten immer mit reflektorischen und manchmal auch herausfordernden Hausaufgaben versorgt haben, dann wird er bestimmt auch Widerstände erlebt haben, die er vorher so nicht hatte. Gehen Sie jetzt nochmals diese Aspekte mit ihm durch und verbinden sie diese mit seinen Musterwirkmechanismen. Erarbeiten Sie die Zusammenhänge.

Als Coach führen Sie sich und Ihren Klienten dabei in eine Art innere Metaposition, durch welche Sie den Gesamtüberblick und die Verbindungen und Beziehungen von außen sehen können. Erarbeiten Sie eine Art tieferes Verständnis für Zusammenhänge. Motivieren Sie Ihren Klienten dadurch, seinen Weg trotz Widerstand nicht zu verlassen. Diese Metapositionen können auch zeitlich geprägt sein. Aus NLP Sicht kann diese Stunde so etwas wie ein besonderes Future Pace sein. Nutzen Sie Zeitlinienarbeit, innerlich wie äußerlich um diesen integrativen Blickwinkel zu erschaffen.

Hilfreiche Methoden in dieser Phase sind:

- Systemische Einzelarbeit mit Figuren / Blöcken
- Arbeit mit Bodenankern und Zeitlinien
- Hypnosystemische Trance
- Integrationsformate
- Mehr Zuhören als Reden (für mehr Selbsterkenntnis des Klienten)

Nach dem Coaching hat der Klient eine ausgeweitete Sicht auf sich und seine Verbindungen zu seiner Umwelt. Er weiß um die Reaktionen anderer und seiner selbst.

Akzeptanz

Den eigenen Platz im System mit den neuen Gegebenheiten akzeptieren. Dieser Aspekt kann durchaus vorher bereits zu typischen Problemen führen. Wenn im Laufe des Coachings noch nicht darauf eingegangen wurde, dann ist es jetzt für den Klienten Zeit, zu akzeptieren, dass er in einem weiteren Maß Verbindungen zum System hat, die er vielleicht vorher noch nicht erkannt hat:

- Sein Verhalten und auch Denken hat Einfluss auf die Reaktionen anderer
- Er ist Teil eines Systems und das Win-Win aller Beteiligten sollte im Vordergrund aller Handlungen stehen

Das kann durchaus schwierig werden, wenn jemand gerade erst gelernt hat, dass er Grenzen zu anderen setzen kann. Doch laut den Regelmechanismen des US-amerikanischen Psychologen Clare W. Graves der die „Level of Existence Theorie" entworfen hat, bewegt sich eine persönliche Entwicklung immer zwischen den Polen „Ich" und „Wir". Integratives prozessorientiertes Coaching beachtet aus dieser Sicht heraus immer wieder die andere Seite. Also entweder dem „Ich" die Konsequenzen aufzeigen oder dem „Wir" Anteil die Möglichkeiten des gemeinsamen Wachstums. Daraus ergeben sich meist Sitzungen oder Teile davon, die in abstrakteren Ebenen agieren und wirken. Es geht hier also um Werte-Systeme, Prinzipien und Selbstbild, bis hin zu spirituellen Aspekten – sollte der Klient dafür offen sein.

Win-Win ist für engagierte und erfolgshungrige Menschen nicht immer sofort ersichtlich. Doch als Coach führe ich meinen Klienten in eine Ebene, in der das erkennen und umsetzen kann. Der Fokus wird auf fehlende Prinzipien oder Wertekonflikten mit anderen oder eigenen Anteilen gelegt. Die weit entfernte Zukunft oder ein tieferer innerer Herzenswunsch sind Teil dieser sehr stillen Stunde. Ich nenne dies „das Erwachen aus dem alten Traum der Verhaftung".

Methoden dieser Sitzung sind:

- Werte-Formate
- Prinzipien des Erfolgs definieren
- Ruhige Trance – hypnosystemische Arbeit

Nach dieser Sitzung sollte der Klient zumindest berührt sein von dem Gedanken, dass er Teil von etwas Größerem ist. Er kennt dabei seinen Platz und weiß ihn zu nutzen.

Stabilisierung

Das Leben stellt gerne mal Prüfungen. Gerade dann, wenn man denkt, dass man etwas gelernt hat, kommt eine Prüfung, die einen testet. Dies sind die kritischen Phasen, die in noch nicht stabilisierten Zeiten den Klienten zum Umkippen in alte Muster bringen kann. Daher ist die letzte Phase diejenige, die mehrere Dinge angeht:

- Nochmalige Verstärkung des neuen Musters
- Entkräften des inneren Richters, der manchmal massiv selbstzerstörend sein kann, wenn etwas schiefgeht. Und damit die Neustrukturierung erheblich stört
- Entlassung in die Realität. Diese ist manchmal nüchterner als der Klient glaubt. Machen Sie Ihm klar, dass es Plateaus gibt, die gehalten werden sollen, bevor der nächste Wachstumsschritt stattfindet.

Der Coach ist in dieser Sitzung nochmals besonders wachsam dabei. Er führt den Klienten aus der gemeinsamen Arbeit hinaus in die Welt. Sein Bild sollte vollständig von der Selbstverantwortung des Klienten geprägt sein – so wie immer - und darüber hinaus auch die eigenen Erkenntnisse, was Veränderung bedeutet im Auge haben. Da gibt es schnelle Veränderungen, die nie wieder zum Alten zurückkehren, ebenso wie Veränderungen, die im Stress der Zeit wieder wackelig werden. Aber machen Sie Ihren Klienten darauf aufmerksam, dass er nicht mehr der Gleiche ist wie vor Ihrer Arbeit (hoffentlich).

Holen Sie Ihrem Klienten nochmals die Spiegel hervor. Was haben Sie als Coach an Veränderungen bemerkt? Fragen Sie ihn, was seine Umwelt bemerkt hat. Denn Menschen sind die besten Spiegel. Verankern Sie das Erreichte mit Geschichten, die Erinnerungswert haben. Und natürlich, geben Sie sich und Ihrem Klienten Raum für gegenseitiges Feedback. Das gehört auch zur Realitätskonstruktion dazu. Wenn Sie gut gearbeitet haben, wird dem Klienten Ihre Meinung wichtig sein. Geben Sie ein realistisches Feedback aus positiven und noch zu beachtenden Aspekten. Bitten Sie Ihren Klienten, dies mit Ihnen auch zu machen.

Möglich Formate sind in dieser Ebene:

- Arbeiten mit Teilemodellen am inneren Richter
- Visualisierungen der Zukunft
- Storytelling
- aber hauptsächlich viel Gespräch
- Gegenseitiges Feedback

Nach der Stunde ist der Klient ein wenig ernüchtert, aber auch neugierig auf die Hindernisse, die ihn aus der Bahn werfen wollen. Diese Achtsamkeit ist ein gutes Fahrwasser, das zu neuen Ufern leitet.

Die Geschichte des Mönchs, der Einkaufen geht.

Ein Mönch, der seit vielen Jahren in seiner Höhle in den Bergen lebt, beschließt mal wieder ins Dorf zurück zu kehren um am Markt einzukaufen. Er folgt dem Weg hinab ins Tal und kommt am Haus einer alten Frau vorbei, die auch sehr abseits in einem alten Hof wohnt. „Mütterchen soll ich Dir vom Markt etwas mitbringen?“, fragt er die Frau, die nicht mehr so gut zu Fuß ist. Sie antwortet: Ja, er solle ihr doch einen Spiegel mitbringen. Ihr alter Spiegel sei kaputt und sie können nun sich selbst überhaupt nicht mehr sehen und weiß daher nicht wie es um sie bestellt sei. Außerdem sei so alleine, dass sie wenigstens ihr eigenes Gesicht sehen möchte. Der Mönch sagt, das tue er gerne und macht sich weiter auf den Weg zum Markt. Während dieser unterwegs ist macht sich das Mütterchen Gedanken. Wie wird Sie wohl aussehen, wenn sie sich im Spiegel wieder betrachtet? Wird sie sich noch erkennen? Stunden später hört sie wie sich die Tür zu Ihrem Haus öffnet und sie hört den Mönch rufen: Mütterchen ich bin wieder zurück und ich habe dir den besten Spiegel mitgebracht, den ich finden konnte. Schon freut sich die alte Frau, doch wundert Sie sich als sie im Eingang eine ganze Menge Menschen sieht, die alle zu Ihr ins Haus wollen. Erstaunt und neugierig fragt sie den Mönch, was das denn zu bedeuten haben – und wo denn der Spiegel sei, den er ihr versprochen habe? Der Mönch antwortet, er habe sich viele Spiegel auf dem Markt angesehen und festgestellt, dass keiner das Bild zeigte, dass er wollte. Doch als er mit den Menschen redete, erkannte er, dass diese die wahre Natur spiegelten. Und so habe er beschlossen dem Mütterchen, den besten aller Spiegel mitzubringen: Die Menschen um Sie herum. Das freute sich das Mütterchen und lud alle zum Essen ein und jeder schenkte ihr ein Wort, das besser war als alle Spiegelbilder.

Fazit

Jede Sitzung im Coaching besitzt individuelle Aspekte und es gibt einen Flow, dem ein Coach instinktiv folgen kann. Für professionellere Wege ist es gut eine Landkarte im Kopf zu haben nach der man sich richten kann. Auf der Karte wird es keine

Autobahn vom Anfang bis zum Ende geben, aber die drei verschiedenen Landschaften sollten schon durchfahren werden. Diese heißen: Analyse, Neustrukturierung und Integration. Die Wege durch diese Länder sind vielfältig, aber die eine oder Stadt darin sollte schon besucht werden, um ein Gesamtbild des Problem-Lösungslandes zu bekommen. Auch als Nachschlagewerk hilft es, sich in der Vorbereitungsphase auf das Coaching dieser Bereiche immer wieder bewusst zu werden und sich Milestones für das Coaching zu setzen.

Fragen für das Coaching

Dem guten Frager ist schon halb geantwortet!

Friedrich Nitzsche

Ob ein Mensch klug ist, erkennt man an seinen Antworten. Ob ein Mensch weise ist, erkennt man an seinen Fragen.

Nahgib Mahfuz – ägyptischer Schriftsteller

Sprache

Nach der Strukturierung der einzelnen Sitzung und einem Gesamtablauf der Sitzungen wenden wir uns jetzt wieder dem Handwerkszeug zu. Es geht um Fragemodelle. Bitte beachten Sie dabei, dass Fragen nicht nur des Fragens willens gestellt werden, sondern in ein Gesamtkonzept passen sollen. Daher sollten Sie sich als Coach folgenden Punkten gewahr sein und dementsprechend Ihre Fragen anpassen:

- Die Phase in einer längeren Coach-Klient Beziehung.
  Also wo stehen Sie gerade mit Ihrem Klienten
  und welcher Aspekt sollte jetzt aus Ihrer Sicht beleuchtet werden?
- Die Phase im eigentlichen Coaching
  Sind Sie als Informationssammler unterwegs oder steuern Sie gerade die Zielorientierung?
- Der Aspekt im inneren Bereich
  Ganz besonders wichtig für die Art der Fragen:
  Welchem roten Faden folgen Sie gerade?

Fragen sind ein wertvolles Hilfsmittel der Steuerung des Coaching Ablaufs. Und zudem kommen Sie dabei auch viel weniger in die Versuchung, selbst Lösungen zu erschaffen. Fragen öffnen einen Raum im Klienten, den nur er kennt oder gerade durch ihre bewusste Steuerung gerade erst entdeckt. Passen Sie also dabei auf, Ihrem Klienten nicht Ihre eigene Landkarte über zu stülpen. Zudem sind Fragen nicht nur Worte, sondern bieten auch einen wunderbaren Raum für Beobachtungen der Tiefenstrukturen des Klienten. So ist eine typische Erfahrung in meinen Ausbildungen, dass Menschen, welche Coach werden wollen, gerne reden. Verständlich, Coaching ist ein kommunikativer Job. Doch gerade das ist ein typischer Stolperstein. Denn es gilt zuert zu lernen, sich zurück zu nehmen und die Fähigkeit des Zuhörens zu erlernen. Und der erste Schritt dahin, ist das „aktive Zuhören".

Aktives Zuhören

Den inneren Zustand des Gesprächspartners, seine Bedürfnisse, Gefühle, Empfindungen und Gedanken können wir nur indirekt erfahren: Er wird in der Sprache verschlüsselt, oder er teilt sich dem Berater über Körpersprache mit. Will ein Coach an der Erlebniswelt des Gesprächspartners teilhaben, so kann er lernen dessen Botschaften zu entschlüsseln. Dieser Aspekt wurde vor allem durch die klientenorientierte Gesprächstherapie nach Carl Rogers[44] bekannt und ist Teil von wertschätzenden Gesprächen.

Zuhören ohne Papagei zu sein

Dem Klienten hilft ein Coach allerdings wenig, der nur still dasitzt und bedächtig nickt, was der Minimalweg des Rapports wäre. Das wäre der Weg der klassischen Psychoanalyse. Der Vorteil davon ist der gehaltene Abstand zum Klienten. Als Coach suchen wir jedoch das Gegenteil. Die Regel „**Rapport vor Intervention**" bedeutet, dass nur dann, wenn Vertrauen und Miteinander stattfindet, auch Kurzzeitveränderung funktionieren kann.

Pacing .. Pacing .. Pacing (O-Ton Gunter Schmitt) sind die ersten, zweiten und letzten Aktivitäten, die ein Coach zu tun hat, bevor er in eine wirksame Arbeit gehen sollte. Gleichzeitig sollte sich der Coach auch nicht in der Welt des Klienten verlieren und in eine Art Problemtrance versinken, aus der er auch nicht mehr hilfreich sein kann. Die Lösung ist das aktive Zuhören, da es ein extremes Pacing ist und trotzdem den Coach nicht als Papagei dastehen lässt, der nur das spiegelt und nachplappert, was der Klient sagt.

Vorgehensweise beim aktiven Zuhören

Das Grundmuster dieser Art der Kommunikation ist der Versuch des Zuhörenden, seine eigene Landkarte mit der Landkarte des Redners abzugleichen und den Rapport aufzubauen. Die wichtigsten Regeln des aktiven Zuhörens sind:

- Der Berater (Empfänger) versucht zu verstehen, was der Gesprächspartner (der Sender) meint oder empfindet, formuliert es in eigenen Worten und meldet es dem Gesprächspartner zurück.
- Er sendet dabei **keine** eigenen Botschaften, wie: Urteile, Ratschläge, Ermahnungen usw. (Soweit es sich vermeiden lässt)
- Der Empfänger hört auf die Worte, die der Sender betont oder wiederholt und übersetzt diese in die eigene Sprache.
- Nicht nur die Sprache, sondern auch der Gesichts- und Körperausdruck kann gespiegelt werden. Besonders dann, wenn Sprache und Körperausdruck nicht übereinstimmen.
- Der Sender darf seine Informationsblöcke zu Ende reden. Durch gutes Zuhören kommen leider manche Klienten in einen Redefluss, der kaum zu stoppen ist. Hier ist es wichtig, **zwischen** den Informationseinheiten aktiv dazwischen zu gehen und wieder zurück zu spiegeln. Ansonsten verlieren Sie den Kontakt.
- Vermeiden Sie als Empfänger dem Klienten Honig ums Maul zu schmieren.

- Aktives Zuhören funktioniert nur mit gutem Rapport, ansonsten wirkt es aufgesetzt.
- Aktives Zuhören ist eine Methode, den Gesprächspartner dahin zu bringen, dass er selbst Lösungen für seine eigenen Probleme finden kann, das heißt:
    - nicht die Problemeigentümerschaft übernehmen.
    - nicht Ratschläge, Argumente, Meinungen, Tröstungen, Ablenkungen usw. geben.

Ein einfaches Beispiel

- Sender: "Gestern hat meine Freundin wieder nicht angerufen."

  Empfänger: "Sie ärgert Sie also damit, dass sie nichts von sich hören lässt."

  Sender: "Jetzt habe ich ein paar prima Leute kennengelernt, mit denen kann man richtig diskutieren.

  Empfänger: "Ja, man sieht schon bei Ihrer Erzählung, Sie fühlen sich richtig wohl in diesem Kreis."

  Sender: „Das stimmt, ich denke dabei weniger an meine Freundin." (Finger verkrampfen sich)

  Empfänger: „Ich sehe, dass damit das Thema aber nicht gelöst ist."

  Sender: „Stimmt, es schmerzt mich, dass Sie nicht dabei ist."

Gefahren beim aktiven Zuhören:

- **Ungeduld**: Ein Gespräch muss nicht immer sofortige Lösungen haben (Langzeitwirkung)
- **Missbrauch**: Aktives Zuhören wird benutzt, um eigene Ansichten zu unterschieben, zu manipulieren.
- Tür öffnen und dann **zuschlagen**: Zunächst durch aktives Zuhören eine vertrauensvolle Atmosphäre schaffen und die offenen Mitteilungen dann gegen den Gesprächspartner verwenden.

Aktives Zuhören Übung 1 -Nonverbales Spiegeln

Gehen Sie in ein Gespräch und versuchen Sie nur durch Gesten, Handbewegungen und „Ahs" , „Ohs" „Ja" oder ähnlichen kurzen Ausdrücken genau das zu spiegeln, was **im Inneren** des Klienten an Information gezeigt wird. Lassen Sie sich danach vom Gegenüber oder einem Beobachter Feedback geben.

Aktives Zuhören Übung 2 – Sprachliches spiegeln

Suchen Sie sich einen Gesprächspartner und gehen Sie in den Modus des aktiv Zuhörenden. Ihre innere Einstellung dabei ist, dass Sie **wirklich** verstehen wollen, was Ihr Gegenüber denkt und was hinter seinen Aussagen steckt. Nehmen Sie zu den passenden Zeitpunkten die Information auf und spiegeln Sie dies mit Ihren Worten wieder zurück. Eine dritte Person sollte als Beobachter dabei sein auf folgende Punkte achten:

- Wo wurden Sie ungeduldig?
- Wo haben Sie die Landkarte falsch verstanden oder sind zu schnell zum nächsten Themengebiet gesprungen, ohne genügend verstanden zu haben?
- Wo haben Sie versucht Ihre eigene Meinung versucht zu sehr in den Vordergrund zu stellen?
- Und natürlich, an welchen Stellen hat das aktive Zuhören perfekt geklappt und wie hat das den Sender verändert?
- Wenn Sie keinen Beobachter dabeihaben, dann nehmen Sie das Gespräch ruhig mal für sich auf und analysieren Sie es nach dem Gespräch.

Aktives Zuhören Übung 3 – Die Logischen Ebenen und Körperausdruck

Starten Sie wie bei der vorhergehen Übung und steigern Sie den Rapport dann auf die logischen Ebenen. Also Ihr Gegenüber startet mit einer Geschichte und spiegeln dann der Reihe nach auf verschiedenen Ebenen:

- Normales Aktives Zuhören – Was haben Sie verstanden
  Ah, Du hast Dir neue Freunde gesucht?
- Konzentration auf die Umwelt – Haben Sie den Kontext richtig verstanden
  Stimmt es, dass Du dich mit Ihnen im... getroffen hast?
- Konzentration auf das Verhalten
  Verstehe ich es richtig, dass Du hier Menschen zum Reden gefunden hast?
- Dazu auch die Ebene Körperausdruck – Was sagt Ihnen der Körperausdruck?
  Dein Körper drückt immer noch eine Spannung aus. Heißt das, dass die Situation trotzdem nicht perfekt war?

- Jetzt wechseln Sie auf Ebene der Fähigkeiten
  Du hast die Fähigkeiten schnell Freunde zu finden – stimmt das?
- Glaubenssysteme,
  Wenn ich dich richtig verstehe, heißt das, dass Du an Dich glaubst und Dich nicht unterkriegen lässt
- Werte
  Dir sind sozialer Kontakt und Menschen in Deiner Umgebung wichtig?
- Identität
  Du bist ein aktiver Mensch und das macht dich einzigartig?
- Zugehörigkeit
  Ich habe es so verstanden, dass Dir Freundschaften sehr wichtig sind und Du diese gerne mit Deiner Freundin teilen würdest.

Üben Sie als Coach diese Arten des sprachlichen Spiegelns so lange bis es Teil Ihrer unbewussten Kompetenz geworden. Der Erfolg des Umdenkens im Coaching ist damit garantiert. Erleben Sie auch selbst, wie wichtig es ist, um die Ecke zu denken und schnell andere Perspektiven einnehmen zu können. Damit werden Sie zum effektiven Frager und führen den Klienten Richtung Verstehen und Lösung.

Vertiefende Fragetechniken

Fragen sind die Brotkrümel, mit der ein Coach seinen Klienten in eine Welt führt, in der Veränderung stattfinden kann. Diese können sich nicht nur auf Informationen der inhaltlichen Ebene, sondern auch auf Informationen aus ganz anderen Ebenen beziehen. (Beziehungsthemen, Gefühlszustand, Selbstaussagen, usw.).

Für jeden Bereich gibt es eigene Fragemodelle. Das Ziel der Analyse ist es, das Thema zu finden, an dem angesetzt werden kann, um die effektivste Lösung für den Klienten zu finden. Die Art der Fragen sollte wieder zum Thema der inneren Bereiche des CoachingCircles passen und damit den Prozess antreiben. Hilfreiche Fragemodelle gibt es viele und immer wieder kann man neue hinzulernen. Deren Anwendung richtet sich dann oft auf spezielle Bereiche des Denkens oder sind dafür geeignet, spezielle Informationen auszugraben, die dem Klienten bis dahin nur unbewusst zur Verfügung standen.

- Das Interview auf verschiedenen Ebenen
- Fragen mit dem Metamodell der Sprache, um die Tiefenstruktur zu erkunden

- Sonderfragen
- Zirkuläre Fragen um Beziehungen zu finden.
- Betriebstemperaturfragen, um den Prozess zu steuern.
- Fragen, die den heilenden Assoziationsraum aktivieren
- Systemische lösungsorientierte Frage – Die Wunderfrage
- Fragen die immer gehen.
- Ressourcen aktivierende Fragen
- Fragen zum Wahrheitsgehalt – THE WORK
- Zeit und Raumbewegung – mittels Fragen
- Fragen mit Paaren
- Weitere Systemische Fragen
- Verbal Selbstverantwortung induzieren - VSI
- Kausalfragen, um Abhängigkeiten zu „*ent-decken*“ und das Spiel mit der Sprache bei Äquivalenzverletzungen / Glaubenssystemen - OBSCURE

Einen großen Teil der Fragen finden Sie auch unter den dazu gehörigen Quellenangaben und auf der Webseite oder in passenden Formatsammlungen[45], da dieses das Buch hier sprengen würden.

Metamodell der Sprache[46]

Wir kommen jetzt noch einmal zurück zum NLP. Mit dem Metamodell wurde damals ein Fragemodell und Verständnismodel entwickelt mit dem Ziel, die Informationen, die vom Klienten kommen, zu präzisieren und gleichzeitig noch Informationen aus einer Art Metabetrachtung der Sprache des Klienten zu erhalten. Das bedeutet, dass nicht nur das, was gesprochen wird, analysiert werden kann, sondern auch die Art, wie etwas ausgedrückt wird, bzw. wie etwas nicht gesagt wird.

Ziel des Metamodells ist es zudem, das Modell der Wirklichkeit eines Menschen zu erweitern. Also allein dadurch, dass er sein Denken durch die Fragen präzisiert, erschafft er neue Gedankenaspekte und damit auch neue Wahlmöglichkeiten. Was ja auch immer das Ziel eines Coaches sein sollte. Also zusammenfassend: Das Metamodell dient folgenden Aspekten:

- Informationspräzision
- Metainformation der Sprache erkennen

- Wahlmöglichkeiten erschaffen

Historisches

Hintergrund des Metamodells der Sprache sind die Arbeiten von Alfred Korzybski und Noam Chomsky. Korzybski hatte bereits 1938 ein Sprachmodell entwickelt, das er Neuro Linguistic Training nannte. Noam Chomsky bezog sich dann auf diese Beobachtungen und definierte in mehreren Überarbeitungen sein Modell der Transformationsgrammatik. Und eben auf dieses Modell bezog sich John Grinder bereits in seiner Dissertation „Deletions" und legte damit die Grundlagen des Metamodells. Im Buch von Bandler und Grinder - „The Structure of Magic" - war dieses dann eines der ersten NLP-Werkzeuge, das beide Mitte der 70er Jahre entwickelten.

Grundlagen des Metamodells

Es sind bereits viele Bücher über dieses Thema geschrieben worden, daher halte ich diesen Abschnitt nur kurz. Menschen kommunizieren mit sich selbst und miteinander unter Einsatz von Sprache. Allerdings ist die Sprache seriell, - also nur nacheinander folgende Informationen. Diese kann daher in ihrem Umfang niemals die volle Bandbreite der inneren Repräsentation der Informationen darstellen. Daher werden Informationen weggelassen, verallgemeinert oder verzerrt, um das gewünschte Ziel der Kommunikation zu erreichen. Und damit hat man als Beobachter der Sprache schon eine neue Metainformation der Sprache. Die Frage stellt sich zum Beispiel, „Was genau bezweckt der Sender beim Empfänger, indem er bestimmte Worte spricht oder eben weg lässt". Und damit wird Sprache richtig spannend.

Ein paar Definitionen:

- *Tiefenstruktur der Sprache:* Alle inneren Repräsentationen, die zu den Worten gehören. Das sind also innere Bilder, Töne, Erinnerungen an Gerüche – Eben alle unsere Repräsentationen in den Sinneskanälen (VAKOG)
- *Oberflächenstruktur:* Die Worte die zur Tiefenstruktur gewählt werden, um damit Information zu transportieren.
- *Wohlgeformtheitsverletzungen:* Aspekte des inneren Denkens, welches sich zusätzlich zur Transformation von der Tiefenstruktur zur Oberflächenstruktur einschleicht oder einfach unbewusst aber zielorientiert genutzt wird.
  Diese Wohlgeformtheitsverletzungen wiederum lassen sich in drei Bereiche aufteilen:

- Generalisierung
- Verzerrung
- Tilgung

Mit dem Sinn und der Anwendung und den dazu gehörigen Fragen beschäftigen wir im folgenden Abschnitt.

Das Metamodell im Coaching

Fragen sind das Handwerkszeug des Coachings. Und Fragen, die Veränderung erschaffen können oder einfach nur Verdecktes aufdecken, sind sehr hilfreich für den täglichen Einsatz. Wer das Metamodell im Detail lernen möchte kann dies in ausführlicheren Büchern[47] tun. Ich werde mich hier auf die grundsätzlichen Aspekte und Möglichkeiten beziehen und jeweils ein paar Ideen liefern, was hinter den Aspekten vielleicht liegen könnte. Diese sind meine eigenen Erfahrungen und sind daher auch nur Vorannahmen, weil nicht auf Evidenz getestet. Der Leser wird daher gebeten diese Ideen noch mit seinen eigenen Erfahrungen und Ergebnissen zu erweitern. Denn denken Sie daran, dass hier gleich drei Landkarten im Einsatz sind: Die des Klienten, die des Coaches – also Ihnen – und meine, der Ideen liefert. Keine Landkarte ist das Gebiet, daher können meine Anmerkungen zu den Mustern nur Anregungen sein.

Tilgungen (Deletions)

- Grob gesagt fehlen beim Blick auf Tilgungen einfach nur Informationen in einer Aussage. Aus einer einfachen Aussage *„Ich freue mich“*, fehlt dem Zuhörer noch eine Menge an Informationen. Alle Fragen die gestellt werden können, dienen jetzt dazu die Tiefenstruktur besser erkennen zu können. Eine mögliche Frage wäre also *„Worüber freust du dich*?“
- Im Grunde kann man mit folgenden Frageansätzen die meisten Tilgungen erkunden: Wer genau..., Was genau ..., Wen bzw. was genau..., Wem..., Vor wem..., Von wem..., In Bezug auf..., usw.
- Bei Verben wie lieben, verletzen, angreifen verstehen kann man das mit folgenden Fragen genauer spezifizieren:
  Wie genau ... , Worunter genau... , Wann...
- Der Coach achtet darauf, den Rapport zum Klienten nicht zu brechen, denn diese Fragen könnten sonst auch ungemein nervend sein. Innerlich ist er jedoch Sherlock mit der Wörterlupe, der immer darauf bedacht ist, Antworten zu finden, warum denn der Klient diese Wörter tilgt.

- Ist es wirklich nur aus dem Grund, mir in geeigneter Weise seine Information knapp zu überbringen, oder ist die Tilgung für ihn nützlich, um bestimmte Aspekte nicht ansprechen zu müssen. Der Coach achtet geneau darauf, ob eine Reaktion kommt, die ihn zu einem roten Faden führen könnte, wenn die Tilgungen hinterfragt wird.

Nominalisierung

Nominalisierungen sind aus Verben und Adjektiven abgeleitete Substantive. Eine Nominalisierung ist ein Hauptwort, das man nicht anfassen kann. Nominalisierungen sind „Bedeutungsblasen", Worte die vorgeben, etwas zu bedeuten, allerdings ihre Bedeutung nicht offenlegen. Um eine Nominalisierung wieder in einen Prozess zu wandeln, wird das Substantiv auf das zugrundeliegende Verb oder Adjektiv zurückgeführt und hinterfragt. Also werden zu Worten wie ...
... Liebe, Hoffnung, Freiheit, Streit, Reichtum, Gesundheit, Erfolg...
... Fragen gestellt, die diese wieder in die aktive Form überführen

Wer oder was liebt Dich? – Was macht Dich erfolgreich? - Was erhoffst Du Dir genau?

Der Coach achtet bei Nominalisierungen darauf ob eine Überzeugung mit den Worten transportiert wird. Ist diese Überzeugung auf irgendeine Art mit Repräsentationen hinterlegt und **welche** genau sind das? Liebe ist ein großes Wort. Aber wen oder was oder wie liebt denn der Klient wirklich? In Nominalisierungen zu reden hat für mich immer etwas sehr dissoziatives und damit wenig mit dem eigentlichen Gefühl assoziierten inneren Erlebens. Das kann dadurch sein, dass es schon so Gewohnheit wurde und schon lange nicht mehr hinterfragt wurde, um eine mögliche Verletzung, die damit in Verbindung steht, zu unterdrücken. Andererseits kann es auch ein guter Manipulationsversuch sein, in dem eine Nominalisierung vom Klienten gewählt wurde, die dem Zuhörer genug Raum gibt, die eigene Gedankenwelt damit zu verbinden. Lassen Sie sich jedoch nicht auf diesen Weg ziehen, sondern unterbrechen als Coach diesen Aspekt durch geeignetes Fragen.

Verzerrungen (Distortion)

Sprachliche Aspekte, die der Verzerrung zugeordnet werden, sind meist geprägt von logischen Unregelmäßigkeiten. Aber genau diese machen das Coaching spannend. Finden Sie diese bei Ihrem Klienten, so sind Sie in der Regel nahe am Change Prozess und können diesen dann zünden – siehe Prozessfragen. In Verzerrungen kommt es zum Beispiel zu Verschiebungen zwischen *Ursache und Wirkung*. Oft sind dabei die Gefühle des Klienten in Abhängigkeit zu dessen Verhalten aufgeführt. Also: "Sein Zuspätkommen macht mich wütend!" Dabei ist der Zusammenhang bei weitem nicht so einfach. Die Frage hierzu: „Wie genau führt das Verhalten von X dazu, dass Du Dich wütend fühlst?“ soll dem Klienten aufzeigen, dass innere Prozesse dazu führen, dass er emotional reagiert und nicht eine einzelne Handlung einer Person.

Dies gilt auch bei der *umgekehrten Ursache und Wirkung.* Eine Person behauptet, dass ihr Verhalten für den Zustand und Verhalten einer anderen Person verantwortlich ist. Hier wird entweder die Verknüpfung angezweifelt oder die Annahme, dass es keine Wahlmöglichkeit für den anderen gab.

Klient: „Immer wenn ich mit meinem Mitarbeiter rede, habe ich das Gefühl, dass er richtig wütend auf mich wird, und auch wenn er es nicht ausdrückt, traue ich mich schon kaum mehr, ihm Projekte zu geben, weil ich Angst habe ihn zu überfordern.“

Weitere Aspekte dieser Typen von Verzerrungen sind auch klassische Formen des „scheinbaren“ Gedankenlesens. Hier geht auch um Annahmen, die der Klient von einem Dritten hat, was oft als Entschuldigung für Handlungen missbraucht wird. „Mein Kollege mag mich nicht“.

Als Coach freue ich mich über diese Aussagen, auch wenn die Verknüpfungen gerade bei intelligenten Menschen lange nicht so einfach zu durchschauen sind, wie die genannten Beispiele. Aber wenn ich solche Aspekte entdecke, dann habe ich bereits den magischen Faktor „fehlende Selbstverantwortung“ gefunden. Um den Klienten von hier aus zu einer Lösung zu führen, ist dann doch schon mal Routine. Denn wenn ein Klient entdeckt, dass er seine Worte nutzt um sich selbst „zu belügen“ oder falsche Tatsachen zu erschaffen, dann kann er durch geeignete Fragen dazu gebracht werden, die Wahrheit seiner Aussagen innerlich zu überprüfen. In dem Moment, in dem er den verdrängten Aspekt findet, kommt er wieder in Kontakt zu sich. Und dann können geeignete Formate Lösungen erschaffen.

Beispiel:

Klient: „Mein Vorgesetzter mag mich nicht, weil er mir keine interessanten Projekte mehr gibt.“

Coach: „Wie wissen Sie, dass Ihr Vorgesetzter Sie nicht mag?“

Nach dieser Frage wird der Klient in einen inneren Suchprozess gehen. Lassen Sie sich keine Erklärungen geben, sondern rufen Sie die Bilder ab, die der Klient vor sich sieht. So helfen Sie ihm, sich ein Bild von der auslösenden Situation zu bilden und damit das zugrundeliegende Gefühl wieder holen zu können, welches ihm zu genau dieser Meinung gebracht hat. Dieses Gefühl zu analysieren ist dann der nächste wichtige Schritt. Oft stoßen sie auf vergangene Prägungen, Verletzungen,

Wertekonflikte, die im Klienten selbst stattfinden. Und nicht unbedingt etwas mit dem Gegenüber zu tun haben.

Vorannahmen und Modaloperatoren

Präsupposition sind stillschweigende Vorannahmen - Glaubenssätze - des Sprechers, die in einer Aussage enthalten sind, aber nicht explizit ausgesprochen werden und dem Sprecher oft nicht bewusst sind. Die Formulierung "Du sollst keine anderen Götter neben mir haben" enthält die Präsupposition, dass es andere Götter gibt.

Beispiel: "Er ist genauso egoistisch wie sein Vater."
Woher weißt Du, dass sein Vater egoistisch ist?

Auf ähnlicher Ebene werden auch Modaloperatoren Glaubenssysteme darstellen. Worte wie „muss, soll, geht doch nicht, kann nicht“ drücken in der Regel ganze Welten von Glaubenssystemen aus. Dem Klienten ist das in der Regel nicht bewusst. Als Coach bin ich mit diesen Worten bereits bei einem roten Faden, der oft auf einen geprägten Glaubenssatz hinweist (Wer sagt denn, dass Du das musst?). Der Klient übernimmt unbewusst und dissoziiert Worte oder Sätze, die er von anderen gehört hat oder sich selbst eingeredet hat. Und viele dieser Sätze kommen aus der Kindheit. Auf der anderen Seite können es auch Versuche sein, jemanden ein eigenes System über zu stülpen, ohne dass derjenige (auch der Coach nicht) es richtig hinterfragen kann. (Mir hat noch keiner gesagt, dass ich das tun muss). Spannend wird es, wenn man diesen Ball zurückspielt: „Möchtest Du dass ich das tue“, oder „Möchtest Du es denn tun?“ Diese Fragen geben wieder die Selbstverantwortung zurück und dann ist der Klient auch wieder im Fühlen. Denn um zu seiner Entscheidung zu kommen muss er seine eigenen Prinzipien, Gedanken und Ideen auch einsetzen. Das erfordert assoziatives Vorgehen. Leider sind Glaubenssysteme klebrig und Klienten reagieren nicht gleich mit Erkenntnis auf die Metamodellfragen. Eher das Gegenteil ist der Fall. Daher braucht der Coach hier auch eine gewisse Art der Hartnäckigkeit mit der er im Prozess bleibt und sich nicht vom Thema abbringen lässt.

Verallgemeinerungen

Alle, nie, keiner, dauernd, niemand, immer, ewig, jeder, man – diese nennt man Universalquantoren und werden gerne so genutzt: Keiner liebt mich. Alle Männer sind Schweine und alle Frauen reden zu viel. Keine dieser Aussagen ist wahr. Und doch werden Verallgemeinerungen genutzt, um einzelne Erfahrungen in eine immer und überall geltende Regel zu verwandeln. Zum einen verstärken diese Worte die Bedeutung der Aussage. Auf der anderen Seite unterstützt der Sprecher damit seine Aussage, um diese unangreifbar zu machen und Diskussionen zu vermeiden. Es ist ein linguistisches Rempeln und Bahnbrechen mit den Ellbogen der Worte.

Universalquantifikatoren werden durch ein Gegenbeispiel oder durch Betonung des gebrauchten Universalquantifikators hinterfragt. Beispiele wie: "Alle Deutschen sind risikoscheu!" Metamodellfrage: Kennen sie wirklich keinen einzigen Deutschen, der zumindest ab und zu einmal etwas Risiko eingeht? Alle Deutschen? Immer?

Die Haltung des Coaches ist dabei von einer Art Vorsicht geprägt, denn der Klient versucht diesen und sich zu überzeugen. Wenn er nur sich nur selbst mit den Generalisierungen überzeugen will, so können Sie dies durchaus mit Fragen wie oben beschrieben auflösen. Sind andere Motive dahinter, dann ist eine gewisse Art von Fingerspitzengefühl sehr hilfreich. Ein solches Motiv könnte sein, dass der Klient möchte, dass Sie ihm glauben oder dass Sie keinesfalls das versteckte Thema hinterfragen. Und genau deshalb fragen Sie den Klienten was ihn so sicher macht und folgen Sie dem Weg, mit welchen Erfahrungen der Klient seine Aussagen untermauert. Werfen Sie dabei immer wieder nebenbei ein, dass Sie und er bestimmt auch andere Erfahrungen gemacht haben und belegen Sie diese. Diese feine Art umgeht den opportunen Vorstoß des Klienten geschickt und beginnt schon an den Mauern des Gerüsts zu wackeln. Achten Sie darauf, dass Sie niemals den Verallgemeinerungen zustimmen oder diese im Rapport abnicken. Nur detaillierte Erfahrungen werden akzeptieren und bestätigt, und immer wieder in den Bezug zur Verallgemeinerung gesetzt.

Zum anderen beachten Sie auch den Zweck der Verallgemeinerung. Fragen Sie doch mal um die Ecke: Wenn ich der gleichen Meinung wäre wie Sie, dass alle ... sind, welche Auswirkungen hätte das dann auf unser Gespräch? Das ist eine seltsame Frage, bringt den Klienten jedoch dazu, über seine Art der Sprache nachzudenken und trägt vielleicht dazu bei, das gemeinsame Gespräch aus der Haltung „Ich muss überzeugen“ herauszuführen.

Skalierungsfragen

Diese bringen den Klienten dazu, sein Thema in einem größeren Kontext zu sehen und dann darin einzustufen. Manchmal ist die Erkenntnis, dass das Problem nur 7 von 10 möglichen Punkten einnimmt, schon mal eine Beruhigung. Es geht also noch schlimmer. Oder aber das Nervensystem kann noch ein wenig mehr aushalten. Somit hat der Klient bei den Skalierungsfragen immer die Möglichkeit auch aus seiner subjektiven Beschreibung des Themas heraus zu kommen. Das alleine ist schon mal eine Erkenntnis.

Im Laufe der Arbeit mit dem Klienten kann man immer wieder dieselbe Skala einsetzen, um die Prozessrichtung zu verdeutlichen. Dies ist dann sowohl für den Coach gut, aber hauptsächlich für den Klienten, weil er dann hoffentlich versteht, dass Veränderung stattfindet. Ich beachte dabei auch immer, dass der Klient nicht unbedingt die perfekte Lösung will. Denn wegen der Ökonomie des Problems, kann es gut sein, dass eine zwei oder drei als Ende durchaus OK für das Ergebnis des Klienten ist. Allgemein gilt sowieso, dass nicht die absolute Änderung wichtig ist, sondern nur die Änderung im Verhältnis. Wenn also jemand einen 4 als schlecht angibt, dann ist eine zwei nur noch 50% vom Thema. Von einer acht auf eine zwei ist dann schon richtig gut.

Skalierungsfragen gibt es zum Beispiel in folgenden Varianten:

- *Stärkeskala: Auf einer Skala von eins bis zehn – wobei eins OK und zehn unerträglich wäre, wo würden Sie ihr (Problem / Thema ...) einordnen?*
  Diese Skala eignet sich am besten, um einen Prozessfortschritt, wie oben beschreiben zu unterstützen.
- *Polare Skala: Auf einer Skala von minus zehn bis plus zehn, ist minus zehn völlig unglaubwürdig und plus zehn völlig wahr. Wie würden Sie den Satz „Ich bin souverän in Mitarbeitergesprächen" jetzt einordnen. Eher minus, also unglaubwürdig oder plus, also – ja ich glaube daran?*
  Diese Fragen eigenen sich am besten für Glaubenssysteme, da sie die Polarität des Glaubens und deren Auswirkung bereits ein wenig herausarbeiten.
- *Vergleichende assoziative Skala: Sind Sie im Umgang mit Ihren Mitarbeitern eher Maus, Katze, Hund, Luchs, Löwe oder Tiger?*
  Diese Art der Skala arbeitet hervorragend mit Assoziationsmodellen, welche sofort auch in Wechselwirkung mit dem Lösungsdenken geht, da alle Aspekte probiert werden müssen, um zu einem Ergebnis zu kommen. Das erschafft Wahlmöglichkeiten.

Sonderfragen

In der Regel hilft das Metamodell genauere Informationen aus dem Problemstatus zu extrahieren. Doch es gibt auch eine Reihe von besonderen Fragen, die bereits eine Veränderung im Problemzustand initiieren. Diese Fragen sind die Asse, die der Coach aus dem Ärmel schütteln kann um damit schnell andere Aspekte zu erschaffen.

Beispiele zu den Sonderfragen

Welche Kompetenzen lebst Du, wenn Du dieses Problem lebst?

Diese Art von Fragen entdeckt die Ressourcen, die jemand nutzt, um einen bestimmten Problemzustand aufrecht zu erhalten. Denn das Problem zu erhalten, ist manchmal eine Kunst die mit viel Einsatz erschaffen wird.

Was müsste ich (der Coach) tun, um Dein Problem zu haben?

Diese Frage erschafft ein Denken auf Verhaltensebene. Also welches Verhalten – das der Coach anscheinend nicht tut – müsste getan werden, um einen bestimmten Problemstatus zu initiieren. Diese Frage hilft dem Klienten eine Strukturierung für den Ablauf des Problems zu erschaffen. Es ist für ihn gut zu wissen, mit welchem Verhalten die Negativspirale nach unten beginnt. Der Coach kann hier ansetzen indem er vielleicht wie beim Integrativen Ressourcenformat einen Unterbrecher des Musters installiert.

Ziel: Wo war es denn schon ein wenig so?

Oft erschaffen die Klienten Ziele, an die sie wie an einen Märchenwunsch denken. Dabei ist es meist eher so, dass das Problem nicht immer da ist, sondern das Ziel auch schon im Leben auftrat. Kein Symptom ist „immer“, bedeutet, es gibt bei Problemsymptomen oder Krankheitssymptomen kein „immer“. Es gibt oder gab auch Ausnahmen davon.

Eine gute Sammlung von Sonderfragen findet man im Buch: Fragen können wie Küsse schmecken.

Zirkuläre Fragen.

Diese systemische Theorie beschäftigt sich viel mit den Verbindungen, die ein Mensch mit anderen Menschen und Systemen oder auch Objekten in seinem Leben hat. Wir reden hier vom Thema der *Beziehung (Relations).* Viele Aspekte des Denkens sind hauptsächlich diesen Beziehungen gewidmet. Und Bindungen und Beziehungsmuster prägen sich vom Mutterleib an. In der Sprache der systemischen Therapie hat sich dafür eine eigene Frageform entwickelt. Das zirkuläre Fragen. Und genau diese Art von Fragen hilft auch Coaches sich im Netz der Beziehungen zurecht zu finden. Das Wichtigste dabei ist wohl die innere Einstellung, die sehr viel Neugierde beinhaltet. Als Coach geht man davon aus, dass man nichts weiß. Wie ein Polizist am Tatort sind die Hintergründe der Klienten Problematik erst einmal nicht bekannt. Also fragen Sie! Und ein Teil davon sind die zirkulären Fragen[48], welche die gedachten Beziehungsstrukturen eruieren.

Der zweite Aspekt dabei ist es, dem Klienten die Basis seines Denkens klar zu machen. Denn als soziales Wesen haben wir die Fähigkeit, uns in jemand anderes hineinzuversetzen. Das hat Vor und Nachteile. Mit Klärung der Gedanken Konstrukte, die damit verbunden sind, kann man dann auch Probleme, die daraus entstehen, verstehen. Die zirkulären Fragen gehen also immer vom Ansatz aus, dass ich mich in jemanden anderes hineindenke. Und das kann durchaus komplex sein.

Zirkuläre Fragen der ersten Ordnung

- *Was glauben Sie was Ihr Chef dann über Sie denkt?*
- *Was glauben Sie, was meint Ihr Vorgesetzter, sollten Sie tun?*
- *Was denken Sie über sich, wenn Sie so denken oder fühlen? (Satir – Frage)*
- *Was meinen sie, wie erlebt Ihr Kollege Ihre Reaktion?*
- *Sag mal Hans, was glaubst du, was deine Mutter fühlt, wenn sie deinen Vater so weinen sieht?*

Zirkuläre Fragen zweiter Ordnung

- *Was meinen Sie, denken Ihre Kollegen, was Ihr Chef jetzt in Bezug auf Frau Müller tun sollte?*
- *Sehen Sie den schwierigen Kunden genauso wie Ihre Kollegen oder würden Sie da eher widersprechen?*

Zirkuläre Klassifizierungsfragen

- *Wer ist Ihnen im Projektmeeting wohl am meisten positiv und wer ist Ihnen eher skeptisch gewogen?*
- *Angenommen in Ihrem Team würde jemand gekündigt, wer wäre aus der Sicht Ihres Chefs wohl der Erste?*

Zirkuläre Übereinstimmungsfragen

- *Der Vorstand hält die Talfahrt Ihrer Firma für ein Problem der aktuellen Konjunktur, der Personalrat hingegen führt das auf Fehler im Management zurück. Welche Sicht teilen denn Sie und Ihr Team?*

Zirkuläre Fragen bringen den Klienten direkt dazu, sich in sein Gegenüber hineinzuversetzen. Und damit versetzt er sich in einen Zustand, bei dem er meist einen größeren Überblick über das aktuelle Problemthema bekommt. Es geht also wieder darum, Wahlmöglichkeiten zu erweitern. Als Coach richten Sie Ihren Blick dabei auf die Ordnungen, die im System vorhanden sind, aber vor allem auf die, welche nicht vorhanden sind.

Prozessfragen

Prozessorientiertes Coaching braucht einen Prozess. Und dieser beinhaltet einen Ablauf mit verschiedenen Phasen. Die Arbeit des Coaches ist das Füttern dieser Phasen mit Fragen. Je nach Thema des Coachings und aktueller Phase während des Prozesses sind bestimmte Aspekte zu aktivieren. Insgesamt braucht der komplette Ablauf eine Art Kochtemperatur, so wie Martina Schmitt-Tanger dies mit Ihrem Kochplattenmodell vorschlägt. Wenn Sie also nicht auf der Oberfläche des Themas bleiben wollen, dann erschaffen Sie eine Intensivierung der Fragen hin zum Thema. Dabei gilt es, immer die richtige Prozesstemperatur zu finden, so wie beim Kochen jedes Gericht seine beste Temperatur hat. Um dies steuern zu können, sollte man eine Vorstellung davon haben, in welche Richtung es gehen soll. Und so wie es beim Fahrzeug, Gas und Bremse gibt, so kann man auch beim Coaching mit unterschiedlichen Fragen in bestimmte Richtungen lenken. Das Ganze hat mit der modernen Neuropsychologie insoweit zu tun, als dass damit bestimmte Bereiche des Gehirns aktiviert werden. Das heißt, dass der Erregungszustand der betroffenen Nervenzellen gesteigert wird. Dadurch können Informationen aus diesen Bereichen eher und leichter abgerufen und verarbeitet werden.

Ich definiere die Aspekte paarweise, was aber nicht unbedingt bedeutet, dass diese nicht auch jeweils einzeln angewandt werden können. Die „Paarbildung“ deutet nur darauf hin, dass ein Aspekt den anderen in einem bestimmten Bereich inhibieren – also verhindern kann.

- Emotionsfeld – Mentalfeld
- Problemebene - Zielebene
- Ressourcenfeld der Vergangenheit oder Zukunft – Bewusstsein des Jetzt

Aus Sicht des Prozessmodells ist der Herd also schon ein ausgewachsener Industrieherd mit einer Menge an Platten. Doch für ehrgeizige Coaches, die eine Professionalität in Ihrem Job suchen, ist das gerade mal gut genug.

Prozesstyp Emotion

Zuständig für den emotionalen Anteil des Prozesses. Je nach Bedarf hilfreich, um an den Stolperstein zu kommen, wenn andere Aspekte bereits ausgereizt sind. Bitte beachten Sie dabei, dass Sie Emotionen nicht zu weit aufdrehen, ohne zu wissen, was Sie damit tun wollen. Sonst könnte eine Neuprägung oder Verstärkung der möglichen emotionalen negativen Erinnerung an eine frühere Erfahrung stattfinden. Dies ist natürlich bei positiven Gefühlen gewünscht. Emotionen werden meist assoziiert vom Klienten wahrgenommen. Achten Sie darauf, dies nötigenfalls wieder mit Dissoziativfragen zu unterbrechen, wenn Sie nicht vorhaben diesen Prozesstyp wirklich zu überhitzen.

Mit folgenden Fragen können Sie diesen Bereich anheizen:

- *„Wie fühlt es sich an ...?“*
- Dissoziierte Form *„Wie würde es sich anfühlen?“* wird gerne benutzt, wenn die Energie nur minimal erhöht werden soll. Nützlich auch bei Menschen, die anscheinend nicht fühlen können.
- *„Wenn Sie sich in die Situation hineinversetzen, was spüren Sie dabei?“ „Was sehen Sie?“ „Wie alt sind Sie dabei?“* Und ähnliche Fragen. Erinnerungen an Kindheitserinnerungen sind oft emotional aufgeladen.

Feinabstimmung dazu:

- *„Wo in ihrem Körper fühlen Sie das Gefühl?“* -> Dies gibt kurzzeitig die Kontrolle zurück ohne das Gefühl gehen zu lassen.
- *„Dann lösen Sie sich wieder vom Körpergefühl und gehen ganz in das Gefühl hinein.“* Gefühle haben keinen Platz. Sie sind einfach nur spürbar.
- *„Bitte vermeiden Sie den inneren Dialog – nur Fühlen!“* -> Macht aus einem Kampf mit dem Gefühl ein Zulassen des reinen Gefühls.

Prozesstyp Mental

Zuständig für die höheren Denkprozesse. Das bewusste Denken und die logischen Aspekte, welche meist kommentierte oder abstrakte Erfahrungen bis hin zu mehrstufigen Gedankenkomplexen. Als Coach bin ich dabei ein Wissenschaftler, der sich klar über die Logik des Gedankens ist. Für den Klienten sind diese Fragen wichtig, weil er Ergebnisse zusammentragen kann, Dinge rational erklären kann und damit eine gefühlte Kontrolle über den Prozess hat. Oft haben mentale Aspekte auch stark dissoziativ geprägte Aspekte. Achten Sie auch hier darauf, den Prozess nicht zu weit in diese Welt hineinzuführen und halten Sie notfalls Assoziativfragen des Emotionalfelds entgegen. Ein gutes Coaching ist wie ein gutes Leben. Die wichtigen Aspekte des Lebens sind im Gleichgewicht und werden von im Rhythmus immer wieder mal in die eine oder andere Seite gebracht, damit das neuronale Netzwerk lernen kann.

Fragemodelle für diesen Prozesstyp:

- *„Was denken Sie dabei?"*
  Fokussieren Sie auf den mentalen Aspekt.
- *„Was sagen Sie sich in diesem Zusammenhang?"*
  Dies aktiviert das innere Sprachzentrum. Achten Sie dabei darauf, dass dieser Bereich nicht ins Jammern fällt, sondern nur eine Beschreibung des Denkprozesses wird.
- *„Welche Auswirkungen hat das auf Ihr Handeln?"*
  Hier wird ein ganz bestimmter Hirnbereich aktiviert, welcher das Handeln in die Zukunft projiziert.
- *„Wie entscheiden Sie, wenn Sie die Fakten zugrunde legen?"*
  Für Entscheidungen ist wieder ein anderes der höheren Zentren des Gehirns aktiv. Für die Steuerung ins Mentale brauchen Bauchentscheidungen hierbei nicht beachtet zu werden, da diese eher zum Gefühl gehören. Auch sollten die Ergebnisse dieser Antwort nicht überbewertet werden, da zu einer kongruenten Entscheidung immer das Bauchgefühl mit dazu gehört.

Prozesstyp Problemebene

Wann immer Sie ihren Klienten mit dem Problem einheizen, gilt immer zweierlei zu beachten: Zum einen aktivieren Sie die Bereiche, welche das Problem dazu gemacht haben, was es ist. Frei nach Einstein, der sagte: Ein Problem kann niemals mit den gleichen Mitteln gelöst werden, mit dem es entstanden ist. Wozu braucht man dann die Problemfokussierung? Um Informationen darüber zu sammeln, *wie oder wofür* der Klient das Problem erschaffen hat oder es aufrechterhält. Damit im Prozess es keine Problemtrance für Coach und Klient wird, gibt es Rettungsleinen aus dem Problem heraus. Es ist wichtig den Prozessbereich Dissoziation und den Prozesstyp Zielorientierung bereits ausgearbeitet zu haben, bevor man sich an die Informationssammlung mit dem Problem macht. Also die möglichen positiven Anker mit dem Klienten gesetzt zu haben, welche helfen das Problemfeld schnell wieder verlassen zu können. Gleichzeitig sollte der Rahmen der Fragen eng bleiben und geschlossene Fragen im Vordergrund stehen. Vermeiden Sie auf alle Fälle die Frage „Warum" um im Problemfeld Antworten zu bekommen. Denn „Warum" führt zu Erklärungen welche das Glaubenssystem des Klienten stützen und führen nur noch tiefer in die Problemtrance.

Fragen für die Problemorientierung:

- *Wie erschaffen Sie das Problem?*
- *Wie erhalten Sie das Problem?*
- *Wie verhindern Sie Lösungen?*
- *Welche Fähigkeit bräuchte ich um Ihr Problem zu haben?*

  Und die wohl wichtigste Frage ist: „*Worum geht es hier eigentlich?*"

Sie werden feststellen, dass Ihnen Menschen immer wieder interessante wie auch völlig banale Informationen hinwerfen, in der unbewussten Absicht Sie mit in deren Problematik und den damit bereits entworfenen Lösungsplan zu ziehen. Damit geraten Sie jedoch nur in die Problemtrance des Klienten. Die Frage „Worum geht es eigentlich?" verhindert ein zu starkes Eintauchen in diese Trance.

Diese Fragen erschaffen einen Selbstbezug zu den eigenen Handlungen des Klienten und ziehen die Aufmerksamkeit von Projektionen auf den Klienten zurück. Auch wenn Ihr Klient vielleicht mit den Augen rollt, und beharrlich darauf besteht, dass alle anderen schlecht sind, können diese Fragetypen Wirkungen nachträglich entfalten, auf die Sie später wieder zurückkommen dürfen.

- *„Was genau / Wie genau / Wer / Wie lange ...?"*
  Diese Fragen dienen der Informationssammlung und sind geschlossen, so dass es nur einfache und definierte Antworten gibt, die nicht in gleich in Erklärungsmodelle auswachsen. Sie werden feststellen, dass es Klienten gibt, die dies trotzdem gerne tun. Lassen Sie das nicht aus dem Rahmen fallen.
- Entscheidungsfragen: *„Stimmt es, dass Sie erst sauer wurden, als Ihr Kollege sich ohne Worte von Ihnen abgewendet hat?"*
  Diese Art von Fragen kann nur durch Ja oder Nein beantwortet werden und hindern den Klienten daran in sein Erklärungsmodel zu flüchten. Gleichzeitig können Sie mit geschickten Fragen auch nochmals einen Spiegel vorhalten.

Prozesstyp Zielebene

- Die Fragen für die Ziele haben wir umfangreich im Zielrahmen formuliert. Der Fokus des Klienten wird weg vom Problem und hin zur Lösung fokussiert. Die zugrundeliegende Idee ist dabei, neue oder passende Ressourcennetzwerke im Gehirn des Klienten zu aktivieren. Es braucht zuerst keine Lösungen, sondern Ziele. Bitte beachten Sie diesen Unterschied und bringen Sie dies auch dem Klienten näher.

- Der Klient fühlt sich mit geeigneten Zielen in der richtigen Chunkgröße (erreichbar) wieder handlungsfähig. Die Selbstwirksamkeitserwartung wird langsam gesteigert, wenn wenigstens Teilziele erreichbar bleiben.

Fragen zum Ziel:

- *„Machen Sie sich ein Bild davon, wie Sie sind, wenn Sie das Bild erreicht haben?“* Oder*: „Stellen Sie sich eine Leinwand vor auf der ein Film mit Ihrem Ziel abläuft?“ „Wie sehen Sie darin aus? Wie stehen Sie da? Wie bewegen Sie sich? Wie ist Ihre Gesichtsmimik? Was hören Sie dabei? Gibt es vielleicht Zielgerüche oder Geschmack?“*

Diese Fragen erschaffen ein dissoziiertes Bild. Und gerade am Anfang einer Zielentwicklung ist es sinnvoll die Frage „Und wie fühlst Du Dich dabei“ noch weg zu lassen, da es die Gefühlsebene anspricht. Leider kann dadurch auch das Gefühl der problematischen Situation leicht mit im Ziel wieder mit erschaffen werden. Daher erst bei stabilen Zielen (Siehe Zielrahmen) die Gefühlsebene mit dazu nehmen oder den „Was wäre wenn Rahmen“ aktivieren.

- *„Was wäre, wenn Sie Ihr Ziel bereits erreicht hätten?“*
  „Tun Sie bitte doch mal, als ob Sie Ihr Ziel schon erreicht hätten – Was wäre anders?“

Dieser „Was wäre wenn“ oder „So tun als ob“ -Rahmen hilft dem Klienten neugierig in sein Ziel zu schlüpfen ohne den Problemstatus mit zu nehmen. Er ist also zum emotionalen Einheizen des Ziels durchaus hilfreich. Dieser Prozesstyp gehört zum Grundwissen dessen, was im typischen Fragenrepertoire eines Coaches zu finden sein sollte, da es die Verschiebung des Klienten Denkens vom Problem zum Ziel unterstützt.

Prozesstyp Ressourcenorientierung der Vergangenheit

Wenn dieser Bereich aktiviert wird, dann denkt der Klient über Erfahrungen nach, die in der Vergangenheit gut waren. Dies beinhaltet nicht unbedingt nur immer positive Emotionen, sondern kann auch mal einfach andere Vorgehensweisen beinhalten. Wie zum Beispiel, wenn ein zurückhaltender Mensch plötzlich mal mit etwas Ärger jemandem seine Meinung sagt, ohne dabei verletzend zu sein. In der Regel werden jedoch positive Repräsentationen von Erfahrungen aufgerufen. Wir gehen davon aus, dass zu den meisten Wörtern, die Ressourcen bezeichnen (Kraft, Freude, Souveränität, Eleganz, Gelassenheit ...) jeder Mensch eine oder mehrere Erfahrungen hat. Die Ressourcenorientierung der Vergangenheit braucht manchmal einfach nur den Zugang zu dieser Zeit und den Kontexten, in denen diese Eigenschaften vorhanden waren. Typischerweise hören wir als Coaches immer die Antwort „Dazu fällt mir nichts dazu ein". Lassen Sie sich davon nicht beeindrucken und erwähnen Sie die Zeitschiene. Ressourcen sind zeitunabhängig und Ihr Klient darf bis zurück in die Kindheit gehen, um die benötigten Erinnerungen auszupacken. Vielleicht geben Sie ihm ein paar Hinweise dazu.

Kleine Übung für Sie selbst: Überlegen Sie mal, welche Fähigkeiten Sie als Jugendlicher hatten, die Sie heute kaum mehr leben. Seien Sie neugierig auf die Bilder, welche diese Frage aufwirft. Als Coach nutze ich diesen Prozesstyp, um jemanden auf eine Zeitreise zu senden, in der er Schätze bergen kann. Doch gleichzeitig wird auch ein bestimmtes emotional aufgeladenes Feld erschaffen, welches in Verbindung mit Vergangenheit assoziiert wird. Für mich – und das ist eher ein spiritueller Gedanke, der noch verifiziert werden sollte – findet die Veränderungsarbeit in der Gegenwart statt. Das Vergangenheitsfeld stört den Klienten, ganz hier im Jetzt und bewusst zu sein. Und doch ist mein Fokus als Coach darauf gerichtet, die Ressourcen der Vergangenheit jetzt in die Gegenwart zu bekommen, um dann damit Veränderung zu erschaffen. Ein Paradox - ich weiß.

Fragen für diesen Bereich:

- *„Gibt es eine Situation in ... Deinem Kontext, Deiner Vergangenheit, in der der Du diese (positive) Ressource schon mal erlebt hast / gelebt hast?"*
  Diese Art der Fragen sind für den Klienten „Ressourcenfragen erster Ordnung", da Sie direkt die Erinnerung ansprechen. Der Coach muss vorher schon wissen, welche Ressourcen er für seinen Klienten erarbeiten will.
- *„Erinnerst Du Dich an Deine Jugend, was konntest Du damals gut, was Du heute nicht mehr lebst?"*
  Diese Art von Fragen „zweiter Ordnung" erschaffen einen Such- und Vergleichsprozess. Die aktuelle Situation wird mit erkannten Ressourcen der Vergangenheit vergleichen. Ergebnisse sind oft ach neue Erkenntnisse und Aha! Erlebnisse, die eine schnelle Prägung nach sich ziehen.
- *„Wenn Du Deine jetzige Fähigkeit (z.B. Disziplin) nutzt, welche Ressourcen könntest Du Dir damit für die Zukunft aufbauen?"*
  Ressourcenorientierung mit Zukunftsorientierung nennt man „dritter Ordnung", weil der Klient, komplexere Gedankengänge erschaffen muss, um zu einem zukünftigen Ergebnis zu kommen. Gleichzeitig werden bei dieser Art von Fragen vielleicht unerwünschte Eigenschaften aktueller

Problematiken in einen neuen Rahmen gestellt. Und Reframing gehört sowieso zu den wichtigsten Fähigkeiten eines Coaches.

- *„Wie hast du es nur schaffen können dieses Problemleben bis heute zu überleben?“* Diese provokative Frage erschafft einen Kontext in dem der Klient neben dem Drama, dass er in seinem Leben sieht unwillkürlich auch seine positiven Aspekte auspacken muss. Ein leichtes Schmunzeln sollte der Coach dabei nonverbal zusteuern.

Prozesstyp Ressourcenorientierung auf das Jetzt

Angst ist eine Emotion der Zukunft und Trauer eine der Vergangenheit. Ärger, Ekel und Freude gehören in die nahe Gegenwart. Wenn jemand seine Angst löst, sich in Bewegung setzt und dafür den Ärger nutzt, um sich in Bewegung zu bringen, ist dieses für manche Menschen durchaus eine Lösung. Denn der Ärger ist eine höhere Energieform und übernimmt mehr Selbstverantwortung als die Lähmung der Angst. Dafür verlässt der Klient seine Projektionen in die Zukunft und nähert sich der Gegenwart.

Die spirituellen Meister dieser Welt, wie zum Beispiel der Dalai-Lama oder Eckart Tolle weisen immer wieder darauf hin, dass es im Jetzt nur Frieden gibt. Denn weder die Vergangenheit mit Ihren alten unverarbeiteten Bildern, noch die Ungewissheit der Zukunft, können das Denken beeinträchtigen. Wenn keine akute Gefahr, Krankheit oder Vergiftung den Körper bedroht, dann ist die Gegenwart der einzige Platz, in dem uneingeschränkte Energie und Frieden vorhanden ist. Ich empfehle auch Coaches sich mit dieser Art des spirituellen Denkens zu beschäftigen, denn die meisten Probleme Ihrer Klienten werden mit ungewisser Zukunft oder Aspekten der Vergangenheit zusammenhängen, die nicht gelöst oder verarbeitet wurden. Zeigen Sie Ihrem Klienten einen Weg ins Jetzt. Dies ist die Insel der Kraft, aus der heraus Sie mit anderen Fragen und Formaten am schnellsten Lösungen generieren können. Jetzt ist der einzige Zeitpunkt der existiert. Die vom Denken erschaffene Vorstellung von Zukunft und Vergangenheit ist nur ein Hilfskonstrukt des Geistes – auch wenn es ein nützliches Konzept ist. Doch die Erkenntnis des Klienten, dass hier in diesem Augenblick das Leben geschieht und nicht morgen oder nächstes Jahr und dass die Vergangenheit vorbei ist. Das erschafft die Magie der Gegenwart. Für den Klienten ist es ein Heraustreten aus der alten Masche und für den Coach kann es ein Zeitpunkt der Stille sein, in dem Veränderung von alleine kommt. Für das Prozessorientierte Coaching ist es die Achse mit der höchsten Energieform. Der Zeitpunkt dafür darf gut gewählt sein.

Die Magie der Gegenwart ist genau die Erkenntnis,
dass das „Jetzt“ real sicher ist.
Die Zukunft oder Vergangenheit nur im Kopf gefährlich existiert.

Alternativ dazu und manchmal sogar noch stärker als das Heraustreten aus dem zeitlichen Rahmen ist die Prozessrichtung der Loslösung von der Dualität und der Herrschaft des Egos. Aber das soll Ihnen jemand erklären der das auf einer tieferen Ebene verstanden hat.[49] Diese Art des Prozesses erwartet vom Coach eine gewisse Größe und die Fähigkeit mit seinen Fragen hinter die Strukturen zu schauen. Dann können sich manchmal schwierige Problemstellungen beim Klienten entspannen und es wird eine neue Sichtweise eingenommen mit der man dann wieder an der Struktur arbeiten kann. Aber diese kommt aus einer kraftvollen losgelösten Metaebene. Dies setzt auch Erfahrungen und Einsichten beim Coach voraus und hängt daher mit der eigenen Entwicklung des Coaches zusammen. Und nicht ohne Grund gibt es in Deutschland viele Lehrer, die beide Ebenen miteinander verbinden können. Lernen Sie von solchen Menschen, es lohnt sich.

Fazit

Fragen sind das Steuerungsinstrument des Coaches und man sollte nie aufhören diese Ebene aufzubauen. Wahrscheinlich hat auch jeder Coach seine Lieblingsfragen und seine liebste Prozessebene. Aber für jeden Topf gibt es einen Deckel und daher finden sich in der Regel Coaches und Klienten, die zusammenpassen. Doch wie im NLP gilt auch hier. Das flexibelste Element regiert das System. Also lernen Sie Fragen und wechseln Sie Bezugsysteme so wie es für einen Prozess hilfreich ist. Die Qualität ihres Coachings wird steigen. Ein besonderes Buch dazu ist sicherlich „Fragen können wie Küsse schmecken[50]“ von Carmen Kindl-Beifuß und sollte in keiner Bibliothek fehlen.

Wenn Sie lernen sich Fragemodelle zu eigen zu machen, dann wird Ihnen auch das Metamodell dabei von Nutzen sein, da es nicht nur aus Fragen zur Steuerung besteht ist, sondern auch Hinweise auf zugrundeliegende Denkprozesse des Klienten liefert. Die Prozessfragen hingegen sind grundlegende Steuerungsfragen und viele Lösungsformate beinhalten Aspekte davon. Keine Angst vor den Reaktionen des Klienten. Mit der passenden Prozessfrage steuern Sie Ihr Coaching so wie es passend ist. Denken Sie dran, je eindrücklicher der Prozess, desto einfacher bleibt die erarbeitete Veränderung auch hängen.

Lösungen

Suche nicht nach Fehlern, suche nach Lösungen.

Henry Ford – Entrepreneur und Autobauer

Wer sich nachts zu lange mit den Problemen von morgen beschäftigt, ist am nächsten Tag zu müde, sie zu lösen.

Rainer Haak – Dt. Schriftsteller

Ausgewählte Lösungen für den angehenden Coach

In dem ersten Teil des Buches haben Sie die Hintergründe, Strukturen und inneren Einstellungen kennengelernt, welche zu einem guten Coaching Prozess führen. Es gilt dabei immer das der Prozess im Vordergrund steht und nicht die Technik. Daher ist das Jonglieren mit Fragen der Hauptaspekt des Coachings. Fokussieren Sie Ihre Fragen so, dass der passende und von Ihnen erwünschte Gehirnbereich angesprochen wird. Das bedeutet Sie haben einen Plan, welche Aspekte des Denkens Sie beeinflussen wollen. Bitte bedenken Sie jedoch dabei, dass das Gehirn nicht ganz so einfach strukturiert ist. Daher sind die angegebenen Beispiele nur Ausrichtungen auf erhöhte Wahrscheinlichkeiten.

Ziele und Ressourcen -> präfrontalen Kortex

Glaubenssysteme -> Kortex allgemein

Emotionale Themen -> limbisches System

Systemische Verbindungen -> hinterer cingulärer Kortex und Hippocampus

Und immer sollten Sie den Körper dazu nutzen, die Veränderung zu integrieren. Denn die beste Lernerfahrung erschaffen Sie durch die Verbindung von Geist und Körper. Dieses wird heute auch Embodiment genannt und ist ein wichtiger Bestandteil der Arbeit in der Veränderung von Menschen.

Im jetzt folgenden Teil des Buches stelle ich Ihnen dazu ausgewählte Lösungen vor. Diese können nicht die ganze Bandbreite des Coachings abdecken, sind jedoch perfekte Formate für die einzelnen Themen. Eine weitere große Auswahl von Formaten passend zu den Themen, finden Sie zum Beispiel in unserer Coachingbox[51].

Bei all diesen Formaten gilt meist, dass sie geübt werden sollten. Also nutzen Sie Ausbildungen, Peergroups oder überzeugen Sie Freunde, sich als Probanden zur Verfügung zu stellen. Denn ihre eigenen Erfahrungen als Coach machen sie sicher im Prozess, was wiederum Auswirkungen auf die Qualität der Lösung hat. Und denken Sie daran:

Die wichtigste Eigenschaft eines Coaches ist, dass es ihm gut geht!

Ressourcenvolle Lösungen

Die Freude ist überall. Es gilt nur, sie zu entdecken.

Konfuzius (551-479 v.Chr.), chin. Philosoph

Ein junger Mann wanderte durch einen verwunschenen Wald und kam an ein Haus, welches wie ein Laden aussah. Er ging hinein und hinter der Theke stand ein älterer Mann, mit weißem Bart, der von innen her zu leuchten schien. Neugierig fragte der junge Mann den Weisen: "Was verkaufen sie, werter Händler?" Der Weise antwortete freundlich: "Alles, was sie wollen." Der junge Mann überlegte kurz und kam zu der Ansicht, dass ihm hier die Möglichkeit bot, wirklich etwas zu verändern. Er sagte: „Dann hätte ich gerne den Weltfrieden, die Einheit aller Nationen, die Abschaffung von Hunger, Armut, Ungleichheit von Mann und Frau, mehr Liebe unter den Menschen, und ..." "Halt!" fiel ihm da der Weise ins Wort, "Entschuldigen Sie, aber Sie haben mich falsch verstanden, wir verkaufen hier nicht die Früchte, wir verkaufen hier nur den Samen."

Autor unbekannt

Ressourcenvolle Lösungen

Eine der wichtigsten Coachingprozesse ist die Arbeit mit Ressourcen. Diese beginnt bereits beim ersten Gesprächsablauf und ist immer aktiv. Sowohl bei der Zielsuche als auch beim möglichen Reden über das Problem. Und natürlich, wenn man als Coach dem Klienten Lösungsformate anbietet. In meinen Ausbildungen hat sich folgender Spruch etabliert:

„Ressourcen gehen immer".

Und wenn Sie als Coach noch neu sind, dann wird neben der Zielearbeit und guten Fragetechniken, am Anfang die Arbeit mit den Aspekten stehen, welche aus dem Klienten das herauslockt, was er bereits gut kann. Das nennen wir seine Ressourcen.

Beispiele für Ressourcen

Auch wenn jeder im Detail etwas Anderes meint, was die einzelnen Ressourcen bedeuten, so gibt es doch auch einen gewissen Konsens, auf den man sich einigt. Sie werden sicher zu folgende Ressourcen ein Bild machen können: Sicherheit, Souveränität, Eleganz, Kraft(voll), Ruhe, Gelassenheit, Humor, Schlagfertigkeit, Entspannung, Genauigkeit, Empathie, Sorgfalt, Standhaftigkeit, Geduld, Neugierde, Aufmerksamkeit, Verbissenheit, Lebensfreude... usw.

Die Worte alleine sind es nicht, was wirkt. Nur in Verbindung mit den inneren Repräsentationen werden diese Worte zu Ressourcen. Was befähigt uns dabei kraftvoll durch den Tag zu schreiten und Aufgaben so zu erledigen, dass diese erfolgreich abgeschlossen werden können? Natürlich unsere Erfahrungen darüber, wie etwas gemacht werden kann. Und je klarer man das hat, desto einfacher geht das. Die einzelnen Erfahrungen summieren sich zu einem Überbegriff. Der beschreibt abstrakt das, was erfolgreiches Vorgehen in jeder passenden Erfahrung verbindet. Stellen Sie sich vor, wie Sie einen Geschäftsvertrag erfolgreich unter Dach und Fach bringen. Dabei kommunizieren Sie, hören gut zu, üben Einfluss auf das Gegenüber aus. Wählen vielleicht Ihre Worte mit Bedacht und versuchen mit unterschiedlichen Mitteln Ihr Gegenüber dorthin zu manövrieren, wie es für Ihre Pläne gut ist. Sie wissen über die Inhalte Bescheid und können das Wissen auch nutzbringend anbringen. Dabei sind Sie ruhig und gelassen und können auch mit den Manipulationen des Gegenübers locker umgehen. Ihre Haltung ist aufgerichtet und der Unterkiefer leicht nach vorne geschoben.

All diese Handlungen werden Sie vielleicht zu einem Wort zusammenfassen können: **Souveränität.** Dieses drückt alle Ihre Fähigkeiten in einem Oberbegriff aus und nur Sie wissen, was es bedeutet souverän zu sein. Es ist dann im Coaching zum Problemkontext natürlich wünschenswert, dass der Klient ebensolche Ressourcen dabei nutzen könnte. Aber das Gegenteil geschieht. Immer wenn er zum Beispiel seine Mutter oder seinen Vater besucht, verfällt er in einen Stuckstate. Also statt in der *K*raft zu bleiben, sinkt der Körper in sich zusammen und wird wieder das Kind vergangener Tage, als es von den Eltern erzogen wurde. Bei manchen Menschen gibt es diese beiden extremen Varianten von Verhaltensressourcen in verschiedenen Kontexten (hier Beruf, Familie). Doch schon die Erkenntnis, dass man in einer Situation etwas hat, was man in einer anderen brauchen könnte, ist schon ein Erfolg für sich. Ressourcentransfer bedeutet nun die Fähigkeit eine Ressource in verschiedenen Kontexten einsetzen zu können. Also auch in denen es bisher noch nicht geklappt hat.

Was bedeutet das aus wissenschaftlicher Sicht? Dahinter steht ein neuropsychologisches Konzept, welches durch die moderne Hirnforschung fundiert wurde. Dieses besagt erst einmal ganz einfach, dass wir Menschen:

- Kontextabhängig denken
- In verschiedenen Kontexten ähnliche aber oft auch unterschiedliche Möglichkeiten haben zu handeln. Und damit auch unterschiedliche Ressourcen eingesetzt werden.
- Netzwerke im Gehirn nach dem Prinzip „Use it or loose it" funktionieren.

Radikal umgesetzt als Lösungsweg für Psychologen und Coaches ist dieses Prinzip in der „Positiven Psychologie[52]" zu finden. Von Abraham Maslow inspiriert, hat der amerikanische Psychologe dies weiterentwickelt und baut nur auf die Stärkung der positiven Denkstrukturen.

Ressourcentransfer

Der Weg der Veränderung mittels Ressourcen ist ein Transfer der Fähigkeiten von einem Kontext (z.B. Beruf) zu einem anderen Kontext (z.B. Familienleben). Transfer bedeutet dann, dass Sie in der für Sie schwierigen Situation, den Zugriff auf die positiven Erfahrungen anderer Kontexte haben. Das ist dann so, als ob gleichzeitig mit einer schwierigen Situation sofort eine zusätzliche Energieversorgung in Ihrem Körper aktiviert wird. Ihnen stehen damit neue Verhaltensweisen in Situationen zur Verfügung, die früher für Sie nur vorher eindimensionale Lösungen hatten. Auf der Ebene der Verbindungen der Neuronen unseres Gehirns, bedeutet das einen

Wachstum von Verbindungen. Entweder es werden dadurch neue Verbindungen erschaffen oder solche, die unterrepräsentiert sind, verstärkt. Es ist ein reiner Wachstumsprozess im Gehirn. Das ist nur Veränderung durch Lernen.

Als Coach haben Sie die Aufgabe Ressourcen zu transferieren. Also dort zugänglich zu machen, wo noch nicht genügend Ressourcen eingesetzt werden. Und dabei gehen Sie davon aus, dass jeder bereits alles hat, was er braucht. Dies unterscheidet uns von einer Schule, in der die Kinder erst lernen müssen, wie es geht. Für einen Coach ist das eine Beraterfalle. Nur wenn Sie unabdingbar an die inneren Qualitäten ihres Klienten glauben, werden Sie auch eine Tür finden, die aufgeht und eine neue Landschaft mit neuen Wegen – und zumeist auch neuen Herausforderungen – eröffnet.

Grundstruktur des Aufbaus von Arbeiten mit Ressourcen

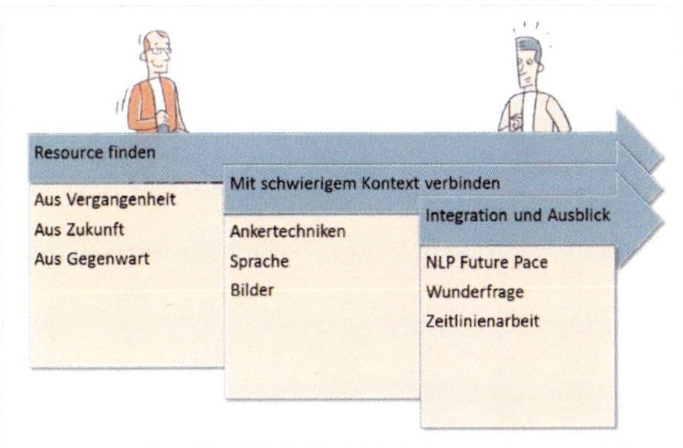

Typischerweise arbeitet man so, dass man zuerst einmal dem Klienten die Ressourcen, die er bereits hat, nochmals in seiner Vorstellung erfahren lässt. Wir alle haben irgendwann einmal Situationen gehabt, an denen wir besondere Momente hatten. Das Schwierigste daran ist wohl, sich ganz gezielt an eine Ressourcensituation zu einem bestimmten Thema zu erinnern. Versuchen Sie es doch einmal: Wann hatten Sie eine Situation in der Sie besonders „neugierig" waren? Manche Menschen haben solche Situationen sofort im Zugriff, andere müssen erst einen internen Suchprozess erschaffen und auf ihrer inneren Zeitlinie in die eigene Vergangenheit reisen, um diese zu finden. Wenn die Ressourcensituation gefunden wurde, dann arbeiten die meisten Lösungen so, dass die Ressource auf irgendeine Art und Weise mit dem Problemkontext verbunden wird. Wie genau, das ist dann immer vom Interventionsformat abhängig. Typische Wege sind Ankertechniken, sprachliche Induktionen oder innere Bilderarbeit. Im Coaching nennt man diesen Aspekt *Ressourcenmanagement*.

Am Ende erschafft man mit dem Klienten anziehende Zukunftsperspektiven, wie mit dem Future Pace oder der Zeitlinienarbeit. Auch die systemische Wunderfrage bietet eine gute Möglichkeit der Integration des Gelernten und der weiteren Verstärkung. Das Ergebnis ist, dass der Klient immer dann, wenn er in eine Situation kommt, die seiner Problemsituation gleicht, gleichzeitig auch die Gedanken und Energien der Ressourcen zur Verfügung hat. Die Tür zu neuem Verhalten ist offen. Ob es dann so umgesetzt wird liegt jedoch immer noch in der Verantwortung des Klienten.

Veränderung mit Ressourcen

Wenn es jemand es dann schafft eine schwierige Situation zu bewältigen, die bisher nicht lösbar war, ist das für ihn ein Erfolg. Aus der Sicht des Coaches haben die erarbeiteten Ressourcen dem Klienten dann mehr Wahlfreiheiten und Lösungswege ermöglicht. Die passenden Ressourcen dazu findet man in folgenden gedanklichen Konstrukten.

- *Ressourcen aus der Vergangenheit im Gespräch hinzufügen*
  Im Gespräch und schon in einer frühen Phase des Coaching Prozesses werden Ressourcen mit in den neuen Handlungslauf eingebracht. Diese Art der Arbeit ist eine Mischung zwischen Auflösen alter Strukturen und Aufbau neuer Strukturen.
- *Ressourcen in der Vergangenheit hinzufügen (R2C – Regress to Cause)*
  Diese aus der Hypnose stammende Vorgehensweise kann ebenso gut im Coaching angewandt werden. Es geht darum den Klienten in Kontakt mit einem jüngeren Anteil zu bringen. Diesem jüngeren Anteil werden dann die notwendigen Ressourcen hinzugefügt. Dadurch verändern sich im Jetzt Entscheidungsbäume, die wieder Einfluss auf die aktuelle Welt des Klienten haben.
- *Ressourcen aus der Zukunft holen (PowerUP)*
  Visionen sind der Kraftstoff dafür, auf neuen Wegen zu fahren. Eine Vision oder gar Mission ist eine Ressource der Zukunft. Positive Herausforderungen, die zum Gesamtkonzept von Kreativität, Anerkennung, Eigenverantwortlichkeit und der Selbstwirksamkeitserwartung passen, sind in der richtigen Mischung eher Flugzeugbenzin. Vorsicht, wenn es gezündet wird! Die Struktur eines Klienten sollte deshalb so vorbereitet sein, dass es diese Kraft auffangen und umsetzen kann. (Struktur vor Energie)

- *Ressourcen von anderen holen (Modelling)*
  Wenn wir in uns selbst nicht die Möglichkeiten finden, die zu einer Lösung einer Schwierigkeit führt, dann gibt es die Möglichkeit des Modellierens. Im einfachsten Fall stellt man sich einen Menschen vor, der das gesuchte Ziel schon perfekt lebt. Durch Beobachten von Anderen aktiviert man im Klienten Spiegelneurone. Sei es durch Beobachtung von Menschen, die das gesuchte Ziel schon können oder durch Vorstellung dieser Menschen im Inneren sammelt man mit dem Klienten andere Blickwinkel, die dabei helfen nochmals ganz andere Wege zu gehen.

Ressourcen im Gespräch nutzen

Um Ressourcen in einem Coaching Gespräch zu aktivieren, braucht der Coach vor allem das Vertrauen, dass der Klient aus seiner Problemtrance aussteigen kann. Die Kommunikation zielt daher darauf, die positiven Gedanken des Klienten zu aktivieren und nutzbar zu machen.

Die Kraft der Ressourcen der Vergangenheit

Dieser Teil ist der am weiteste genutzte Ansatz des lösungsorientierten und prozessorientierten Coachings. Die innere Einstellung des Coaches ist hierbei der wichtigste Variable. Dem Coach hilft folgende Gedanke im Umgang mit Ressourcen:

Alles, was ein Klient für seinen Weg braucht,
ist bereits in diesem vorhanden.

Nur kann der Klient auf seine Ressourcen nicht immer zugreifen. Dafür ist er jetzt bei Ihnen als Coach. Der Klient lernt jetzt die Fähigkeit sich Zugriff zu diesen Ressourcen zu erschaffen. Der einfachste Weg dazu ist es, den Klienten einzuladen sich an Situationen zu erinnern, in denen er vielleicht das gewünschte Ziel bereits schon ein wenig so gelebt hat. Oft verschließen sich dem Klienten diese Möglichkeiten, da er sich so auf die Lösung des Problems fokussiert und dabei nicht mehr seine eigenen Möglichkeiten sieht. Im Gespräch eröffnen wir dem Klienten neue Sichtweisen. Das ist es was das Coach-Sein ausmacht und meist sind es auch die kleinen Anzeichen, wie ein Leuchten im Auge des Klienten, welches uns anzeigt, dass wir auf dem richtigen Weg sind.

Ressourcen im Gespräch zu integrieren benötigt vom Coach eine klare Zielvorstellung und einen Fokus, wohin es gehen soll. Ich für meinen Teil bin immer mit mindestens zwei Aspekten beschäftigt. Zum einen ist es meine erklärte Absicht dem Klienten neue Wahlmöglichkeiten zu ermöglichen. Dafür nutze ich das vollständige Potential der ressourcenorientierten Fragestellungen. Zum anderen bin ich der Forscher auf dem Weg und beachte auch, **wie** der Klient sich den Zugriff darauf aufbaut oder welche Strategien er einsetzt. Dies ist für mich wichtig, um sowohl Hinweise auf mögliche rote Fäden zu bekommen, als auch, um mitzubekommen, wie ich dem Klienten seinen Zugang zu möglichen kraftvollen Zuständen im richtigen Augenblick am besten präsentieren kann. Stellen Sie sich vor, Sie sind ein Kellner und haben in der Bestellung (dem Zielgespräch) die Wünsche des Klienten aufgenommen. Doch der Klient war so mit seinen Themen beschäftigt, dass er keine klare Aussage über den Wein oder die Art der Beilagen ausdrücken konnte. Jetzt wollen Sie ihm sein Gericht (eine neue Realität) servieren. Seien Sie versichert, dass genau die Art, wie das Essen aufbereitet ist, auch dazu beiträgt, dass es angenommen wird. Doch als gelernter Kellner haben Sie aus den kleinen Bemerkungen und Blicken erkannt, was die richtige Kombination ist, und der Gast wird damit genüsslich die neue Realität verdauen.Es geht also um die kleinen Dinge. Es geht um die Bewegungen und Augenblicke, die Sie auffangen umsetzen und dem Klienten damit auf den Ressourcenweg führen. Dieser Weg verlangt höchste Konzentration, Feedbackfähigkeit und Wahrnehmungsfähigkeit. Üben Sie dies! Machen Sie jeden Tag zum Übungssparring für bestimmte Reaktionen.

- einen Tag lang nur Beobachtung der Augen.
- einen Tag lang Mundwinkel
- einen Tag lang Veränderungen in der Hautfarbe
- einen Tag lang die Sprache auf hauptsächlich benutzte Repräsentationssysteme beobachten. (visueller Typ, auditiver Typ, kinästhetisch denkend)
- usw.

Ein mögliches Gesprächsmodell

Um den Klienten im Gespräch mit seinen Ressourcen zu verbinden ist es zunächst nur wichtig die richtigen Fragen zu stellen, die helfen aus der Ebene der Problem-Ziel Polarität hinaus zu kommen. Denken Sie um die Ecke und öffnen Sie damit neue Räume im Kopf des Klienten. Gleichzeitig ist es wichtig nicht nur auf der einen Lösungslinie zu bestehen, sondern immer wieder auf offensichtliche Aspekte oder ideomotorische Übersprungsbewegungen zu beachten. Diese zeigen

Richtungsänderungen an, denen man gegebenenfalls folgen kann und damit die richtigen Ressourcen zur entsprechenden Situation hinzufügt.

Ein Beispiel:

Es wurde bereits ein Ziel erarbeitet und der Problemkontext festgelegt.

C: Sie haben folgendes Thema und möchten ihr Ziel erreichen? Was brauchen Sie dafür, um ihrem Ziel ein Stück näher zu kommen?

K: ich brauche mehr Geduld, damit ich mich nicht zu sehr von meinem Thema abbringen lasse.

C: Wenn Sie dabei mehr Geduld hätten, was wäre dann anders?

K: (Hände werden ruhig, legen sich entspannt ab) ich hätte das Gefühl das ich nicht so getrieben werde und dadurch mich besser auf meine Arbeit konzentrieren kann.
(Mundwinkel sinken nach unten)

C: Ich nehme wahr, dass sie die Fähigkeit haben, sich zu entspannen und in die Ruhe zu kommen. Ich nehme an dann haben Sie auch die Geduld die sie brauchen. Gleichzeitig habe ich wahrgenommen, dass sie bei dem Gedanken an die Arbeit ihre Entspannung verloren haben. Welches Bild ist Ihnen dabei in den Kopf gekommen? Erinnern Sie sich bitte noch einmal daran, wie sie ihre Arbeit gerade bewertet haben?

K: Ich sah den Berg von Arbeit vor mir!

C: Wenn Sie diesen Berg betrachten, welche Ressourcen könnten Sie dabei gebrauchen?

K: Ich benötige Konzentration auf das Wesentliche und vielleicht die Fähigkeit mal Dinge abzugeben. (Auge zuckt).

Im Dialog erkennen erkannt man den Weg von abstrakten Gedankenmustern hin zu immer genaueren Beschreibung der einzelnen Gedanken des Klienten. Durch die Anpassung des Ziels mit passenden Ressourcen, die nicht nur über die Sprache, sondern auch durch die Beobachtung des kompletten nonverbalen Ausdrucks erfolgen, ergibt sich eine ganz andere Ressourcenliste als wenn man „nur" den Vorschlägen erster Ebene folgt.

Mit diesem Prozesse erarbeitet der Coach daher eine Liste von hilfreichen Ressourcen, die dem Klienten helfen würden, in seinem Problemkontext zu einer für ihn hilfreichen Lösung zu kommen. Doch damit nicht genug. Denn alleine die Ressourcen zu erarbeiten reicht noch lange nicht, dass auch der Klient diese dann gezielt einsetzt. Dafür braucht es noch weitere Formatschritte. Wie zum Beispiel mit dem Format IRF.

Lösungsformat IRF: Integratives Ressourcen Format

Dieses Format nutzt die Fähigkeit des Gehirns Probleme zu analysieren und Ressourcen auf verschiedenen Ebenen und zu verschiedenen Zeiten in einen Ablauf einfließen zu lassen. So werden Stressoren rechtzeitig erkannt und werden dann mittels der gelernten Ressourcen intern positiv bewertet. Der Klient kennt nach dem Format auch die feinen Warnsignale, die vor dem Problem kommen. Er kann seine Ressourcen dann schon vorab so aktivieren, dass das Problem einfach nicht mehr stattzufinden braucht. Eine geniale Lösung!

Ressourcen der Vergangenheit und Gegenwart

Das IRF ist zudem auch ein ganz besonderer Coachingweg. Entwickelt wurde dieses aus unseren Erfahrungen im Coaching und NLP. Innerhalb eines IRF Coachings kommen unterschiedliche Anwendungen zum Einsatz, wie systemische Analysen, Trancen, Wissensvermittlung und Selbsthilfetechniken. In der Gesamtheit werden so viele Ressourcenquellen wie möglich angezapft, um den Weg nach vorne zu meistern. Der Hauptaspekt ist jedoch, den Klienten so zu befähigen, dass er sich schon vor dem auslösenden vormals negativen Ereignis, in einen guten Zustand bringen kann. Also wenn er weiß, dass er einen Vortrag halten wird, kommt schon Neugierde und Gelassenheit auf, die er dann auf der Bühne nutzen kann. Die Arbeit mit dem IRF ist etwas Wesentliches und erschafft einen Raum der Möglichkeiten, die das Problem kaum mehr aktivieren. Es folgt also dem lösungsorientierten Ansatz.

Ablauf des IRF

Bei der Übung des Ressourcen Formats ist es nicht wichtig, alle Schritte anzugehen, sondern beim Gegenüber die wichtigsten Ressourcen zu verankern. Die umfassende und strukturierte Vorgehensweise benötigt genügend Zeit. Also planen Sie schon mal eine komplette Coaching Sitzung mit diesem Modell ein. Mehr wird kaum machbar sein.

1.) **Dissoziieren vom Problem:** *Coach an den Klienten: „Stellen Sie sich vor Sie sind in einem Kino. Wie weit müssten Sie sich nach hinten setzen und sich selbst dort vorne sehen, damit das Problem Sie nicht mehr so berührt?“* Führen Sie Ihren Klienten so weit nach hinten, dass Sie in der Physiognomie die Veränderung beobachten können.

2.) **Regisseur: Ressourcen sammeln:** *„Setzen Sie sich jetzt noch innerlich auf den Platz neben sich. Dies ist der Platz des Regisseurs. Sie haben alle Möglichkeiten den Film zu verändern. Überlegen Sie bitte einmal. Was könnte die Person dort vorne jetzt an Ressourcen, Fähigkeiten und inneren Einstellungen gebrauchen, damit Sie in dieser Situation anders reagieren kann, damit Sie diese vielleicht sogar optimal löst. Wie würde denn so eine Reaktion aussehen?"* Führen Sie Ihren Klienten mit der Hand immer weiter in die Dissoziation und fragen Sie ihn über die möglichen Aspekte aus.

3.) **Ressourcen erarbeiten:** *„Wo in Ihrem Leben konnten Sie das schon mal? Finden Sie jeweils eine bis mehrere Situationen, wo Sie dies schon mal gelebt haben?" „Gehen Sie jetzt assoziiert in die Situation und erleben Sie die Qualität, die Sie damals hatten! Spüren Sie diese Situation mit allen Sinnen! Was haben Sie gesehen? Was haben sie gehört? Was haben Sie geredet? Was haben Sie gerochen? Geben Sie dieser Ressource jetzt einen Namen und Farbe – Welche wäre das?"* (Also vielleicht Kraft und rot). Der Coach ankert diese Ressourcenqualität am Arm oder der Schulter, um dieses später wieder aufrufen zu können. Führen Sie dies jetzt mit mindestens drei Ressourcen durch. Der Anker kann als Stapelanker immer der gleiche sein.

4.) **Den Körperanker mit den somatischen Markern festlegen:** *„Bitte stehen Sie auf. Wenn Sie sich nochmal Ihren Film von Punkt drei von sich selbst vorstellen. Wie stehen Sie dann da. Wie sind Ihre Gesichtszüge? Wie bewegen Sie sich. Was ist der wichtigste Aspekt, der Ihnen hilft? Vielleicht Ihre Kopfhaltung?"*

Führen Sie jetzt Ihren Klienten assoziiert in diese Haltung und dann fügen Sie die Farben der Ressourcen hinzu und lösen den Anker aus:

„Ich bitte Sie jetzt einmal in diesen Menschen dort hinein zu treten. Gehen Sie in die gleiche Körperhaltung, Atmung, Bewegung wie dieser Mensch, der das kann. Der das Ziel optimal lebt. Und jetzt lassen Sie noch die gefundenen Ressourcen x, y, und z (z.B Kraft, Souveränität und Liebe) mittels den Farben in diesen Menschen hineinfließen. (Anker auslösen)*. Achten Sie auf Ihre innere und äußere Haltung."*

5.) **Weitere Ressourcen sammeln – wieder im Sitzen:** *„Welche Ressourcen stehen Ihnen noch zur Verfügung? Welche sozialen Ressourcen gibt es in Ihrem Leben? Welche Partner, Freunde, Arbeitskollegen haben Sie? Wen können Sie um Rat fragen, wenn Sie mit dem Thema nicht klar genug sind? Schreiben Sie alle sozialen Ressourcen auf, die Ihnen helfen könnten?"*

„Welche eigenen Verhaltensressourcen stehen Ihnen noch zur Verfügung um sich vor so eine Situation oder allgemein in den richtigen Zustand zu bringen. Sei es Sport oder gutes Essen oder Dinge, die Ihnen helfen? Was ist das?"

6.) **Innere Filmvorschau mit anschließender Assoziation:** *„Stellen Sie sich den Film mit Ihnen nochmals wie im Kino vor. Doch diesmal beginnt der Film schon vorher. Sie sind nach guten Gesprächen mit Ihren sozialen Ressourcen optimal eingestimmt und haben sich zudem noch mit Ihren eigenen Verhaltensressourcen aufgebaut. Ihnen dort vorne geht es richtig gut. Dann lassen Sie den Film von außen gesehen weiterlaufen, bis zur Situation, in dem Sie auch noch die Ressourcenfarben mit hinzufügen. Wie handelt der dort vorne jetzt? Wie ist seine Sprache oder seine Bewegungen?"*

   „Und jetzt gehen Sie nochmal in der Zeit zurück und in das Bild hinein, an den Punkt, bei dem Sie mit Ihren sozialen Ressourcen in Kontakt sind. Stehen Sie auf und spüren Sie wie es war mit Freunden ... zusammen zu sein... . Sich mit dem eigenen Verhalten gestärkt zu haben und dann gehen Sie nochmals in die Situation und nehmen Sie die Ressourcen x, y, und z dazu." (Anker auslösen).

   „Was ist jetzt anders?"

7.) **Sammeln von Erinnerungssymbolen:** *„Was genau würde Ihnen helfen, sich an diesen Ablauf zu erinnern? Suchen Sie bitte 3-5 Erinnerungssymbole, die einen festen Platz bei Ihnen haben und Sie daran erinnern sollen, was wirklich die richtige Haltung und Vorgehensweise ist. Dann suchen Sie bitte auch noch mobile, also „mitnehmbare" Erinnerungshilfen! Bitte schreiben Sie diese auf.* Also der Klient denkt an eine Postkarte mit einer Blumenwiese, die an seinem Computer steht und ihn daran erinnern soll entspannt zu sein. Als Coach achten Sie bitte darauf, dass der Klient zu den gefundenen Symbolen auch immer daran denkt, was er dann zu tun hat, wenn er diese Erinnerungshilfen aktiviert. Es sollte eine klare bildhafte Vorstellung sein.

8.) **Verstärken des Films als Filmvorführer:** *„Bitte setzen Sie sich jetzt nochmals ins Kino. Nehmen Sie hinten Platz, an der Stelle, an der ein Filmvorführer sitzen würde. Hier haben Sie jetzt die Möglichkeit an der Helligkeit und den Farben, der Geschwindigkeit und der Größe des Films Veränderungen vorzunehmen. Welche Veränderungen machen den neuen Film noch anziehender?"* Experimentieren Sie mit Ihrem Klienten an diesen Einstellungen. Sie können auch noch Musik und Klang mit dazu nehmen. Lassen Sie den Film genial werden!

9.) **Nochmals durchleben:** *„Gehen Sie jetzt bitte nochmals in den Film mit den neuen Eigenschaften Helligkeit ... (assoziiert) und erleben Sie alle positiven Aspekte nochmals. Nehmen Sie Ihre Farben und Ressourcen mit dazu."* (Anker auslösen)

10.) **Vorwarnsignale erkennen und Veränderung vorab initiieren:** Suchen Sie mit Ihrem Klienten jetzt nach typischen Vorwarnsignalen. Also wann kann man schon vorher erkennen, dass sich vielleicht gleich das alte Muster abspielen lässt. Finden Sie 2-5 Vorwarnsignale (z.B. Wenn ich den Chef schon mit schlechter Laune ins Büro kommen sehe). *„Wenn Sie sich vorstellen, wie Sie dieses Signal plötzlich rechtzeitig erkennen?*

Was könnten Sie tun, um jetzt schon Ihr neues Muster – den neuen Film – ablaufen zu lassen und nicht auf das ***alte*** *Muster hin zu steuern? Achten Sie auf Ihre Erinnerungshilfen und dann aktivieren Sie ihre Ressourcen. Gehen Sie schon vorher in die positive hilfreiche Körperhaltung und nehmen die Farben hinzu.*". Üben Sie dies mit Ihrem Klienten für verschiedene Situationen.

11.) **Herausforderungen finden und skalieren.:** „*Finden Sie mindestens 5 Situationen in denen Sie Ihre* ***neuen*** *Fähigkeiten jetzt einsetzen können? Sortieren Sie diese bitte nach Herausforderungsgrad! Gibt es Herausforderungen, die Sie sich noch nicht zutrauen, dann ist das auch OK. Doch ich weiß, wenn Sie erst die anderen mit Ihren Ressourcen erlebt haben, dann werden auch die neuen Herausforderungen bald ganz einfach für Sie sein.*"

12.) **Abschlussfilm:** „*Gehen Sie bitte jetzt nochmals kurz vor eine Herausforderung in der Zukunft. (Assoziiert) Stellen Sie die Farben und Helligkeit richtig ein. Sehen Sie Ihre Erinnerungshilfen. Jetzt gehen Sie im Film zeitlich weiter. Vielleicht spüren Sie Ansätze der Vorwarnsignale. Starten Sie jetzt Ihre Ressourcenfarben (Anker auslösen) und erschaffen die richtige Körperhaltung. Und dann erleben Sie die Situationen in Ihrer vollen positiven Kraft.*" Um das System zu festigen Suchen Sie mit Ihrem Klienten noch vier bis sechs weitere Situationen in der Zukunft und spielen diese durch.

Das Abschlusskriterium, welches zeigt, ob das Format gut durchgelaufen ist, kann man an den positiven Abläufen und neuen Ideen des Klienten im Umgang mit dem Problem in der Zukunft erkennen und bewerten. Und denke im Sinne des NLP – Wenn etwas nicht funktioniert, dann mache etwas Anderes.

Verändere die Vergangenheit

Es ist natürlich nicht möglich, die reale Vergangenheit zu verändern, doch ist Vergangenheit eines Menschen nur eine subjektive und plastische Eigenschaft des Denkens. Morgen schon kann die gleiche Situation der Vergangenheit anders in Erinnerung sein. Da jedoch Vergangenheit die Gegenwart beeinflusst, ist es hilfreich diese subjektive Vergangenheit auch zu ändern.

Ressourcen an einen früheren Zeitpunkt bringen

Gerade in der Hypnose ist der Begriff „Regress to Cause“ ein wichtiger Bestandteil vieler Sitzungen. Das Bild, das hinter diesen Erfahrungswelten steht, ist das der vielschichtigen Persönlichkeitsanteile. Eric Berne[53] hat diese zum Beispiel in der Transaktionsanalyse neben dem Eltern-Ich und dem Erwachsenen-Ich als das Kind-Ich definiert. Also der innere Anteil, der mit den gelernten Aspekten der Kindheit agiert und entscheidet. Aber auch andere Modelle in Therapie und Coaching arbeiten mit diesen verschiedenen inneren Anteilen. Lucas Derks hat das „Soziale Panorama[54]“ entwickelt und Richard David Precht[55] schrieb einen Bestseller „Wer bin ich – und wenn ja wie viele? Nehmen wir hier einfach mal an, es gibt unterschiedliche Aspekte in uns, deren Reaktionen und Aktionen in bestimmten Kontexten von Erfahrungen einer bestimmten Zeit geprägt wurden. Nehmen wir zudem an, dass diese Prägungen nicht wieder durch Neuprägungen – also emotional verstärkten und/oder logisch-kausal verstrickten Erfahrungen verändert wurden – dann wird sich die betreffende Person ab und an in der Rolle eines Kindes wiederfinden.

Beispiele dafür sind:

- Der 35-jährige Klient, dem immer passiert, dass er zuhause bei seinen Eltern, seinen Mund nicht mehr aufbekommt und zudem somatische körperliche Reaktionen zeigt.
- Der machthungrige Chef, der lieber cholerisch schreit, als ruhig und gelassen aber hartnäckig Verantwortung zu übergeben und Konsequenzen zu erläutern.
- Die Mitarbeiterin, die sich in der Zusammenarbeit mit anderen Teammitgliedern aufführt und die ständig Dramen im Unternehmen produziert.

Hier übernehmen kindlich geprägte Aspekte des Denkens die Führung. Lösungen ergeben sich dann durchaus dadurch, dass man beginnt, nicht dem Erwachsenen neue Ressourcen zu geben, sondern dem in der Erinnerung hilflosen Kind neue

Lösungen und Kraftquellen zur Verfügung stellt. Dies ist unter dem Fachbegriff Regress to Cause (R2C) bekannt und es gibt unzählige Formate, die diesen Weg gehen. Auch für das Coaching kann dieser Ansatz manchmal hilfreich sein um eine innere Blockade des Klienten auf dem Weg zu seinem Ziel zu verändern. Dafür kann man ein klassisches NLP Format nutzen, dass in der Literatur als History Change[56] bekannt ist. Zuerst beschrieben von Richard Bandler und John Grinder in „Frogs into Princes[57]“

Durch den History Change verändert sich die erinnerte Vergangenheit, derer Entscheidungen für die Zukunft getroffen werden. Eric Kandel[58], einer der führenden Gehirnwissenschaftler führt an, dass unsere Vergangenheit sowieso von unserem Gehirn bereits schon so verändert wurde, dass sie zu unseren Strategien passen. Also die Vergangenheit ist definitiv nicht so, wie diese in Ihrem Kopf ist. Drei Zeugen eines Unfalls beschreiben drei verschiedene Szenarien. Also Vergangenheit ist biegbar. Und der Konstruktivismus unserer Zeit bietet uns die Möglichkeiten die Vergangenheit so zu verbiegen wie es hilfreich ist. Also bilden Sie für sich und Ihren Klienten die Vergangenheit, die Ihm hilft, für die Zukunft die richtigen Entscheidungen zu treffen. Vor dem Format sollte jedoch unbedingt der positive Aspekt des problematischen Verhaltens untersucht werden und eventuell mit beachtet werden. Siehe dazu nochmals unter Ziele den Zielrahmen mit dem Ökocheck. Erst wenn auch alle unbewussten Anteile einverstanden mit der Veränderung sind, werden diese für neue Lösungen übernommen.

Veränderungsformat: History Change

Dieses Format wird in einer leichten Trance geführt. Das bedeutet, dass Sie Ihrem Klienten Zeit geben, indem Sie selbst in einen ruhigen entspannten Zustand gehen und durch Beobachten mitbekommen, ob Ihr Klient Ihrer Führung folgt. In diesem Zustand ist es für Ihren Klienten einfache an Bilder zu kommen, welche die Vergangenheit repräsentieren.

1. **Erschaffen Sie mit Ihrem Klient einen Quellenzustand,** in dem er Zugriff auf seine Ressourcen oder eine innere Quelle hat. Er sollte sich kraftvoll und voller Energie fühlen. - Siehe auch Ressourcen im Gespräch hinzufügen. Lassen Sie sich für diese Ressource / Quelle ein Wort und eine Farbe geben.

   „Wenn Sie an einen besonderen Ort der Kraft denken und sich diesen jetzt vorstellen ... Zeit lassen ..., was sehen Sie – was hören Sie und was fühlen Sie dabei? ... Zeit lassen ... Lassen Sie sich Zeit das ganz in sich aufzunehmen. ... Zeit lassen ... Gibt es eine Farbe, welche besonders angenehm ist? Welches Wort würden Sie für diese Ressource nehmen?“

2. **Identifizieren Sie das Gefühl**, welches als Auslöser der jetzigen Situation gilt. Also den Ärger auf den Chef oder die Angst frei vor Publikum zu sprechen. Ankern Sie dies, indem Sie im Zustand des spürbaren Gefühls kurz Ihren Klienten am Arm berühren. Es gelten die TIGER Kriterien des Ankerns. (Siehe NLP - Ankern) *„Denken Sie jetzt noch einmal an Ihr Thema. Welches hinderliche Gefühl gehört dazu? ...“* Zeit lassen und Gefühl identifizieren.

3. **Führen Sie Ihr Klienten jetzt mit folgenden Worten in die Vergangenheit**, indem Sie gleichzeitig den Anker auslösen: *„Nehmen Sie jetzt dieses Gefühl als Anker in die Vergangenheit. Lassen Sie Ihr Unbewusstes sich in der Zeit zurückfallen, dorthin wo dieses Gefühl zum ersten Mal entstanden ist.“* Lassen Sie Ihrem Klienten Zeit. Und lassen Sie sich nicht von oberflächlichen Situationen ablenken. Führen Sie dorthin, wo dieses Gefühl zum ersten Mal aufgetreten ist. In der Regel ist das in der Kindheit oder Jugend, wobei auch intensive Erlebnisse von Erwachsenen durchaus möglich sind.

4. **Bitten Sie Ihren Klienten, sich in dieser Situation umzuschauen**. Hilfreich ist die Du -Sprache, weil dieses besser zur Sprache des Kindes passt. *„Was machst Du dort in der Situation? Wie alt bist Du dabei? Betrachte mal Deine eigenen Füße. Zu welchem Alter gehören diese Füße? Weite jetzt Deinen Blick und schaue Dich in der Situation um. Was siehst Du?“* – Problematische Situation erzählen lassen oder weiter zurück in die Vergangenheit, wenn Sie das Gefühl haben, das ist es noch nicht.

5. **Dissoziieren Sie Ihren Klienten jetzt von der schwierigen Situation**, bevor das Gefühl stärker wird. *„Nehmen Sie jetzt bitte Abstand von der Situation und fühlen Sie jetzt Ihre Kraft im Hier und Jetzt.“* Aktivieren Sie für die Person die Ressource/Quelle indem Sie das Wort und die Farbe erwähnen. *„Nimm jetzt Dein Wort und die Farbe mit dazu und füllen Sie sich vollständig mit dieser Kraft aus. Lass Dir Zeit, bis Du völlig aufgetankt bist und gleichzeitig entfernter Zuschauer Deiner möglichen Vergangenheit bist. Bis Du 100% sicher bist, dass es genauso war. Möchtest Du es in Deiner Erinnerung so behalten? Vergangenheit ist nur das was wir von Ihr Denken. Vielleicht wäre dieses Bild jetzt hilfreicher um im Hier besser leben zu können?“*

6. **Fragen Sie Ihren Klienten, was dieses frühere Ich jetzt braucht**? Lassen Sie dies aus der Quelle mit einer anderen Farbe hineinfließen. Ihr Klient wird wissen wie das geht. *„Was braucht der Kleine dort unten? ... Zeit lassen ... Lass aus Deiner Quelle jetzt all das in diesen hineinfließen, so dass er sich bereits jetzt mit dieser Quelle auftanken kann.“*

   Jetzt kommt die Phase des Auftankens. Lassen Sie jetzt das erwachsene Ich zum kleinen Ich gehen. Geben Sie dem Kind alles was es benötigt, bis es sich spürbar verändert. *„Ich bitte Sie jetzt dem verletzten Anteil alles zu geben, was er braucht. Hilfreich wäre es auch diesen Anteil in den Arm zu* *nehmen und Ihm zu zeigen, dass Sie als Erwachsener jetzt auf diesen aufpassen werden.“*

7. **Assoziieren Sie jetzt nochmals mit dem kleinen Anteil**. Bitten Sie Ihren Klienten nochmals aus den Augen des anderen Anteils zu sehen. *„Wie geht es ihm jetzt? Was ist anders? Welche Wünsche hat dieser Anteil noch?“* Gehen Sie in einen heilsamen Dialog solange bis alle Wünsche und Bedürfnisse ausgesprochen wurden und vom älteren Anteil gehört und akzeptiert wurden.

8. **Integration des Anteils**. Ihr Klient kann den jüngeren Anteil jetzt wieder in sich aufnehmen, indem er diesen einfach mit einer Handbewegung Richtung Herz aufnimmt und integriert. *„Ich bitte Sie jetzt diesen jüngeren Anteil wieder Teil Ihres Seins werden zu lassen. Nehmen Sie diesen jüngeren Anteil mit alle den neuen Erfahrungen wieder in sich auf, so dass sich dieses neue Wissen vom Herzen in jede Zelle Ihres Körpers verteilt.“*

9. **Future Pace**

   „Wenn Sie jetzt in die Zukunft gehen. Was verändert sich? Was machen sie jetzt anders und wie setzen Sie die Wünsche und Bedürfnisse des jüngeren Anteils in Ihrem Leben um?“ Finde 3-5 verschiedene Situationen in der Zukunft mit Deinem Klienten. In einem Tag - einer Woche - einem Monat - einem Jahr - 5 Jahren?

Ressourcen Anderer – Modeling

Zum Glück müssen wir uns nicht alles selbst erarbeiten. Personen vor uns haben bereits neue Lösungen gefunden und von denen zu lernen ist ein wichtiger Aspekt im Leben jedes Menschen. Wir lernen ja sowieso als Kind die Muster unsere Eltern oder nahen Verwandten. Dann, als Jugendlicher sucht man sich andere Vorbilder. Herausleuchtende Beispiele von Erfolg oder Coolness, oder in meiner Generation von wild und anders. Egal wem man folgt, eine Zeit lang bieten solche Vorbilder Möglichkeiten, um etwas Neues zu lernen. Auch im Beruf kann es hilfreich sein, zu beobachten, wie andere Menschen erfolgreich sind und die Reihen der Literatur über erfolgreiche Menschen nimmt stetig zu. Später im Leben beginnt dann noch eine Art Sinnsuche. Aus dieser entstehen oft neue Lebenswege mit neuen Lösungen. Die Anregung von Lehrern und Meistern, die den Weg bereits gegangen sind, helfen dabei eine gewisse Art von Spiritualität oder Sinnhaftigkeit zu entwickeln. Diesen natürlichen Prozess instrumentalisieren wir auch im Coaching. Dies nennen wir Modellieren. Der Begriff drückt es schon aus. Wenn wir etwas nach einem Vorbild formen möchten, brauchen wir eine genaue Beobachtung der positiven Aspekte, welche wir übernehmen möchten. Als Beobachter schätzen wir Menschen immer mit einer gewissen Art von Wertung ein. Schön wäre es, wenn das nicht stattfinden würde. Doch es gehört zum Menschsein. Jedes „Like“ auf einer Facebook-Plattform zeigt dies mit Deutlichkeit.

Als Beobachter unterteilen wir die Eigenschaften in positive und negative Aspekte. Als Coach, der mit seinem Klienten ein Vorbild modelliert, können wir jedoch nur bestimmte Aspekte herausnehmen. Wir können unserem Klienten klarmachen, dass wir nur das Positive einer Situation übernehmen wollen. Und damit machen wir uns den Prozess, welcher in der Regel unbewusst abläuft, zum genialen Helfer. Der Klient kennt in der Regel Menschen, die sein Problem nicht haben. Und manchmal kennt er Menschen, die perfekt sind in der Lösung dessen. Jetzt gilt es nur genau zu beobachten. Je nach Ausbildung können wir eine ganze Menge gemeinsam mit den Klienten extrahieren:

- Außenwirkung und Ausstrahlung in komplexen Situationen
- Körperhaltung
- Sprache, Modulation und Wortwahl
- Kommunikationsarten
- Interne Prozesse, soweit die im Außen beobachtbar sind (Interne Strategien)
- Externe Strategien – also Handlungsabläufe, die zu einem Erfolg führen

Im Gegensatz zu normalen menschlichen Bewertungsmustern, bezieht man hier auf die Frage nach den positiven Aspekten, die man von einem Model kopieren will. Die Reihenfolge ist also, zuerst das Problem zu definieren, dann einen oder mehrere geeignete Modelle zu finden und danach zu beobachten, welche Aspekte des Menschen den Unterschied zum Klienten ausmachen. Das sollte jedoch immer im gleichen Kontext sein. Also der menschliche Umgang im Beruf. Das Nein sagen zu den Kindern oder die Qualität einer Führungsperson, welche man sich selbst wünscht. Das Ergebnis sind in der Regel Muster, die man direkt als Ressourcen integrieren kann. Ich empfehle jedem werdenden Coach sich mal auf den Weg zu machen und Menschen zu modellieren und sich damit klare eigene Modelle zu erschaffen und deren positive Verhalten, Fähigkeiten, Werte und Glaubenssysteme zu integrieren. Folgende wunderschönen Formate können die Ressourcen von anderen erwecken.

- VIP‘s in my Kitchen.
- Behavior Generator aus dem NLP
- Mentorentechnik

Exemplarisch finden Sie hier „VIP's in the Kitchen". Andere Formate können Sie online oder in der Toolbox nachschlagen.

Sichtweise ändern – VIP's in my kitchen

Folgendes Format bringt neben guten Erkenntnissen, auch eine Menge Humor mit in eine Coaching Sitzung. Im Vordergrund steht vor allen Dingen der veränderte Blickwinkel. Lassen Sie Ihren Klienten sein Problem mal aus ganz anderen Augen betrachten. Und zwar von „Very Important Persons – VIP's". Die erarbeiteten Ressourcen können dann für die Lösung verankert werden. Das wichtige dabei ist, den Humor bei diesem Format nicht zu vergessen.

1. **Einführung:** Coach führt den Klienten: *„Stellen Sie sich vor, sie würden zu Hause über ihr Problem nachdenken und versuchen eine Lösung zu finden. Wenn Sie so an ihrem Küchentisch sitzen, klingelt es an der Tür und drei VIP's stehen davor, die ihnen Ihren Rat anbieten."*

2. **Aufstellen mit Stühlen:** Stellen Sie Ihren Klienten drei Stühle gegenüber, auf denen er in seiner Imagination der Reihe nach die bekannten Persönlichkeiten kurz vorstellt. Lassen Sie Zeit geeignete Personen auftauchen zu lassen. Sie können auch mal Tipps geben, welche den Klienten überraschen. PS.: Wie wäre es mal mit John Wayne oder Kater Karlo!

3. **Modellieren:** Gehen Sie jetzt der Reihe nach vor. Fragen Sie den Klienten: *„Wie würde diese Persönlichkeit das Problem lösen? Wie ist seine Haltung dabei und wie seine Stimme und Ausdruck?"*

   Bleiben sie erstmals auf der Beschreibung der äußerlichen Merkmale. Dann soll der Klient sich auf den Stuhl des VIP setzen und sich in dessen Haltung und Rolle versetzen. In dieser Haltung kann er assoziieren und sich einfühlen. Je mehr ehr es zulässt, desto unterschiedlichere Antworten kommen.

4. **Ressourcen erfragen:** Jetzt kommt die Frage: *„Was würden Sie sich selbst aus der Rolle des VIP heraus für Tipps geben? Wie würde dieser handeln? Wie wäre seine innere Einstellung? Welche seiner Fähigkeiten würde er einsetzen? Welche Werte stehen im Vordergrund?"* Seien Sie offen und helfen Sie dem Klienten auch mal ein wenig zu übertreiben. Geben Sie diesen Ideen am Ende eine Farbe, die den Klienten an diese Vorgehensweise erinnern kann. Dann gehen Sie zur nächsten Person.

5. **Integration**
   Der Klient sitzt jetzt wieder auf seinen Platz und geht in seiner Vorstellung im seine Problemsituation. Dann wiederholen Sie als Coach schrittweise die Ideen der einzelnen VIP's und transportieren die dann mittels der Farbe in die Vorstellung Klienten hinein: *Stellen Sie sich vor Sie sind in ihrer Situation und nehmen Sie jetzt mal die Ideen der Person eins mit hinzu verändern sie innerlich ihre Haltung so wie es Person eins machen würde. Wie verändert sich ihr eigenes Verhalten? Ist es noch die Farbe mit dazu zu nehmen?*

   Gehen Sie diesen Aspekt für jede Person durch, sodass nach und nach neue Vorgehens und Verhaltensweisen in den Klienten einfließen. Die Farben helfen ihm auch die unbewussten Aspekte mit zu übernehmen. Wie sie die jetzt sein eigenes Verhalten in der Problemsituation aus? Gibt es Veränderungen im Ablauf? Gibt es er Veränderungen im Selbstwert? Lassen Sie Ihrem Klienten genügend Zeit bis sich ein neues Muster herausbildet. Sie werden feststellen, dass dieser Prozessschritt viel Humor in eine schwierige Situation bringt.

Zukunftsressourcen - Powerup

Die wohl kräftigsten Quellen von Ressourcen, sind jene, welche aus der Zukunft kommen. Für den Coach oder Trainer sind diese im Prozess ein Geschenk, mit dem viel erreicht werden kann. Gleichzeitig wird dabei auch von ihm eine Menge Lebensfreude und Lebenserfahrung zur Aktivierung dieser Ressourcen im Klienten benötigt. Denn es braucht sowohl die eigene kraftvolle innere Motivation als auch die Fähigkeit, im Klienten Visionen zu erwecken. Ein bekannter Motivator und Vorreiter ist der US-Amerikaner Anthony Robbins. Dieser aktiviert die Energie von Menschen dadurch, dass er Ihnen hilft Ihre Träume zu visualisieren und gleichzeitig innere Kräfte dafür zu mobilisieren. Menschen wie er zeigen eindrücklich, wie gut Ressourcen aus der Zukunft funktionieren und wie einfach Menschen damit auch zu manipulieren sind. Der Traum der unendlichen Kraftquellen ist wie ein Versprechen der unbegrenzten Gesundheit. Ja es gibt diese, doch leider sterben auch die Gesunden. Eine aktuelle Studie hat darüber berichtet[59], dass Pessimisten zwar mehr Recht haben, Optimisten aber das glücklichere Leben. Da zeigt sich wieder, dass alles mehr als eine Seite hat. Die Qualitäten eines Coaches sollten für den folgenden Prozess so sein, dass er sich selbst in diesen positiven Zustand versetzen kann. Damit kann er im Klienten auch die Vision und die Ressourcen der Zukunft aktivieren. Denn diese sind eine kraftvolle Quelle.

Was sind Ressourcen der Zukunft

Im Gegensatz zu den Ressourcen der Vergangenheit, die mit erlebten Situationen in Verbindung stehen, haben die Ressourcen der Zukunft einen viel breiteren Fächer von Möglichkeiten.

- Positive aufbauende Zukunftsgedanken (nach möglicher gelöster Problematik)
- Die Idee, dass jeder richtig ist, so wie er ist, und dass nichts getan werden muss.
- Eine wichtige zukünftige Ressource ist die Vision einer vielversprechenden Zukunft
- Der Gedanke an eine Mission – also eine Vision verbunden mit etwas Höherem.
- Der Gedanke an die Verbindung mit etwas Höherem

Das sind nur einige und es gibt noch viel mehr. Damit kann man den Klienten motivieren, größere Ziele anzugehen. Vorsicht ist jedoch geboten, da viele dieser Zukunftsressourcen in den geistigen Landkarten von Coach und Klient oft sehr unterschiedlich codiert. Und leicht geschieht es, dass der Coach den völlig falschen Aspekt der zukünftigen Ressource zu aktivieren versucht. Und dann verpufft die Arbeit, wie eine Seifenblase in der Luft. Ressourcen der Zukunft sind eben auch zuerst Luftschlösser, die noch materiell werden müssen. Daher ist die Frage, wie lange diese halten werden, zu beachten. Wie lange hat die Vision bestand? Der Gegenspieler dieser nach vorne gerichteten Kraft ist die Selbstwirksamkeitserwartung. Wenn sich die Ergebnisse nicht in die Richtung Vision bewegen, bröckeln die Wände der Ressource. Nichtsdestotrotz sind diese Ebenen der Visionen wie eine besondere Quelle, welche hilft den Weg in die Zukunft abzustecken. Und wenn die Vision einhergeht mit Zielen, welche Teilschritte als Meilensteine abstecken, dann ergeben sich kraftvolle Lösungen.

Visionsformate

Bei Zukunftsressourcen finden sich gerne archetypischen Zielbilder. Also der Held, der König und die Kriegerin. Mit diesen Bildern im Kopf, ergeben sich dann wunderschönen Lösungen, welche den Blick auf den eigenen Lebensweg kraftvoll erweitern. Ihr Klient wird Wahrnehmungen aus anderen Sichtweisen bekommen und vielleicht seine Vision dadurch noch einmal in einem anderen Licht sehen. Die schönsten Formate die ich kenne, habe ich in nachfolgender Liste aufgeführt.

- Die Heldenreise
  Ist ein Epos, das als Coachingformat tiefgreifende Veränderungen erschaffen kann. Näher beschrieben im gleichlautenden Buch von Stephen Gilligan und Robert Dilts[60]. Dabei geht man als Klient durch zyklische Ebenen eines Entwicklungsprozesses und durchläuft darin verschiedene Entwicklungsschritte.
- Der andere „Kreuzweg“
  Der Weg Jesu mal ohne das Leiden betrachtet ergibt eine ganz andere Sicht auf Visionen. Ein Format und ein Reframing, um zu lernen, wie man eine Lebensaufgabe optimal annehmen kann[61].
- Visionsbalken
  Schwierigkeiten auf dem Weg zum Ziel überwinden. Der Visionsbalken ist ein Format für die Coachingarbeit in der Natur.

Die Formate sind zum Teil sehr lang und auch schon in ganzen Büchern beschrieben. Daher hier im Buch nur der Hinweis darauf. Genaue Ablaufpläne finden Sie in unserer Toolbox.

Zusammenfassung der Ressourcenarbeit

Egal wie sie Ressourcen aufbauen - sei es aus der Zukunft und aus der Vergangenheit - sei es aktuell in der Gegenwart oder durch das Modeling Anderer: Ressourcen sind der Treibstoff, der uns weiterbringt. Welche Vorgehensweise bei welchem Klienten funktioniert, hängt oft mit seinem eigenen Mix von Neurotransmittern zusammen. Man unterscheidet zum Beispiel den serotonergen Typus, der gut auf Ressourcen der Vergangenheit reagiert und den dopaminergen Typus, der eher zukunftsgerichtet ist. Helfen Sie Ihrem Klienten seinen optimalen Zugriff auf seine Ressourcen zu bekommen und damit sich kraftvoller zu fühlen. Die Umsetzung ergibt sich in jeder Coachingsitzung, bei dem im Klienten das Gefühl entsteht, dass er etwas verändern kann. Und das ist richtig. Denn nur dadurch ergibt sich eine innere Gewissheit, dass mit Problemen die gerade anstehen, auch Lösungen gefunden werden können. Achten Sie jedoch darauf, dass Ressourcen alleine manchmal nicht reichen. Die inneren Blockaden, welche der Klient mitbringt können unter Umständen stärker sein als jede Ressource. Wir gehen davon aus, dass der Klient schon viel probiert hat, um aus seiner Misere herauszukommen. Und dabei hat er bestimmt auch schon einige Ressourcen angezapft. Wenn die Arbeit damit nicht genügt hat, dann ist es jetzt Zeit mit ihm an tieferen Schichten zu arbeiten.

Veränderung von Glaubenssystemen

„Ach! Das waren noch gute Zeiten, da ich noch alles glaubte, was ich hörte."

Theodor Fontane (1819-98), dt. Erzähler

„Wer glaubt, etwas zu sein, hat aufgehört, etwas zu werden."

Sokrates – griechischer Philosoph

Wer nicht mal vom Weg abkommt, bleibt meist auf der Strecke.

Deutschsprachiger Aphorismus

Glaubenssätze & Glaubenssysteme

Wenn Sie wie ein Computer wären und nur funktional der Reihe nach Entscheidungen fällen könnten, wäre die Menge an bearbeitbaren Prozessen nur durch die Rechengeschwindigkeit begrenzt. Unser Gehirn ist jedoch einen anderen Weg gegangen. Es hat Verbindungen hergestellt zwischen aktuellen und früheren Erfahrungen und Denkergebnissen. Entstand eine reproduzierbare Wechselbeziehung der Sinnesebenen und der daraus folgenden Handlungen, dann wurde daraus eine Regel abgeleitet. Diese wird bei der Anwendung im täglichen Leben angewandt und ist effizienter als jede Situation mit den erinnerten Referenzbildern zu vergleichen. Es ist also eine generalisierte allgemeingültige Regel, die abläuft. Zu kompliziert? Hier ein einfaches Beispiel: Wie ist es Stehen zu lernen. Stellen sie sich vor, sie stehen mit zwei Beinen auf der Erde und halten sich an einem Gitter fest, doch sie wissen nicht wie Stehen geht – z.B. als Baby. Dann haben Sie versucht die verschiedensten Muskeln in den Beinen zu nutzen, um im Gleichgewicht zu bleiben. Am Anfang war es polterndes Misslingen. Dies wurde dann durch immer wieder versuchtes „Trial and Error" erfolgreich (und natürlich der Beobachtung anderer). Das interne Feedbacksystem, welches die Versuche mit dem Ergebnis abgleicht, hat sie für das Stehen belohnt. Und das externe Feedbacksystem (Mutter, Vater) wahrscheinlich auch. Dadurch wissen Sie jetzt, was richtig ist und können aufhören bewusst nach den richtigen Muskelbewegungen zu suchen. Eine Art Subroutine übernimmt die motorische Steuerung. Sie können Stehen. Sie haben dabei Korrelationen zwischen Muskelbewegungen und Gleichgewichtssinn hergestellt. Diese Routine arbeitet jetzt solange autark, solange keines der dazu gehörigen Nervennetzwerke gestört wird. Heute würden Sie dazu sagen: Ich kann Stehen. Das ist eine Gewissheit – ausgedrückt über einen Glaubenssatz, den Sie nie anzweifeln würden. Denn Ihre Erfahrung bestätigt diese immer wieder. Das Netzwerk bleibt gestärkt. Doch sobald vielleicht eine Verletzung stattfindet, Muskeln sich zurückbilden, der Gleichgewichtssinn durch Entzündung gestört wird, dann wird diese Tatsache plötzlich nicht mehr ganz so wahr.

In Indien lernte ich wie man Elefanten gefügig macht. Diese kräftigen Tiere wurden in Ihrer Kindheit an den Füßen mit Ketten gefesselt, die Ihnen nur 1-2 Schritt Bewegungsraum ließen. Anfangs zogen Sie und versuchten sich aus den Ketten zu sprengen, doch irgendwann ließ dieser Kampf nach. Jetzt konnte der Elefantenführer seinen Elefanten mit nur einem Strick an der gleichen Stelle, an der vorher die Kette war, bremsen. Denn sobald der Elefant den ziehenden Strick spürte, glaubte er, dass Ausbruch nicht möglich war. Das ist Prägung.

Leider – und zum Glück – funktioniert dieser Mechanismus auch bei komplexen zwischenmenschlichen Zusammenhängen. Glaubenssätze sind dann die inneren

Regeln, welche Menschen für sich jeweils für wahr halten. Sie sind immer Teil eines komplexeren Denksystems: *Den Glaubenssystemen.* „Ich bin nicht gut genug“ oder „Nur wenn ich leiste, werde ich geliebt“ Und diese Systeme sind Grundlage des Handelns und Denkens, welches wiederholt gelernt wurde und damit einen übergeordneten Mechanismus erschafft, der immer wieder automatisch abläuft. Hilfreich ist das, um eben nicht über jeden Schritt nachdenken zu müssen. Und solange es bestätigt wird, bleibt es dabei. Erst wenn die Schritte Ihre Logik verlieren, können diese verändert werden.

Entstehung von Glaubenssystemen

Unser Gehirn hat also eine entscheidende Fähigkeit. Und zwar die Möglichkeit zu abstrahieren. Nachdem Einzelinformationen gelernt wurden, entsteht ein neues Netzwerk, welches die Einzelinformationen ansteuert. Dieses neue Neuronennetzwerk, welches das NLP Beliefsystem nennt, hat einen hohen Rang in der Hierarchie der kleinen grauen Zellen. Es ist wahrscheinlich mit vielen anderen Neuronen vernetzt. So in etwa wie ein Politiker, der viele Menschen kennt und dessen Urteil viele vertrauen. Diese Belief-Neuronen Netzwerke entstehen in der Regel dann, wenn bestimmte Aspekte länger nicht mehr bewusst angesteuert werden sollen. Man könnte auch sagen, sie wachsen wie ein Manager, der innerhalb eines Unternehmens vom Buchhalter zum Chef aufsteigt, und damit immer mehr Verantwortung trägt. Nur dass Sie nicht befördert werden, sondern alleine wegen ihrer Bedeutung im Mittelpunkt stehen und wegen Ihrer zentralen Rolle oft benutzt werden. Und - sie sind immer Teil des ursprünglichen Aktivierungsnetzwerkes. Also es gibt eine Referenzerfahrung, die dazu gehört.

In unserem komplexen Gehirn gibt es in diesem Zusammenhang auch noch andere Arten von abstrahierten Netzwerken. Diese entstehen wie Interimsmanager, die zu Stresszeiten in unser Gehirn eingestellt worden sind und dann vergessen wurden. Diese sind wahrscheinlich nur kurze Zeit hilfreich gewesen und haben sich dann festgesetzt. Bei der Arbeit mit Glaubenssätzen kann man deren Verankerung in den einzelnen Gehirnbereichen relativ schnell lösen und durch neue Sätze ersetzen. Ich nutze diese Metapher der Hierarchie hier als nützliches Erklärungsmodell. Jedoch ist dies nur ein vereinfachter Ansatz, denn im Gehirn gibt es keine Hierarchie. Stellen Sie sich diese Neuronen eher wie einen dieser Menschen vor, die es schaffen andere in Ihrer Umgebung durch Ihre motivierende Art zu überzeugen. In der sozialen Forschung nennt man diese heute gerne auch Attraktoren.

Wenn man es zusammenfasst, gibt es verschiedene Aspekte, welche die Entstehung von abstrahierten Denkebenen beeinflussen. Bitte beachten Sie: Im Sprachgebrauch eines Coaches werden die Worte Glaubenssätze und Glaubenssysteme eher für hinderliche Denk- und Verhaltensmuster gebraucht. Grundsätzlich unterscheidet sich das aber bei der Entstehung in keiner Form von positiven Mustern oder gar einfachen Reiz-Reaktionsmechanismen – wie der Fähigkeit zu Stehen. Allgemein werde ich in diesem Buch ab jetzt Glaubenssysteme nur für Verhaltensmuster und komplexe Denkmuster benutzen, die mit logischem Denken auch wieder beeinflusst werden können.

Glaubenssysteme durch wiederkehrende Erfahrungen

Glaubenssätze werden, wie weiter oben bereits beschrieben, durch Erfahrungen auf verschiedenen Sinnesebenen geprägt. Diese Prägungsphasen hängen natürlich von vielfältigen Zuständen und Faktoren ab. Sei es die Herkunft oder das Alter des Menschen in dem es geprägt wurde. Gemeinsames Kennzeichen dabei ist die gefühlte Unumstößlichkeit der Sätze. Prägungen entstehen meist durch:

- *Wiederholung → Gewöhnung.*
  Wenn man immer wieder das Gleiche erlebt oder hört, leitet sich im Gehirn daraus irgendwann eine Regel ab, die ab dann allgemeingültig ohne Überprüfung durchgeführt wird.
- *Entstehung durch Prägung über externe Referenzen.*
  Man wird geprägt von Menschen, denen man glaubt. Dies können z.B. Eltern, Autoritäten oder einfach die schiere Anzahl von Menschen mit der gleichen Meinung sein. Wann und warum einem Menschen geglaubt wird, ist ein spannendes Forschungsgebiet und hängt natürlich mit der Soziologie des Menschseins eng zusammen. Beispiel: Erst ein Freund, dann vielleicht noch 10 weitere Personen erzählen Ihnen, dass mörderische Aliens im Stadtwald gelandet sind. Glaubens Sie es? Nein? Aber würden Sie auch alleine dorthin gehen?
- *Prägesituationen, ausgelöst durch signifikante emotionale Ereignisse.*
  Emotionen erhöhen die Wahrscheinlichkeit, dass Erfahrungen schon nach Ihrer ersten Erscheinung gelernt werden. Dann erschafft das Gehirn eine einfache Regel wie „wenn x, dann y".
- *Prägesituationen mit logischer Konsequenz.*
  Es gibt Situationen in denen man sich nicht richtig verhalten kann. Und zwar dann, wenn gleichzeitig zwei unterschiedliche Anweisungen kommen, die man befolgen soll. Zum Beispiel von einem völlig gestressten Chef, der Sie seinen Mitarbeiter genervt ansieht und sagt, „lassen Sie sich ruhig Zeit". Diese Doublebinds[62] erschaffen in Verbindung mit hoher Emotionalität eine neue innere Logik, um das Paradox zu verstehen. Meist

sind diese Regeln dann komplizierte verquere Gedankenmuster, die helfen sollen aus so einer Situation das Beste zu machen.

Was man immer wieder erkennt, wenn man mit Glaubenssystemen zu tun hat ist, dass es eine gewisse Verschiebung der Wahrheit gibt. Man redet davon, dass die Wahrheit so lange an die internen Regeln angepasst wird, bis sie der internen Logik folgt. Paul Watzlawick unterscheidet dabei sogar zwischen Wahrheiten (Glaubenssätze) *erster Ordnung* (sehen alle so) und Wahrheiten *zweiter Ordnung* (sehen nicht alle so)[63]. Achten Sie als Coach also auf den magischen Faktor Wahrheit und darauf, dass die Wahrheit dabei nur subjektiv betrachtet werden kann. Es geht eher darum, dass der Klient seine eigene Wahrheit widerlegt. Dann öffnet sich ein Tor und neue Lösungswege entstehen wie von alleine.

Was sind dabei hinderliche Glaubenssätze?

Sätze wie: „Das tut man nicht“ oder „Das kann ich meiner Frau nicht zutrauen“ oder „Meditation ist Humbug“ sind zusammengefasste Information, die ungeprüft übernommen wurden und je nach Elternhaus und Kultur gebildet wurden, um bestimmte Regeln zu definieren. Viele davon („Bei Rot stehen – bei grün gehen“) können durchaus lebensrettend sein und sollten daher immer auf die *positive Absicht* hin geprüft werden.

Die Arbeit mit Glaubenssystemen:

Manchmal geschieht es, dass Elefanten aus Ihren Stricken ausbrechen. Oft ist das der Fall, wenn sich Sinneseindrücke nicht mehr den gewohnten Erfahrungen zuordnen lassen. Also, wenn etwas Unvorhersehbares geschieht. Der Elefant kann nicht mehr mit seiner ursprünglichen Logik reagieren. Dazu gehört auch der Glaube an die Macht der Stricke. Um einen neuen Weg zu finden, werden alte Muster verworfen und meist sehr heftig neue Wege versucht. Im Falle des Elefanten hat man dann einen wütenden Elefantenbullen, der wild durch die Gegend stürmt und nicht selten Mensch und Material zerstört. Bei Menschen ist das auch zu beobachten. Jobs werden geschmissen, Beziehungen im Streit verlassen, neue Wege mit der Energie der Wut angegangen. Es braucht eine gewisse Kraft, um sich aus festen Denkmustern zu befreien. Der Coach darf seinen Klienten schon mal in extreme Situationen führen, real oder mental, um die Glaubenssysteme zu hinterfragen. Funktionieren diese auch noch außerhalb der Komfortzone? Denn es gibt etwas, dass dem Klienten einen Weg zeigt, der anders ist. Ein Ziel, das nicht im Rahmen der eingeengten Ebenen platziert ist. Manchmal öffnet sich der Kanal der Energie schon dann, wenn der Klient so ein Ziel visualisiert. Diese Energie kann mit ein wenig Übung kanalisiert werden. Und das ist wohl der schönste Coachingweg, den man sich wünschen kann. Denn wenn ein Klient einen neuen Raum eröffnet und diese Energie gleichzeitig in einer Struktur umsetzen kann, dann ist das der Veränderungsturbo, der innerhalb von Tagen zu einem neuen Leben führen kann. Dazu ist gute Vorarbeit genauso wichtig, wie die Fähigkeit, die Energie aus dem Gegenüber heraus zu locken. Und das ist prozessorientiertes Coaching in seiner reinsten Form.

Für Glaubenssystemarbeit sind folgende Fähigkeiten sehr nützlich:

- Das Erkennen der internen Begrenzungen des Klienten
- Das Herausholen der Energie der Veränderung
- Dem Klienten helfen zu können, seine eigene Wahrheit zu hinterfragen.
- Die Logik von Glaubensaspekten aufbrechen können.
- Kanalisieren der Kraft die sich hinter dem Glaubenssystem verbirgt.

Denken Sie dabei bitte auch an das Haus der Türen. Glaubensaspekte sind mehr oder weniger eng mit emotionalen Prägungen verbunden. Wenn Sie die verdeckte Tür öffnen, dann steht plötzlich ein Bär hinter dieser. Sie sollten in diesem Moment alle Werkzeuge zur Hand haben, um die Kraft des Bären zu kanalisieren, anzunehmen oder auffangen zu können. Wunderschöne Techniken bietet zum Beispiel das provokative Coaching, welches in einer einzigartigen Weise von Frank Farrelly[64] erschaffen und umgesetzt wurde. Doch auch ohne die Meisterklasse der provokativen Therapie kann ein angehender Coach mit den folgenden Techniken erste schnelle Erfolge bei der Durchbrechung einer Glaubenssatzlogik erzielen.

Das Aufbrechen der Logik

Aus dem Metamodell ist bekannt, dass Verzerrungen in der Sprache gute Hinweise auf ein Glaubenssystem geben. Diese kann man leicht an folgenden Aspekten der Sprache erkennen.

- *Regelverletzungen*: Ursache-Wirkung ("wenn..., dann...", "Weil...")
  und Komplexe Äquivalenten ("X bedeutet Y")
  Es werden Aspekte miteinander verbunden, die entweder falsch herum postuliert werden, oder aber nicht miteinander verbunden werden können.
- *Annahmen*: "Es ist nun mal so...", "Die Menschen / Das Leben...",
  "Man kann/darf/soll/muss/ist (nicht) ...", "Ich bin..."
  In der Sprache spiegeln sich Aussagen, die durch Generalisierung oder durch „Muss“ - Aspekte verstärkt werden, aber nicht hinterfragt sind.

Dies sind deutliche Glaubenssätze, welche Aussagen darüber treffen, was jemand (nicht) kann/darf/soll/muss/ist oder wie Dinge sich zueinander verhalten oder wie die Welt ist. Mehrere sich gegenseitig stützende Glaubenssätze bilden dann meist ein komplexes paradoxes Glaubenssystem. Für den Coach ist es ein Lösungsweg, genau diese Logik zu hinterfragen. Natürlich sollten Sie erst lernen zu erkennen, doch das kann trainiert werden. Ein schönes Bild für dieses Training ist die Tradition der Mönche durch eine Art von Diskursübung die Fähigkeit zu erlernen die Wirklichkeit hinter den Dingen zu erkennen. Vielleicht haben Sie sich schon mal Mönche bei dieser Art der Diskussion betrachtet. Es ist kein Gegen- sondern ein Miteinander, bei dem die Erkenntnis der Wahrheit wächst. Im Falle der Mönche geht es um spirituelle Wahrheiten. Bei uns Coaches dürften es in erster Ebene die menschlichen Wahrheiten sein.

Glaubenssystemarbeit im Coaching Circle.

Wir unterteilen Lösungen für hinderliche Glaubenssätze innerhalb des CoachingCircles in die folgenden Bereiche:

- *Glauben/Werte strukturauflösend*
  Dieser Bereich ist vor allem Glaube, der aus emotionalen Erfahrungen (soggenannten „Imprints") entstanden ist. Das bedeutet: Bei Ereignissen im Leben, die emotional stark belastet waren und aus denen sich ein neuer Glaube als Schutz vor zu viel Emotion gebildet hat.

  Glauben/Werte strukturunterbrechend und verschiebend
  Diese Arbeit ist der Hauptbereich der Glaubenssatzarbeit. Es geht um ein Verstehen des Glaubenssatzes, Lösen der logischen Glaubenssatzbasis (die meist irrational begründet ist) und gleichzeitiges Aufbauen neuer Glaubensstrukturen, die wirksamer sind.
- *Glauben/Werte strukturaufbauend und polarisierend*
  Sollte ein Klient während einer Sitzung nicht an seinen Glaubenssystemen rütteln lassen wollen, so gibt es immer noch die Möglichkeit, erst ein neues Glaubensmuster aufzubauen und dieses dann mit dem alten Glaubensmuster in einen internen (positiven) Glaubenskrieg treten zu lassen. Durch Teilearbeit in einer weiteren Sitzung lösen sich dann die Verbindungen zum alten Muster leicht und können mittels Ressourcenarbeit leicht als neues Denkmuster wiederaufgebaut werden.

Glaubenssysteme verändern

„Ich habe mich in meiner Welt eingeschlossen, den Schlüssel weggeworfen und die Tür unter Ranken von stachligen Rosen verwachsen lassen. Doch langsam fühle ich mich nicht mehr wohl in meinem Raum. Ich sehe durchs vergitterte Fenster andere dort draußen voller Kraft lachen und tanzen, doch ich finde den Weg nicht mehr nach draußen.
Der Coach schaut sich um in meinem Zimmer und erkennt, was ich nicht mehr sehen wollte. Er schneidet und durchtrennt die Dornenbüsche, legt die Tür frei. Unruhe überkommt mich, doch mit seiner Hilfe und einem Dietrich öffnen wir die Tür und ...“

Für die Arbeit mit dem Glauben gibt es viele Dietriche. Ziel bei allen ist das dahinterliegende Denksystem, das den Belief stützt, zum Wackeln zu bringen. Eine wunderbare Eigenschaft unseres Gehirns ist es, Stabilität zu erhalten. Deswegen schützt sich ein Glaubenssystem gerne vor der Aufdeckung. Dies kann durch eine Art von Nebel oder Verwirrung sein. Als Coach freue ich mich, wenn in diesem Zusammenhang mein Klient „ein wenig“ verwirrt ist. Denn das bedeutet, dass ich mich dem Thema nähere und sollte meinem roten Faden jetzt noch ein kleines Stückchen weiter folgen. Denken Sie doch nochmals an die Ebenen der Veränderung. Eine davon ist das Chaos. Erst nach diesem Chaos kommt die Neustrukturierung. Ähnlich ist es mit dem Nebel. Robert Dilts[65] beschrieb diesen als erster. Meine eigenen Erfahrungen damit sind etwa folgende: Wenn man in die Tiefe der Repräsentationen fragt und Details darüber bekommen möchte was den Glauben ausgelöst hat, dann setzt eine Schutzfunktion des Gehirns ein. Das heißt, wenn ich den Klienten frage, was er dabei erlebt hat, als er begonnen hat, seinen Glaubenssatz als wahr anzunehmen, dann ist das erste was kommt der Nebel. Also genau das Gegenteil einer Erinnerung. Es ist, wie als ob der Klient unbewusst vermeiden möchte darüber zu reden. Die Ausprägung dieses Nebels und die Zeit, die man braucht, diesen zu durchbrechen, hängt viel von der *Führung* und *Vorarbeit* statt.

- So ist es sehr hilfreich, im Vorfeld die positive Absicht des alten Verhaltens und Glaubens zu erkennen und zu würdigen. Das macht diesen Belief anscheinend wohlgesonnen. Dafür ist es jedoch wichtig, einen neuen Glauben zu erschaffen, der diese positive Absicht beinhaltet.

- In der Führung hilft es zum Zeitpunkt des Nebels bei geschlossenen Fragen zu bleiben. Also den Klienten in diesem Zeitpunkt nicht abdriften zu lassen, sondern konsequent weiter zu fragen. Denken Sie daran, sie sind jetzt nah dran.
- Eine weitere Falle sind die Glaubenssysteme des Coaches selbst[66]. Seien Sie sich die ganze Zeit über bewusst, dass in einem Coaching – und besonders bei der Arbeit mit Glaubenssystemen – Ihre eigenen Überzeugungen Sie dazu bringen können, dass Sie Recht haben. Die einzige Chance diesen Gedanken zu vermeiden, ist es, konsequent in der Welt des Klienten zu bleiben.

Folgende Formate sind hilfreiche Tools im Umgang mit Glaubenssystemen:

- Projektionen zu Einsichten umwandeln mit „The Work" von Byron Kathy
- Core Process von Connirae und Tamara Andreas[67]
- O.B.S.C.U.R.E.
- NLP Change Formate mit Submodalitäten wie SWISH, Bilder überlagern, Goldrahmenarbeit der Silva Technik

Wie bereits erwähnt würde die Definition all dieser wunderbaren Formate den Rahmen des Buchs sprengen. Daher jetzt im Folgenden ein Format das mit der Sprache spielt.

Format O.B.S.C.U.R.E

Open **B**elief **S**ystems **C**onnections **U**sing **Re**quests

Öffnen von Belief System Verbindungen (des Gehirns) durch Bitten und Wünsche. Obscure wird hier mit der Bedeutung von „verwirrt, undeutlich, schleierhaft" gebraucht. Eben Worte, die Glaubenssysteme hervorragend beschreiben. Also bedeutet OBSCURE, Wünsche und Fragen zu erschaffen, um Verbindungen des Glaubenssystems zu öffnen und zu lösen. Wir rütteln am System. Ein wenig Chaos ist dabei erlaubt. Als Coach erkennt man oft die logischen Verstrickungen, denen ein Klient ausgesetzt ist und die einen Glaubenssatz oder ein Glaubenssystem am Leben erhalten. Folgendes Modell soll helfen in respektvoller Art und Weise vom Klienten andere Denkmuster in Bezug auf seinen Glauben zu erschaffen. Im Detail denkt der Klient bei Glaubenssätzen nicht mehr nach, was wirklich richtig ist. Er lässt den Glaubenssatz als einzige wirksame Erklärung zu. Rütteln am System heißt mit Fragen, Wünschen und Anforderungen den Klienten aus diesem festgefahrenen Denken zu holen. Ziel ist es einmal den Ausdruck von Erkennen beim Klienten wahrzunehmen. Er erkennt dabei, dass sich das Denken bisher unreflektiert verhalten und vielleicht völlig unlogisch war.

In fünf Schritten zur Veränderung:

1. *Ankommen und Rapport:* Bitte deinen Klienten, sich in seinem Problem ein zu denken. Welche Gedanken kommen ihm in welcher Reihenfolge? Achten Sie dabei darauf, die verketteten logischen Aspekte sich zu merken. Ein Beispiel: Der Klient erzählt, dass er immer dann, wenn er mit dem Kollegen B redet, dieser ihn abfällig anspricht und bei Nachfragen nicht für eine gemeinsame Konfliktlösung offen ist. Dadurch kann der Klient aber sein Projekt nicht ausreichend zu Ende bringen. Als Coach merken Sie sich Aussagen, die Glaubenssysteme sein könnten:

    - *Das Wort „immer"* -> Bedeutet das er ist immer im schlechten Zustand mit Kollegen? Gibt es Ausnahmen?
    - *Der Ausdruck „Abfällige Ansprache"* -> Bedeutet das, der Kollege hat die Macht den Zustand des Klienten zu verschlechtern? Wie weiß der Klient, dass er abfällig ist?
    - *Projekt ist abhängig vom Zustand des Kollegen* -> Stimmt das? Wie groß ist der Wahrheitsgehalt dessen?

    Dies sind nur drei Beispiele dessen, was aus diesem Problem herausgelesen werden kann. Achten Sie mit Ihrem Klienten darauf, dass sie eine Liste solcher hinterfragbaren Aussagen finden. Immer geht es um die Frage nach dem Wahrheitsgehalt. Je mehr sie an den Aussagen des Klienten zweifeln, desto besser wird ihre Sicht auf die Verstrickungen des Denkens sein. Achten Sie bitte darauf, nicht aus dem Rapport zu fallen. Wenn Sie eine Liste solcher hinterfragbaren Aspekte haben gehen Sie jetzt über in die zweite Phase.

2. *Aktivität und Führung:* Gehen Sie jetzt ins gezielte führende Fragen über. Ziel dieser Fragen soll es sein, dass der Klient beginnt, an seinen eigenen Aussagen zu zweifeln. Jeder Zweifel den sie sehen können, ist ein erfolgreicher Schritt zum Wackeln am Glaubenssatz.
    - *Frage eins: Skalieren:* „Auf einer Skala von 1-10 wie wahr ist die Aussage für Sie?"
    - *Frage zwei: Lockern:* „Wenn die Aussage zwei Punkte kleiner wäre, was würde das ändern?"

- *Frage drei: Übertreiben:* „Wenn die Aussage zehn Punkte wäre, und das immer gelten wird, welche Konsequenzen müssten sie dann setzen?"
- *Frage vier: Ablösen:* wenn die Aussage 0 % wahr wäre, wer sind sie dann? Was hätten sie dann nicht mehr? Was würden Sie dann anders tun? (Hier Zeit zum fühlen lassen)
- *Frage fünf: Umkehrung:* Wenn Sie das Gegenteil davon glauben würden, was würde sich daraus ergeben?
- *Frage sechs: Eigenanwendung:* Wenn Sie das Verhalten analysieren, das Sie gerade beschäftigt, welcher Anteil hat dann was mit Ihnen selbst zu tun? Wer sind Sie in diesem Zusammenhang? Manchmal braucht es dabei keine Antwort, sondern nur ein Fühlen!
- *Frage sieben: Systemischer Sinn:* Wenn Sie das Thema in einem größeren Zusammenhang betrachten, für welchen Teil im Gesamtsystem macht das durchaus Sinn, dass Sie am alten Muster festhalten?

Alle Fragen werden natürlich sprachlich an das Thema des Klienten angepasst. Stellen Sie sich beim Fragen vor, Sie rütteln an einem System, das viel zu starr geworden ist, und dadurch bestimmte Gedanken nicht mehr zulässt. Die sieben Fragen helfen dies zu lockern.

3. *Verbale Selbstverantwortung induzieren – VSI:* Welcher Aspekt hat bei den sieben Fragen die meiste Wirkung gezeigt? Nimm diesen Satz und lasse den Klienten diesen in der Selbstanwendung ausdrücken. Wir legen dem Klienten also einen Satz in den Mund, den er genauso aussprechen sollte. Und zwar laut und deutlich. Übertreibe dabei so, dass es klar wird, worum es geht. Es ist ein Teil des provokativen Coachings. Bitte beachten Sie. Der Rapport ist auch in dieser Phase immer vorhanden, da das Format sonst keine Wirkung zeigt. Beispiele:
    - Ich lasse mich von allen Kollegen in einen schlechten Zustand bringen.
    - Alle Kollegen haben die Macht mich in einen schlechten Zustand zu bringen.
    - Wenn die Kollegen mich nicht ärgern, wüsste ich nicht wohin mit meiner Wut.
    - Alle Menschen haben es nur darauf abgesehen mich zu ärgern

Diese Beispiele spitzen die Situation zu. Wenn ihnen nichts einfällt, dann denken Sie immer an die innere Frage: „Wo verlässt der Klient seine Selbstverantwortung oder welche Wahrheit will er nicht sehen? Denn diese Art des „netten“ Provozierens erschafft den Blick des Klienten für diese Selbstverantwortung. Und sobald es eine Erkenntnis gibt, und sei es nur ansatzweise erschaffen Sie daraus einen selbstverantwortlichen Satz. Beispiel: Ich bin für meine Gefühle und meinen Ärger selbstverantwortlich. Er ist Teil meiner Gefühlswelt und ich gebe anderen Menschen die Möglichkeit dieses anzustacheln, da ich meine Grenzen nicht genügend setze.

4. *Neue Strukturierung und Integration: Bilden* Sie ein neues Glaubensmuster mit Ihrem Klienten. Wie lautet sein neuer positiver Satz? Welches Verhalten gehört dazu? Führen Sie den Klienten noch einmal in die schwierige Situation und nehmen Sie den neuen Satz dazu. Verändern Sie dies solange bis es gut ist. Dann geben Sie Ihm Zeit dies in Ruhe für sich zu fühlen und beginnen jetzt mit den Fragen rückwärts:

   - *Frage sieben: System:* Wenn der neue Glauben wahr ist, welche Aspekte in ihrem Gesamtsystem sind davon betroffen? Für welche Teile ist das besser. Welchen Widerstand von anderen Teilen können Sie erwarten?
   - *Frage sechs: Eigenanwendung:* Wenn Sie diesen Glauben auf sich selbst anwenden, welcher Anteil hat am meisten damit zu tun? Welches Verhalten resultiert daraus? Wie fühlt man sich als Person, die das lebt?
   - *Frage fünf: Umkehrung:* Wenn Sie den neuen Glaubenssatz nochmals umkehren, wollen Sie wirklich danach leben?
   - *Frage vier: 0%:* Wenn der neue Glaubenssatz überhaupt nicht wahr wäre, wer wären Sie dann?
   - *Frage drei: Übertreiben:* Wenn der neue Glaubenssatz 100% wahr wäre, was würde das in Ihrem Leben bedeuten?
   - *Frage zwei: Lockern:* Wenn der Glaube jetzt 3 Punkte mehr wäre als noch vor 10 Minuten, wie wäre das Leben jetzt?
   - *Frage eins: Integration:* Ich bitte jetzt Ihr Unbewusstes diesen neuen Satz so in die eigene Denkstrukturen zu integrieren, wie es jetzt hilfreich ist, um die neuen Erfahrungen machen zu können, die mit diesem Glaubenssystem einhergehen.

5. *Future Pace:* Wie verändert sich Ihr Leben mit diesem neuen Glaubenssatz in den nächsten Tagen, Monaten, Jahren?

Sie werden mit diesem Format eine Menge neuer Antworten finden. Notieren Sie die veränderten Antworten und bitten Sie Ihren Klienten dies in seinem Coaching Tagebuch auch zu tun. Sprechen Sie mit Ihm in einer möglichen nächsten Sitzung über die Veränderung.

Zusammenfassung der Arbeit mit Glaubenssystemen

Dieser Teil der Arbeit besteht aus Fragen. Vor allem Fragemodelle, die das Gefüge von scheinbar logischen Verknüpfungen im Gehirn lockern. Nichts ist wirklich wahr. Das was der Klient als Wahrheit hinter seinem Denken ansieht ist dann ein wackeliges Konstrukt, wenn es weit weg von der Wahrheit ist. Dies dem Klienten erkennen zu lassen, ist der die hohe Kunst des Coachings. Für den Coach führt dieser Weg zu hoher Meisterschaft dieser Kunst meist auch über die Selbsterkenntnis, dass auch das eigene Weltbild nur auf Vorannahmen basiert. Nichts ist sicher. Das gilt auch für die Vorstellungswelt des Coaches.

Veränderungen blockierender Emotionen

Kein Mensch wehrt sich gegen Freude, aber Angst will keiner spüren. Dabei sind alles nur Gefühle und die sind dazu da, gefühlt zu werden.

Hans Rebhan – NLP-Trainer und Familientherapeut

Dem stärksten Willen fehlt oft die Kraft, die einer zarten Emotion selbstverständlich ist.

Elfriede Hablé - österreichische Musikerin und Aphoristikerin

Man kann vieles unbewusst wissen, indem man es nur fühlt, aber nicht weiß.

Fjodor Michailowitsch Dostojewski – russischer Schriftsteller

Emotionen im Coaching

Die Tür öffnet sich und dahinter steht ein furchtbares Wesen. Ich schließe die Augen, will es nicht genauer betrachten. Es ist ein Ungetüm, und so scheint es, dass es in seiner Gänze nur furchtbar sein kann. Sofort denke ich an das Gewehr, welches an der Wand hängt. Erschießen, denke ich - doch ich kann mich nicht bewegen. Gelähmt kann ich nur abwarten, bis die Bestie mich übermannt oder die Tür sich wieder schließt. Doch dann kommt ein Freund, stellte sich neben mich und zeigt mir, dass der Bär nur betrachtet und gesehen werden will. Und ganz langsam beginne ich die Augen zu öffnen und erkenne...

So oder ähnlich könnte der Prozess der Lösungsarbeit mit Emotionen stattfinden. Gefühle sind dafür da gefühlt zu werden. Viel schmerzlicher als jedes Gefühl ist der Kampf mit dem Gefühl und damit Mengen an Energie, die dafür aufgebracht werden. Nur manchmal ist es nicht der richtige Zeitpunkt Gefühle zu fühlen. Und das ist gut so! Daher nutzt unser Gehirn gerne die Variante der Verschiebung oder Verdrängung und baut hilfreiche logische Netzwerke, um die Gefühle zu kontrollieren. Das ist eine wunderbare Fähigkeit des menschlichen Denkens. Gleichzeitig erschafft es komplexe Gedankenmuster, welche voller Energie sind. Manche Menschen nutzen diese Kraft derart intensiv, dass daraus Berufung entsteht. So gibt es zum Beispiel Menschen, die beschließen aus einer Angst vor erlebten Gefahren, dass weder sie selbst noch andere diese Hilflosigkeit erleben sollen. Und daraus ergibt sich die Kraft anderen zu helfen und selbstlos zu sein. Doch dann kommen diese Menschen zum Coaching, weil sie ständig von Anderen enttäuscht werden, denen sie helfen wollen. Ein Dilemma, das nicht gelöst werden kann, ohne die eigene Angst zu kennen.

Zeit geben

Ein sehr wichtiger Aspekt des Coachings mit Emotionen ist der Faktor Zeit. Denn Gefühle sind von Ihrer Natur aus spontan. Der Satz „Jetzt fühl doch mal" löst ein Paradox aus, das so nicht vom Klienten gelöst werden kann. Also bitte geben Sie Ihrem Klienten Zeit, um Kontakt zu den eigenen Gefühlen aufbauen zu können. Besonders wichtig ist das bei Formaten, die nicht mit der ersten Ebene der Gefühle arbeiten, sondern mit den darunterliegenden Emotionen.

Coaching ist keine Therapie

Aber als Coach sollten Sie sich nichts vormachen. Die meisten Prozesse, die emotionale Aspekte beinhalten sind therapeutische Aspekte und sollten unter therapeutischer Sichtweise gelöst werden. Zumindest in Deutschland ist dies größtenteils klar geregelt. Auch wenn es einen Graubereich gibt. Denn auch Stress beinhaltet einen emotionalen Anteil. Dieser hat nicht unbedingt mit alten Traumen zu tun, sondern geschieht aus der Angst des Versagens oder der Angst, den Job zu verlieren. Diese darf durchaus betrachtet werden, ist es doch immer wieder ein Grund, weswegen Menschen Coaching aufsuchen.

Lösungen

Es gibt jedoch im Coaching Formate und Lösungen, mit denen man Lösungswege erschaffen kann, die nicht zu tief in die Emotion eintauchen und Lösungen über mentale Gedankenwege erschaffen.

Formate zur Verarbeitung von Emotionen

- *L.O.V.E. – Love and Visualize Emotions:* Synästesieformat um Emotionen über einen anderen Repräsentationskanal zu verarbeiten.
- *Über die Schwelle:* Gefühle sind dazu da gefühlt zu werden. Und wenn die richtigen Gefühle gefühlt sind, dann können diese sich auflösen. Therapeutisches Wissen und Zulassung vorausgesetzt.
- *Inner Journey:* Gefühle sind in Schichten aufgebaut und zeigen eine besondere, in sich geschlossene Logik. Mit dem Inner Journey Aufstellungsformat oder der Arbeit durch die emotionalen Ebenen kommt man in die emotionale Tiefe, in der die Heilung vom eigentlichen Auslöseschmerz gelöst wird.
- *Klopftechniken EFT oder MFT:* Unser Körper kanalisiert Informationen. Ein Teil ist die im Körper gespeicherte Energie in Verbindung mit den Meridiansystemen. Klopftechniken helfen schnell und wirksam, dass die verfestigten Gefühle nicht mehr reagieren und neue Verhaltensmuster umgesetzt werden können.
- *Somatic Release:* Der Körper speichert Information über Emotionen und Glaubenssysteme in einer eigenen Logik ab. Die Veränderung mittels manuellen Methoden über den Somatic Release löst die gespeicherten Feedbacksignale aus den Körperbereichen und kann damit eine Verarbeitung der Emotionen unterstützen.

- *LetEmGo:* Dieses Format nutzt die Verarbeitung von emotionalen Erinnerungen über die Bewegungen der Augen mittels leminiskatischen Bewegungen und einem Test der Augenmuskeln. Hiermit kann eine genaue Lokalisierung der Repräsentation der gespeicherten emotionsauslösenden gefunden werden und über passende Verarbeitungsmethoden gelöst werden. Grundlage des Formats ist die Methode des EMDR[68].

Es gibt eine Menge von Verarbeitungsvarianten auf unterschiedlichen Ebenen und aus manchen Varianten wurden eigene Schulen gegründet, die nur einen Weg gehen, um eine Verarbeitung durchzuführen. Doch ist das Körper-Geist-System eine funktionale Einheit. Und alles ist mit allem verbunden. Wenn ein Coach auf verschiedenen Ebenen Lösungen finden kann, dann steigert das seine Kompetenz, die richte Methode zur richtigen Zeit anzuwenden. Und für den Klienten bedeutet das mehr Wahlmöglichkeiten und mehr Lösungen.

L.O.V.E.-LOve and Visualize Emotions

Ein wunderbarer Prozess zur Lösung emotionaler Blockaden ist das Format L.O.V.E., das einen besonderen Lösungsansatz mitbringt, indem es über die Transformation der Emotion in einen anderen Repräsentationskanal die Emotion bearbeitbar macht. Diese Verschiebung nennt sich im Coaching Synästesieformat und gehört zu den für den Klienten wirkungsvollsten Methoden überhaupt. Denn es erschafft ein Feld der Selbstwirksamkeit. Es gibt dem Klienten das Vertrauen, seine Gefühle wieder in der Hand zu haben. Und es ist ein Format das auch wenn man es für sich durchführt, hilfreich ist. Im Anhang finden Sie Webseiten[69] mit Aufnahmen vom Format und können diese selbst mit sich durchführen.

Grundprinzipien

Das erste Grundprinzip dieser emotionalen Lösungsarbeit ist die Verschiebung der Emotion in den visuellen Raum. Das Format funktioniert nur, wenn es „sauber" durchgeführt wird. Ihre Sprache führt den Klienten aus dem kinästhetischen System (also dem Fühlen) in das visuelle Repräsentationssystem. Jeder Fehler in der Wortwahl wird die Lösung aufweichen.

Das zweite angewandte Prinzip sind die vom Wissenschaftler und Gehirnforscher Antonio Damasio beschriebenen somatischen Marker. Diese sind Bereiche im Körper, welche das Gehirn nutzt, um Gefühle zu verifizieren. Oft liegen diese auf der Achse Hals - Bauchnabel. Jedes Organ in diesem Bereich hat dabei seine eigene Aufgabe. Wenn man mit diesen Bereichen arbeitet, löst man gespeicherte Energien. Dieses Prinzip wird von einem der bedeutendsten Traumaforscher - Peter Levine - als „somatic experiencing" bezeichnet. Veränderung bedeutet hier auch Veränderung der somatisch gespeicherten Informationen.

Ein drittes Prinzip, das im Format umgesetzt wird, ist die Kraft der Liebe. Es gibt wohl kaum ein intensiveres Gefühl als die Kraft der Liebe eines Erwachsenen zu einem Baby. Im Herzen ist diese Energie gespeichert und kann durch Öffnung des Herzens frei werden. Dies ist nicht nur ein esoterisches Bild, sondern eine in vielen Studien nachgewiesene Kraft, die Heilung bringen kann. Das Hormon Oxytocin spielt hierbei eine entscheidende Rolle.

Formatschritte LOVE

1. *Vorbereitung:* Wichtig ist eine gute Erarbeitung des Stolpersteins. Bei Schmerzen ist es der Schmerz; bei Glaubenssätzen sind es die Gefühle, die dazu gehören. Bei Emotionen ist es das zugrundeliegende Gefühl, welches immer wieder vermieden wird. Dieses Gefühl mit genügend Zeit fühlen

lassen, bis es wirklich spürbar ist. „Wo im Körper findet sich das Gefühl wieder?“

2. *Skalieren:* Auf einer Skala von 1-10, wie stark ist das Gefühl. Warten bis eine Antwort kommt.

3. *Synästhesie*[70]*:* Wenn das Gefühl als visuelle Form ausgedrückt werden könnte:

    a. *„Welche Form hat das Gefühl an diesem Platz - Eher rund oder lang?“* Einfache Grundformen vorschlagen und nur im visuellen System arbeiten.

    b. Submodalitäten nachfragen: *„Ist es hell oder dunkel? Welche Farbe hat die Oberfläche? Ist es kontrastreich? Ist es dreidimensional oder eher flach?“*

    Während die Form als visueller Bestandteil aufgebaut wird, ist es wichtig für den Coach alle Worte wie Fühlen oder Gefühl und ähnliches, zu vermeiden.

4. *Verdichtung:* Biete dem Klienten eine Veränderungsarbeit an: *„Lasse die Form sich soweit verkleinern, dass diese sich auf den Kern ihrer Form zusammenzieht.“* Unterstütze das mit klaren Sätzen: *„Wo ist der Kern der Form / der Sphäre etc.? Pulsiert / strahlt / leuchtet diese Form in Ihrem Kern?“* All das hilft dem Klienten die Form in ihrem Kern zu visualisieren. Dieser stellt zur Visualisierung den roten Faden für den Prozess dar, auf den man immer wieder zurückkommen kann. Er dient auch zur Rückmeldung für den Therapeuten, welche Veränderungen der Submodalitäten gerade geschehen.

5. *Bewegung*: Zudem kannst Du jetzt den Klienten auch bitten, ob er nicht versuchen möchte, die Form im Körper ein wenig zu bewegen. *„Vielleicht kannst Du die Form jetzt bewegen: nur ein wenig hoch oder nach unten, rechts oder links?“* Dies ist ein wichtiger unterbewusster Schritt, der dem Klienten das Gefühl geben kann, den Gefühlen nicht ausgesetzt zu sein, sondern, dass es in seiner Hand liegt, es zu verändern. Dieser Schritt kann durchaus Unterstützung durch den Coach gebrauchen.

6. *Veränderung:* Lieben was ist. Bitte Deinen Klienten diesen Prozess umzusetzen. Wahrscheinlich ist eine klare Führung jetzt notwendig, damit der Klient aus dieser wichtigen Stufe nicht abdriftet und wieder beim kinästhetischen System und dem dazugehörigen Schmerz landet.

„Nimm deine inneren Hände und beginne diese Form mit deiner ganzen Liebe anzunehmen. So als ob Du ein Baby in den Händen hältst. So wie Du als Vater oder Mutter etwas annimmst, was zu Dir gehört. Du kannst jetzt über deine Hände Liebe in diesen Teil fließen lassen. Vielleicht kannst du es auch ganz zart streicheln. Aber wichtig: Mache dir klar, dass du nur mit deiner Liebe und dem Annehmen dessen, ***was wirklich jetzt ist,*** *Veränderung bewirken kannst. Und so lass deine Liebe immer mehr über deine Hände in diese Form fließen. Vielleicht kannst du dir auch ein helles Licht vorstellen, dass aus deinem Herzen heraus zu dieser Form strahlt? Gibt es bereits Veränderung?"*

Lasse hier Deinem Klienten viel Zeit bis sich eine Veränderung ergeben hat. Die Form weicht in der Regel auf oder bekommt Risse. Um das visuelle System beizubehalten, hinterfrage immer wieder Form, Farbe und untergeordnete visuelle Eigenschaften. Diesen Prozess solange durchführen, bis eine deutliche Veränderung stattgefunden hat. Die Veränderung sollte auch über das Abfragen der Skala 1-10 überprüft werden.

7. *Loslassen:* Es gibt mehrere Möglichkeiten das aufgelöste Objekt aus dem Körper fließen zu lassen.

   a. Wenn das Objekt im Bereich Hals und Lunge war, und genügend weich ist, dann nutzen wir Atmung. Beginnen Sie mit Ihrem Klienten tief auszuatmen – hörbar fest Luft auszustoßen und bitten Sie ihn **die Reste** hinaus zu blasen. Dies tun Sie mit fester Lungentätigkeit mehrfach. Visualisieren Sie eine Wolke vor Ihnen, die sich in den Himmel oder ins Universum auflöst.

   b. Wenn es in der Bauchhöhle ist, und weich genug, dann visualisieren Sie die Variante, dass es langsam aus der Haut herausströmt, vielleicht nach vorne oder nach unten in die Erde. Bitten Sie vielleicht den Klienten aus mit den Händen heraus zu ziehen und dann in einem imaginierten Feuer zu verbrennen.

   c. Wenn es nicht weich genug ist oder in anderen Bereichen des Körpers ist, dann unterstützen Sie die Vorstellungskraft des Klienten, dass der Körper jetzt, wie alles andere auch verdaut und auflöst und über den Darm oder die Nieren ausscheidet – Ein ganz natürlicher Prozess. Manchmal finden die Klienten auch ganz eigene Möglichkeiten. Sie dürfen diese unterstützen, insofern diese das Gefühlsanalogon aus dem Körper bringen.

8. *Testing:* Fragen Sie noch einmal die Skala 1-10 jetzt ab. Das Gefühl sollte dabei deutlich geringer sein. Testen Sie mit dem Klienten, wie sich das Problem jetzt anfühlt, wenn Sie es morgen oder in einer für das Thema passenden Zeit wieder begegnen würde.

Lösungen im systemischen Raum

Nasrudin wanderte eine verlassene Straße entlang. Die Nacht brach gerade herein, als er einen Trupp Reiter erspähte, der ihm entgegenkam. Seine Phantasie begann zu spielen: er befürchtete, die Reiter könnten ihn ausrauben oder in die Armee zwangsverpflichten. Seine Angst wurde so groß, dass er über eine Mauer sprang und sich auf einem Friedhof wiederfand. Die anderen Reisenden jedoch, der von Nasrudin unterstellten Absichten völlig unverdächtig, wurden neugierig und folgten ihm. Als sie ihn fanden, lag er regungslos in einem frisch ausgehobenen Grab. Einer der Reiter, der Nasrudin kannte, fragte: »Kann ich Dir helfen - warum befindest Du dich in dieser misslichen Lage?« Nasrudin erkannte, dass er sich geirrt hatte, und entgegnete: »Das ist schwerer zu erklären, als Sie annehmen. Sehen Sie, ich bin hier Ihretwegen - und Sie mein Herr, sind meinetwegen hier. «

Arabische Geschichte über den Mullah Nasrudin

Kompliziert versus Komplex

Wenn Sie versuchen wollen eine Uhr zu beschreiben, dann können Sie dies mit technischen Beschreibungen und Zeichnungen hinreichend genau tun. Die Abläufe der Zahnräder sind über Funktionen beschreibbar. Über Funktionen lassen sich auch die Zustände jedes Zahnrad genau zu jedem Zeitpunkt definieren. Und ist die Funktionalität noch so kompliziert, jeder Teil ist beschreibbar. Es braucht nur genügend Zeit.

Komplexe Systeme funktionieren anders. Nicht jeder Zustand ist zu jedem Zeitpunkt genau definierbar. In einem komplexen System gibt es sogenannte Attraktorpunkte[71] der Stabilität. Zwischen diesen Punkten ist ein System komplex. Es ist von außen nicht möglich den Zustand des Systems genau zu bestimmen. Die inneren Prozesse können nicht definiert werden. Im Bereich der Physik würde man es als Heisenbergs Unschärfe[72] definieren. Das bedeutet, sehr vereinfacht ausgedrückt, dass man nicht alle Faktoren eines Systems gleichzeitig beschreiben kann. Es gibt nur Wahrscheinlichkeiten dessen, was eintreten könnte. Ein System ist also so etwas wie eine Blackbox, die zwar äußere Ergebnisse bringt, aber dessen Inneres uns verborgen bleibt. Komplexe Systeme sind von außen zwar beobachtbar, aber nicht kontrollierbar. Sie organisieren sich im Inneren selbst. Und damit sind komplexe Systeme wichtig, denn sie erschaffen Unvorhersehbares. Es entstehen Neues, Kreativität und Synergien. Menschen sind fähig, Komplexes zu handhaben, da sie selbst auch komplex sind.

Komplexität im Coaching

Im Coaching tauchen komplexe Aspekte ständig auf. Wenn ein Coach in der Analysephase Muster erkennt, die der Klient immer wieder wiederholt, meint er dann manchmal, dass er hundertprozentig das goldene Ei der Lösung gefunden hat. Er erarbeitet ein neues Verhalten mit dem Klienten und freut mich über die Ergebnisse. Doch schon in der nächsten Sitzung berichtet der Klient über Rückfälle, weil ein Aspekt, der nicht beachtet wurde, wieder dazu geführt hat, dass das Muster zurückkam. Hätten man die magische Fähigkeit gehabt, in die Blackbox hineinzuschauen, dann hätte man alle Aspekte vorhergesehen. Leider ist es bei Menschen nicht möglich und bringt auch nichts, denn im Inneren muss sich der Klient selbst neu organisieren. Unabhängig der bescheidenen Meinung des Coaches. Der ist nur dafür da, ihm immer wieder die Tür zur Lösung zu zeigen. Durchgehen kann nur der Klient alleine.

Ähnlich ist es bei Teams. Natürlich gibt es genaue Beschreibungen der internen Kommunikation und Abläufe, sowie der Organisationsstrukturen und der Hierarchiesysteme. Dies definiert aber auch nur den äußeren Rahmen des komplexen Systems eines Teams. Die internen Strukturen und unausgesprochenen Führungsansprüche bleiben einem Coach und Berater so lange verborgen, bis er diese Information freiwillig von den einzelnen Mitgliedern bekommt. Manchmal findet das auch nie statt, da sich die Mitglieder dessen überhaupt nicht bewusst sind. Coaching, sowohl mit Einzelpersonen, als auch mit Teams braucht daher etwas , das beschreibbar wird. Und dies sollte im Außenfeld definiert werden. Also Ziele, Visionen, Leitgedanken oder strukturierte Vorgehensweisen. Im zweiten Schritt geht es dann darum das Bewusstsein auf diese Aspekte zu lenken und als wichtig zu erachten. Erst dann bekommen die oben genannten Aspekte genügend Prioritäten. Jetzt hat der Coach einen Attraktor erschaffen, auf den er sich berufen kann und dessen Funktionalität in der Regel klar beschrieben ist.

Systemische Regeln bedingen die Vorgehensweise

Warum ist das so? Vielleich deshalb, weil ein System – nehmen wir mal ein Team – einer internen Regel folgt: Es strebt nach Vollständigkeit. Dadurch ergibt sich, dass die Veränderung eines Teils noch lange keine Veränderung des gesamten Teams ist. In komplexen Systemen führt Arbeit an einzelnen Teilen noch lange nicht zu einer Verbesserung des Ganzen. Denn einzelne Teile reagieren so, dass die gesamte Summe der Veränderungen wieder mit den Systemerfordernissen übereinstimmen. So kann es sein, dass die Veränderung eines Teammitglieds hin zu mehr Verantwortung, plötzlich dazu führt, dass ein Anderer weniger Verantwortung übernimmt. Somit stimmt die die Gesamtsumme Verantwortung wieder mit der ursprünglichen Menge überein. Erst wenn alle Teile der Veränderung beipflichten sind Gesamtveränderungen möglich. Zugleich ergibt sich durch die ein gemeinsames Ziel ein Mehrwert. Hier geht es jetzt um Synergie, statt um Einzelleistung. Erfolge werden dann nicht mehr durch die Einzelleistung erschaffen, sondern durch die Zusammenarbeit der Menschen untereinander. Natürlich kann ein Mensch mit herausragenden Leistungen seine Kollegen motivieren, aber er kann alleine keine Firma retten. Als systemisch denkender Coach beginnen Sie, Einzelpersonen immer im Gesamtkonzept eines Unternehmens zu sehen. Das trifft auch auf Menschen in Familien und Vereinen zu. Überall dort wo Menschen sich zusammenschließen ergeben sich die Effekte. Ein systemischer Coach erkennt dies und integriert das Wissen in seinem Coaching.

Den Blick erweitern

In der Arbeit mit dem prozessorientierten Modell ist der systemische Weg eine wichtige Komponente und Aufstellungen, seien es nun Familiensystem, Organisationssysteme oder Strukturaufstellungen. Alle Methoden zeigen, dass

Verletzungen der Aspekte der systemischen Ordnung und der Selbstverantwortung genauestens zu beachten sind. Stellen Sie sich eine Mutter vor, deren Kinder 14 und 12 Jahre sind und die beginnen ihre eigenen Wege zu gehen. Während der Elternzeit hat sie in der Firma Ihres Mannes gearbeitet. Sie war dort aber nur aus „finanziellen" Gründen angestellt. Jetzt beginnt sie sich plötzlich richtig für ihre eigene Karriere außerhalb dieser Welt zu engagieren. Dazu muss sie das sichere System verlassen und verändern. Die Firma ihres Mannes, ihr Mann selbst und die Kinder müssen Veränderungen hinnehmen, aber wehren sich. Denn das System möchte Stabilität. Jede konkurrierende Entwicklung wird boykottiert. Dass die Mutter mit Wut darauf reagiert ist eine mögliche natürliche Reaktion, denn Sie will noch mehr Energie einsetzen, um diesen Zustand zu verändern. Und genau dies macht die Situation damit meist noch explosiver. Nach der systemischen Sicht der Dinge geht das System in einen soggenannten „Still-Zustand", der dadurch geprägt ist, dass sich auch mit hohem Energieeinsatz nichts mehr bewegen kann. Drohungen werden ausgesprochen oder Verbote werden definiert. Für alle Beteiligten ist das anstrengend. Und doch ist damit schon etwas Neues eingetreten. Der Gleichgewichtszustand wurde verändert. Dass der Weg der gegenseitigen Wut nicht der richtige ist, das wissen alle Beteiligten. Und was jetzt nur noch helfen kann ist Kommunikation - gewaltfrei und respektvoll. Ihr Klient könnte nun die Mutter sein und es wäre hilfreich, Ihr dieses Stabilitätsbemühen des Systems und aller Beteiligten zu zeigen. Und dafür eigenen sich nun mal die Formate der Aufstellungsarbeit hervorragend. Der Prozess, der jetzt angesteuert wird und die Betriebstemperatur erhöht, ist, dass die Frau zuerst die Standpunkte der einzelnen Personen erkennt. Mit Figuren, Raumankern (Zettel auf dem Boden) oder in innerer Arbeit werden diese dargestellt und vor allem die Beziehung der Teile untereinander erforscht.

Beziehung als Informationselement

Der Blick auf Beziehungen ist eine Ebene der Fähigkeiten. Wir fragen also nicht danach, ob Verbindungen vorhanden sind, sondern „**wie**" die Verbindungen selbst wahrgenommen werden. Denn daran erkennt man erst die Qualität eines Systems. Unser Gehirn selbst hat eine Organisationsstruktur der Beziehung. Nervenzellen verbinden sich miteinander und die Stärke der Verbindung hat Auswirkungen auf die Verarbeitungsprozesse und damit aufs Denken. Man könnte sagen, die Dendriten einer Nervenzelle und deren Axone am Ende repräsentieren die materialisierten Beziehungen zu anderen Zellen. Im Großen, wie im Kleinen entsteht daraus ein System, welche alle Arten von Beziehung beinhaltet. Doch dies nur zur Theorie. Oftmals ist es dem Klienten nicht bewusst, was und wer zum System gehört. Ein Mitarbeiter grenzt vielleicht einen anderen Mitarbeiter aus, doch innerhalb des gesamten Organismus Team oder Unternehmen würde das den Ordnungssinn des Systems stören. Dadurch sind Probleme vorprogrammiert. Beachten Sie bitte auch dabei, dass ein System auch oft eine gewisse Kompensationsfähigkeit hat, um flexibel reagieren zu können. Ungelöste Problematiken nutzen daher oft diese Fähigkeit des Systems. Bis es eben zur Überlastung der Kapazität kommt. Spätestens jetzt sind Lösungen gefragt und Berater haben gute Chancen.

Alles hat seine Ordnung

Auch wenn Ordnung sich nicht nach Veränderung anhört, so gehört auch diese dazu. Moderne Managementmethoden, wie Kaizen, bedingen ja Veränderung als Grundlage eines lebendigen Unternehmens. Das bedeutet jedoch nicht, dass nicht Regeln existieren, welche die Beziehungsstruktur innerhalb einer flexiblen Organisation definieren. Und diese Regeln sind Grundlage der systemischen Arbeit. Als Coach achte ich darauf, wann diese Regeln verletzt werden und wie der dadurch notwendige Ausgleich wiederhergestellt werden kann. Das würde jetzt jedoch die Grenzen dieses Buchs sprengen und kann in anderen Büchern[73] nachgelesen werden. Für die Arbeit mit Klienten empfehle ich Ihnen folgende einfache Vorgehensweisen, um im System lokalisierte Problematiken zu klären. Diese sind alle auch ohne tieferes Wissen über systemische Regeln wunderbare Möglichkeiten Informationen der Beziehungswelt zu verdeutlichen. Führen Sie Ihren Klient Richtung systemischer Lösungsraum mit folgenden Formaten:

- Die Wunderfrage und die Wunderfrage im Raum
- Das vier Positionen Modell
- Visualisierung des Systems mit Figuren

Die Wunderfrage

Die von Steve de Shazer und Insoo Kim Berg entwickelte **Wunderfrage** greift auf die Kristallkugeltechnik nach Milton H. Erickson zurück. Diese hilft dem Klienten, der über die Art der geschichtenorientierten Fragestellung in eine leichte Trance versetzt wird, neue Blickwinkel und Möglichkeiten für seine Probleme zu finden. Über ein vertiefendes Nachfragen, wie sich die Lösung des Problems nach dem Wunder präsentieren würde, wird diese Lösung – stark vereinfacht ausgedrückt – im Kopf des Klienten vorentwickelt, neue neuronale Verknüpfungen werden aktiviert und Lösungsenergie freigesetzt. So kann die neue Lösung, zuerst gedacht, imaginiert und in der Folge leichter kreiert werden.

Hier ein paar Zitate die als Vorannahmen den Wunderweg unterstützen:

Repariere nichts, was nicht kaputt ist.
(Steve deShazer)

Problemtalk creates problems.
Solutiontalk creates solutions.
(Steve deShazer)

Ich bin frei, denn ich bin einer Wirklichkeit nicht
ausgeliefert, sondern kann sie gestalten.
(Paul Watzlawick)

if something works, do more of that
if something does not work, do something different
(Steve de Shazer)

Bei manchen Krisen und Problemen ist rasches Handeln wichtig. Lösungsorientierte Beratung kann hier helfen. Eine Problemlösung wird am schnellsten erreicht, wenn man sich von Anfang an auf mögliche Lösungen und nicht auf die Probleme konzentriert. Statt des Rückblicks auf die Vergangenheit steht die Auseinandersetzung mit Möglichkeiten der Zukunft im Vordergrund. Bei der lösungsorientierten Gesprächsführung werden Sie angeleitet, Problemsituationen unter verschiedenen Perspektiven zu betrachten. Dabei vergrößert sich für den Klienten der Handlungsspielraum. Er entdeckt hilfreiche Alternativen. Jedes Problem hat Ausnahmen, d.h. Zeiten, in denen das Problem nicht aufgetreten ist. Die Wahrnehmung wird also auf Lebensbereiche gelenkt, die nicht mit dem problematischen Zustand verbunden sind. Mit Hilfe verschiedener Fragetechniken werden Suchprozesse ausgelöst, die bei der Problembewältigung kreativ genutzt werden können. In der lösungsorientierten Vorgehensweise werden dabei ganz unterschiedliche Wege beschritten, die bewirken sollen, dass sich der Klient seiner Stärken/Ressourcen bewusstwird. Er kann sich eine gute Zukunft vorstellen, in der zur Jetzt-Problem-Situation etwas positiv verändert ist.

Die Wunderfrage im Detail

Zu Beginn des Prozesses präsentieren Sie dem Klienten langsam und mit klarer Stimme folgende Frage:

> *Angenommen, es wäre Nacht und Sie legen sich entspannt schlafen. Und während Sie so schlafen, geschieht das Wunder und ein Thema, das Sie schon seit längerer Zeit beschäftigt, ist gelöst. Da Sie gut geschlafen haben, wissen Sie nicht, dass dieses Wunder geschehen ist. Doch was wird Ihrer Meinung nach, morgen früh das erste Anzeichen sein, welches Sie darauf hinweist, dass sich etwas verändert hat?*

Die Wunderfrage kann wie folgt präzisiert werden:

- Was genau wäre anders?
- Wie würden Sie sich anders verhalten? Was würden Sie tun, wenn Sie sich von dem beklagten Zustand befreit fühlen?
- Welche Gedanken/Gefühle sind dann anders?
- Wer in Ihrer Umwelt würde bemerken, dass dieses Wunder geschehen ist?
- Wer noch? Welche Einzelpersonen und Gruppen noch?
- Wann war es in letzter Zeit schon einmal so ein bisschen wie nach dem Wunder?
- Welche Ausnahmen würden Sie für das Wunder zulassen?
- Was können Sie jetzt tun, um ein Stück dieses Wunders schon jetzt passieren zu lassen?
- Wenn der Tag des Wunders vorbei ist und der Alltag mit dem Wunder Einzug gehalten hat, wie gehen Sie dann ganz unbewusst mit diesem Wunder um?

Die Ideen und Verknüpfungen, die im Zusammenhang mit der Wunderfrage entstehen, sind in der Regel positive Repräsentationen der Zukunft. Ihr Klient begibt sich in einen zukünftigen Moment, in dem ein hinderliches Verhalten nicht mehr besteht. Er wird in der Phantasie dazu angeregt, sich Änderungsmöglichkeiten vorzustellen. Das erleichtert dann die tatsächliche Einleitung von realen Veränderungsschritten: Erörtern Sie, welche dieser Ideen schon jetzt in die Tat umgesetzt werden können.

Nützliche Anregung:

Bitten Sie Ihren Klienten, so zu tun, als ob der Zustand "nach dem Wunder" schon erreicht wäre und achten Sie dabei darauf, was er in welchen Situationen anders als bisher. Was fühlt er, denkt er oder was würde er dann anders tun?

Die Wunderfrage im Raum stellen

Systemisches Aufstellen hat eine lange Tradition. Therapeuten der letzten 50 Jahre haben daran gearbeitet daraus ein funktionierendes Lösungsformat zu entwickeln. Entstanden sind systemische Regeln und Ausgleichsbewegungen der Lösung. Dies würde den Rahmen des Buches sprengen. Doch auch wenn man keinen Zugang zu den systemischen Regeln hat, hilft eine Visualisierung der Lösungsräume sowohl dem Coach als auch dem Klienten. Daher ist es empfehlenswert die in der Wunderfrage erarbeiteten Ergebnisse zu visualisieren. Alleine schon die Sichtbarkeit des Problem-Lösungsfeldes im Raum hilft verdeckte Aspekte zu erkennen. Versuchen Sie es doch mal. Man kann das auch gut für sich selbst mit eigenen Themen testen.

Ablauf:

1. Interview
   Führen Sie Ihren Klienten durch die Fragen der Wunderfrage.
2. Erschaffen Sie eine Liste aller wichtigen Personen und Aspekte wie folgt:

W	Das Wunder z.B. Mehr Entspannung
F	Der Fokus – also der Klient in seinem derzeitigen Zustand. z.B. Klient mit Unruhe nach der Arbeit
P1	Person 1, die direkt mit Wunder zusammenhängt z.B. Chef
P2-Px	Alle Personen die als Einzelpersonen vom Wunder abhängig sind oder profitieren z.B. Sekretärin, Kollege, Freundin
G1-Gx	Alle Gruppen von Menschen, die etwas mit dem Wunder zu tun haben z.B. weitere Kollegen, Eltern

R1-Rx Ressourcen, die hilfreich für die Erreichung des Wunders wären z.B. Klarheit, Gelassenheit, Neinsagen

H Das Hindernis, dass dem Wunder im Weg steht. Wenn es nicht benannt werden kann, dann ist es einfach das Hindernis. Fragen Sie dies auch mal was seine positive Absicht ist (siehe Zielrahmen)
z.B. „das gefühlte Hindernis“

3. Schreiben Sie diese Buchstaben zusammen mit Ihrem Klienten auf Zettel und legen Sie diese im Raum aus. Bitten Sie Ihren Klienten dabei auf die Beziehung zwischen den einzelnen Aspekten zu achten und genau diese auch im Raum durch Abstand und Blickrichtung zu definieren. Die Blickrichtung kann dabei durch oben auf den Zettel angebrachte Pfeile, Markierungen oder Nasen und Augen symbolisiert werden. Hilfreich ist es sich schon ein paar Zettel in nebenstehender Form vorzubereiten. Stellen Sie sich vor es sind zwei Füße, die nebeneinanderstehen. Daher ist die Blickrichtung entgegengesetzt der eingeschnittenen Nase.

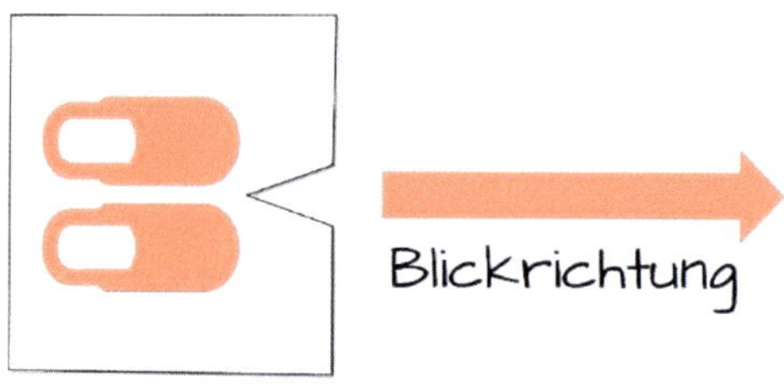

4. Das Ergebnis Ihrer Visualisierung könnte dann vielleicht so aussehen: Der Fokus schaut auf das Wunder. Das Wunder schaut weg. Auch die Personen wenden sich vom Fokus ab. Das Hindernis steht dazwischen. Die Personen und Gruppen von Personen haben eine gewisse Bindung zum System aber nicht zum Wunder. In diesem Fall könnte es schwierig sein zu entscheiden, ob die Menschen nicht mit dem Wunder oder mit dem Hindernis in Kontakt kommen wollen. Hilfreich sind in so einem Fall, Klärungen dieser Frage.

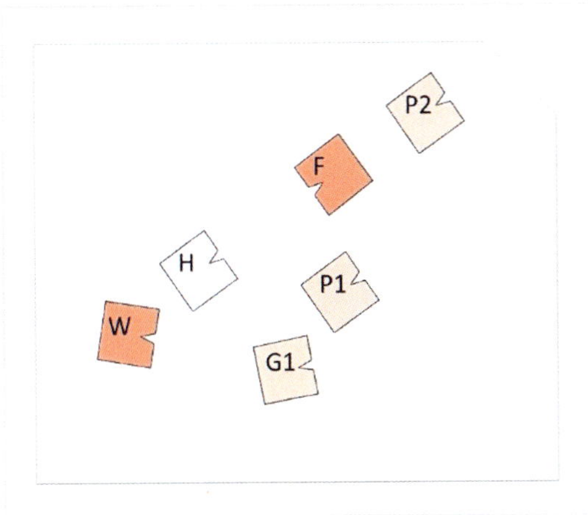

5. Lassen Sie den Klienten nun sich auf jeden Platz stellen und unterstützen Sie mit den zirkulären Fragen, dass der Klient die nötigen Zusammenhänge findet, die das System problematisch machen.

6. Fügen Sie nun Ressourcen zum System hinzu, die in der „Verantwortung" des Klienten liegen. Also Element wie Gelassenheit oder Genauigkeit, Kraft, Hartnäckigkeit und so weiter. Jetzt platzieren Sie diese Formate zum Klienten dazu und achten darauf, dass er auch seine Körperhaltung dazu ändert und die somatischen Marker nicht mehr reagieren. Mit dieser aufgeladenen Kraft bitten Sie Ihren Klienten jetzt die Situation „gespielt" neu zu durchdenken und neue Verhaltensweisen durchzuführen.

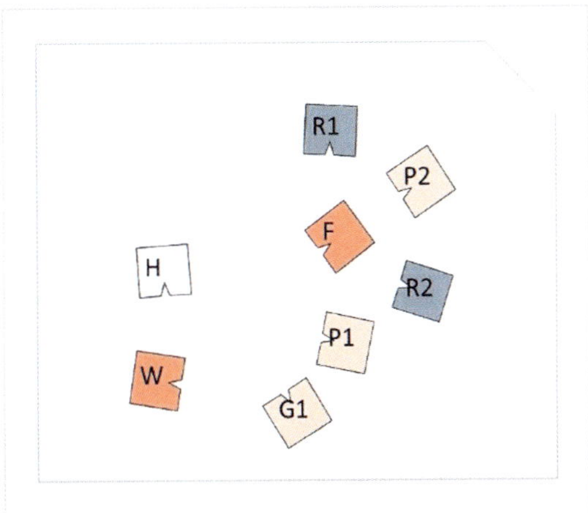

7. Dieses Bild eines möglichen Ergebnisses ist für den Klienten oft mit einer klaren neuen Sicht und mit Handlungsanforderungen verbunden. Er weiß also was er als nächstes zu tun hat. Unterstützend können Sie mit ihm eine Todo-Liste erstellen.

Die vier Positionen

Diese spezielle Form einer aufgestellten systemischen Beziehungsklärung eignet sich vor allem für **Konflikte mit einer Person**. Im NLP wurde daraus das drei Positionen Modell, was später unter anderem auch von Robert Dilts auf vier Positionen erweitert wurde und damit dem neuen Ansatz des generativen NLP's[74] entspricht.

Vorgehensweise

1. Definieren Sie mit Ihrem Klienten den Konflikt den er mit einer Person hat.

2. Legen Sie Platzhalterkarten als Bodenanker im Raum wie folgt aus:

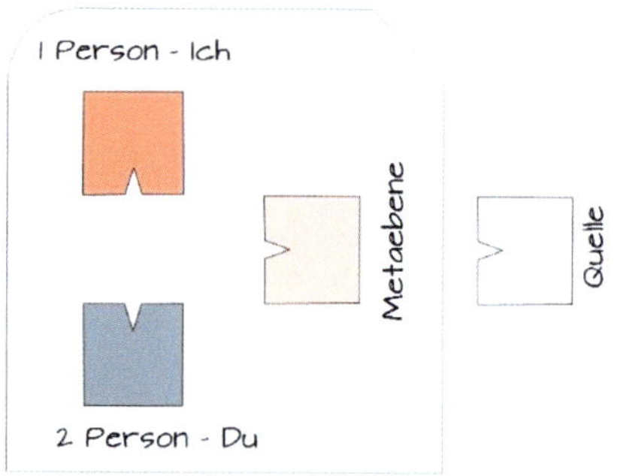

Eine Karte für den Fokus – also den Klienten mit seinem Thema.

Eine Karte für das Konflikt-Gegenüber mit seiner Meinung.

Eine Karte für eine Metaposition, die Abstand vom Konflikt bietet und wie eine Dritte Person auf die Beiden anderen blickt.

Eine Karte der *Quelle* oder dem vollen Ressourcenzustand. Also einem Platz in dem den Klienten alle Wahlmöglichkeiten zur Verfügung stehen und er die Verbindungen und den größeren Zusammenhang zwischen den einzelnen Aspekten erkennen kann. Eine Quelle kann auch ein Platz in der Natur sein oder das Sein in der Meditation.

3. Lassen Sie zuerst von einer nicht genau definierten äußeren Ebene alle Positionen dissoziiert beschreiben. Also zum Beispiel mit einer Frage wie folgt: Bitte beschreibe genau wie Du selbst in der Problemsituation aussiehst? Wie bewegst Du Dich und wie ist Dein Gesichtsausdruck? Dann lassen Sie Ihren Klienten assoziiert in die Rolle eintreten und warten bis die Gefühle dazu spürbar werden (ansatzweise reicht). Dann lassen Sie dem Klienten in gewaltfreier Kommunikation (GfK) folgende Fragen beantworten: *„Was nehmen Sie am Gegenüber wahr? Was löst das Verhalten des Gegenübers bei Klienten aus? Was ist das Bedürfnis in diesem Moment und was würde er sich von ihm wünschen?"*

4. Lassen Sie den Klienten jetzt die Rolle des Gegenübers beschreiben und sich dann in dessen Rollen einfühlen. Fragen Sie die Aspekte der GfK wieder ab.

5. Definieren Sie jetzt die Rolle des außenstehenden Beobachters. Erst von außen beschreiben lassen dann den Klienten in diese Rolle assoziiert führen. *„Wie sehen Sie jetzt die Kontrahenten aus dieser Außensicht? Haben Sie Tipps für beide, welche zu einer Lösung oder zur Veränderung beitragen könnten?"*

6. Dann lassen Sie den Klienten eine Position definieren, in der er einmal voller Kraft war und aufgetankt war mit Selbstwirksamkeitserwartung und Kraft, Ruhe oder Gelassenheit. Dissoziierte Fragen stellen und dann den Klienten in eine assoziierte Rolle bringen. Lassen Sie den Klienten sich jetzt aufladen bis er diese Ressourcen völlig spüren kann. Induzieren Sie ihm Weite und die Kraft und die Fähigkeit über den Dingen zu stehen.

7. Zum Abschluss dieser Reihe darf der Klient jetzt seine Kraft mit in seine eigene Rolle nehmen. Wie wird er sich verhalten, wenn er in seiner Kraft ist. Wie wird er mit Ressourcen reagieren?

8. Wenn nötig führen Sie eine weitere Runde durch alle Positionen durch.

Visualisieren mit Figuren

Auch wenn Sie die Kriterien der systemischen Lösungswege noch nicht verinnerlicht haben, ist es für Klient und Coach gleichermaßen hilfreich, die Zusammenhänge zu visualisieren. Wie stehen Menschen, Projekte, Ressourcen und größere Systeme wie Familien oder Unternehmen in Beziehung? Eine einfache und effektive Möglichkeit ist es, dies mit Figuren oder Blöcken zu visualisieren. Auf dem ersten Blick erscheint es dem Klienten vielleicht seltsam, aber in dem Moment, in dem er sich darauf einlässt, den einen Block Herr Müller und den anderen Frau Schmidt zu nennen, ergeben sich plötzlich neue Informationen zum Beziehungssystem. Und da dies meist der Hauptgrund für Schwierigkeiten ist, lösen Sie sehr schnell den Stolperstein Ihres Klienten.

Stifte Aufstellung

Alles, was man in Bezug stellen kann, ist dafür geeignet systemische Verbindungen zu visualisieren. Im Gespräch mit einem Klienten kann alles dazu genutzt werden, was gerade zur Hand ist. Also Stifte, Radiergummi oder die Tassen, Lippenstift, Zuckerstücke und Milchkännchen im Caféhaus. Beginnen Sie innerhalb eines Gespräch einfach mit dem Satz: *„Damit ich das jetzt besser verstehe: Also wenn das ihr Chef ist und das sind Sie, wie steht denn da die Frau X dazu?“* Und schon sind Kaffeetasse und Zuckerstück in Rollen umgewandelt und das Gespräch bekommt sofort einen anderen Inhalt. Experimentieren Sie einfach mit dieser Form der Aufstellung.

Holzblöcke für den Businesseinsatz

Ich selbst arbeite am liebsten im Businesskontext mit einem Satz unterschiedlicher Holzblöcke, welche für alles optimal aufgestellt werden können. Also Menschen, Projekte, Ressourcen, Geld, Firmen, usw. Der Vorteil ist auch die hohe Akzeptanz durch den Klienten. Holzblöcke haben zunächst meist auch eine neutrale Bedeutung, wohingegen ein Zuckerstück schon eine vordefinierte Bedeutung süß mitbringt.

Playmobil Figuren und Lego Serious Play™

Viele Coaches arbeiten mit einem ausgesuchten Satz von Playmobil Figuren, die sie gerade dafür einsetzen, um Beziehungen zwischen Menschen darzustellen. Neu gibt es jetzt auch Lego Serious Play™, welche die gleiche Funktion haben soll. Denn Figuren haben immer eine Blickrichtung, was gerade im Fokus der Menschen untereinander eine zusätzliche Informationsebene mitbringt. Gleichzeitig gibt es ja auch keine neutralen Figuren. Sondern Cowboys, Indianer, Bauarbeiter, kleine Kinder, Mütter, Prinzessinnen und Krieger. Jeder bringt also seine eigene Bedeutung mit. Und wenn der Klient genügend Auswahl zur Verfügung hat, dann kann er seinen Figuren auch noch deren besondere Werte zuweisen. Oder der Coach nutzt diese Ressourcen der Figuren für eine Lösungsfindung. Es gibt viele Bücher, die diese Formate im Umgang mit Figuren im Coaching optimal beschreiben. Doch es braucht nicht viel. Der erste Start ist der Versuch der Visualisierung. Versuchen Sie es und Sie werden schnell Lösungen finden.

Aufstellen mit Bodenankern

So waren meine Familie und ich auf der Suche nach einem Haus, das wir kaufen wollten. Über Größe und Preis waren wir uns schon einig, aber wo genau wir leben wollten, war uns noch nicht klar. Also haben wir eine grobe Karte der Umgebung auf den Boden gezeichnet und wichtige Ortschaften und Aspekte mit Blöcken und Moderationskarten visualisiert. Und dann sind wir Schritt für Schritt die Möglichkeiten durchgegangen und haben relativ bald einen Ort gefunden, der für uns das optimale Mittel darstellte. Keine zwei Wochen später hatten wir unser Haus gefunden. Denn sobald man Klarheit hat, sieht man mehr in diesem Bereich und somit öffnen sich auch schneller neue Möglichkeiten. Visualisierungen unterstützen uns dabei.

Somatische Lösungen

Nur wer vollkommen frei ist von Begriffen, kann einen Körper unendlicher Ausdehnung besitzen.

Huang-Po, Der Geist des Zen, John Blofeld, Hrsg.

Jedes Ding ist, je nachdem, wie man es betrachtet, ein Wunder oder ein Hemmnis, ein Alles oder ein Nichts, ein Weg oder ein Problem. Es immer wieder anders betrachten heißt, es erneuern und vervielfältigen. Daher hat ein kontemplativer Mensch, ohne sein Dorf je zu verlassen, gleichwohl das ganze Universum zur Verfügung. Das Unendliche findet sich in einer Zelle wie in einer Wüste.

Fernando Pessoa: Das Buch der Unruhe

Körper und Geist sind eine funktionale Einheit.

Die Informationen, welcher unser Körper in sich trägt, folgen der grundlegenden Regel am Leben zu bleiben und / oder diese Art von Leben weiterzutragen. Dazu gehört auch das Gehirn als größtes Organ im Menschen. Und nach der Theorie des „egoistischen Gehirns[75]“ wurde dieses Organ von der Evolution für wichtig erachtet. Mit besonderen Strategien überlebten und verdrängten wir unsere Urahnen die Neandertaler dadurch, dass in Notzeiten trotzdem dem Gehirn die maximale Energie zur Verfügung gestellt wird. Und anscheinend haben wir diese Energie gut genutzt, sonst würde es unsere Art so nicht geben. Der Preis den wir dafür zahlen ist ein sehr aufgerüstetes Stress-Blutzucker-System. Und das ist ja wie bekannt heute für die meisten unserer Krankheiten verantwortlich. Trotz der Fokussierung eines Coaches auf das Gehirn und seine Denkweisen, entstehen heute immer mehr Lösungen für Probleme, die den Körper mit einbeziehen. Meist sind das therapeutische Ansätze, doch auch Yoga und Chi Gong eignen sich für die Integration ins Coaching. Wege der Achtsamkeit, wie das MBSR von Jon Kabat-Zin, verbinden Denken, Körper und Seele, um neue Verhalten zu erreichen.

Somatic Release

Wenn man sich auf die Logik des Körpers konzentriert, erfährt man dabei eine Menge spannender Erkenntnisse. Diese fassen wir unter dem Begriff „Somatic Release“ zusammen Die bildet eine Erweiterung zu den klassischen Coaching Varianten. Denn der Körper drückt die Themen, die ihn beschäftigen, durch viele „somatische“ Aspekte aus. Im einfachsten Falle ist es die Körperhaltung des Menschen oder seine Basis-Körperstruktur. Diese beinhalten schon viele wertvolle Ansatzpunkte für ein Coaching. Doch dies ist nur die äußere Schicht. Mittels der besonderen Fähigkeit der Hände kann man viel mehr unterscheiden. Denn die Hände sind hochkomplexe Sinnesorgane, welche die gefühlten Informationen in minimalen Gradienten unterscheiden können. Zum Beispiel kann eine Handfläche Temperaturunterschiede von zehntausendstel Grad feststellen. Oder auch feinste Druckunterschiede. Hilfsmittel dafür ist das Körperbewusstsein, mit dem man einen Fokus auf die unterschiedlichsten Wahrnehmungskanäle setzen kann. Wenn man weiß, was man wahrnehmen möchte, dann können die Hände das erspüren. So gibt es Zusammenhänge von Körperbereichen und Gedankenmustern. Die Grundannahme ist, dass der der Körper die Bühne der Gefühle darstellt und dieser dafür über Körperspannung kompensiert. Gefühle sind dann Zusammenfassungen der unbewussten Körperempfindungen. Dies ist eine Kommunikation zwischen Körper und Geist aus dem sich eine Menge Ansatzpunkte ergeben, um mit dem Gesamtsystem Mensch zu arbeiten:

1. *Haltungsänderungen* – oder wie Gunter Schmidt so gerne sagte: Dir geht's wie Du gehst. Doch durch Veränderung der Haltung kann eine Veränderung des Zustandes erreicht werden. Siehe hier auch den spannenden TED-Vortrag von Amy Cuddy[76].

2. *Augenbewegungsmuster.* Durch eine Anwendung von REM ähnlichen Augenbewegungen im negativen Zustand des Klienten wird eine Unterbrechung der Rückkopplungsschleife zwischen Körper und Geist erzeugt. Techniken sind z.B. das Format LetEmGo oder EMDR[77] Formate. Bitte beachten Sie – entwickelt wurden diese Methoden für die Therapie, sind jedoch wegen ihrer Möglichkeiten gut im Coaching einsetzbar.

3. *Klopftechniken* - Man hat festgestellt, dass mittels Klopfakupunktur die man im Zustand des negativen Gefühls oder Musters an bestimmten Bereichen am Körper drückt oder klopft, das auslösende Gefühl verändert oder nicht mehr wahrgenommen werden kann. Und damit das Problem auch scheinbar oder endgültig verschwindet. Die Meridiane scheinen dabei eine wichtige Rolle zu spielen, da diese bei der Übertragung der Informationen ein wichtiges Bindeglied sind. Daher liegen die meisten Klopfpunkte auch auf den Meridianen. Und da der Magenmeridan bei Stress und Angst mit zuständig ist, beginnt man auch oft mit diesen Punkten unter dem Auge. Techniken dafür sind: EFT[78] und MFT[79]. Diese sind eigenständige Ausbildungen und werden hier nicht weiter beschrieben.

4. *Somatic Release Technik.* - Lösen der im Körper gespeicherten Informationen und damit Unterbrechung des Regelkreislaufs. Bei Tieren ist es das Schütteln[80] nach einer traumatischen Begebenheit, das ihm hilft die intensive Erfahrung wieder aus dem Körper zu lassen. Tiere tun dies instinktiv. Menschen können dies mit Sport oder Schütteln ebenso aktivieren. Allerdings ist unser Gehirn dabei nicht ganz so kooperativ und lässt zurück gedrängte Emotionen nicht einfach laufen. Ein geübter Behandler kann dies mit den Händen aktivierten. Weitergehende Informationen dazu siehe unter den Verweisen[81].

Der neue Weg der Medizin

Die Körperarbeit ist für einen Coach trotz der beschränkten Einsatzmöglichkeiten interessant, weil man Zusammenhänge besser verstehen kann. Jedes Muster, welches wir im Denken des Menschen finden, hat auch eine Repräsentation im Körper. Manchmal nur ansatzweise, manchmal aber auch direkt eins zu eins vergleichbar. Oft wünschte ich mir, dass ich doch Medizin studiert hätte, statt Physik. Denn die Kombination von Behandlung des Menschen mit gleichzeitiger Behandlung des Geistes, ist die großartigste Veränderungstherapie, die man sich vorstellen kann. Sowohl für den Körper, wie auch für den Geist. Beginnen sie als Coach erst einmal damit, die Muster im Gehirn zu verstehen. Beobachten sie genau den Körper, seine Reaktionen, und beginnen Sie zu erkennen – allein aus der Beobachtung der somatischen Marker – wieso die Haltung eines Menschen so ist wie sie ist. Achten Sie auf beide Ebenen: Das Denken und die Körperhaltung. Auch wenn sie kein manueller Behandler sind, so nutzen Sie doch den Körper als zusätzliche Informationsbasis. Auf dieser Ebene findet eine erweiterte Analyse statt, wenn sie auf der Suche nach den roten Fäden sind, die zur ganzheitlichen Lösung führen. Alles ist hilfreich!

Mehr als Du glaubst

"Es gibt mehr Ding' im Himmel und auf Erden, als Eure Schulweisheit sich träumt."

1.Akt, 5. Szene, Hamlet – William Shakespeare

Wir können jede beliebige Erfahrung in ihre Grundbestandteile zerlegen, am Ende haben wir unsichtbare Wellen im Quantenfeld. Wir können jeden beliebigen Gegenstand in seine Grundbestandteile zerlegen, am Ende haben wir unsichtbare Wellen im Quantenfeld.

Deepak Chopra – Spiritueller Lehrer

Das Gehirn kann mehr

Auch wenn in diesem Buch ein Hauptfokus auf der Veränderungsarbeit mit Methoden legt, die in eine Struktur passen, so habe ich auf meinen Reisen doch mehr erlebt. Es gibt Heiler und Schamanen, die seit Jahrtausenden Mensch und Tier heilen und dabei oft in Verbindung mit etwas sind, dass als höhere Energieform in Ihrem Kulturkreis erklärt wird – also Götter, Naturgeister oder spirituelle Dimensionen. Damit erschaffen diese Menschen Heilung und Veränderung, von denen mancher Arzt nur träumen kann.

Wie auch immer es geschieht: Es wird ein Prozess erschaffen, der eine hohe Impulskraft der Veränderung hat. Ob das an besonderem Glauben der Behandler oder Klienten liegt oder wirklich unerklärbare Kräfte im Spiel sind, die wir noch nicht verstehen, ist dabei nicht relevant. Wichtig ist die Erfahrung, dass Heiler oft intensive Prozesse erschaffen und damit eindrückliche „Imprints“ hinterlassen. So gibt es in Brasilien Heiler, welche die Augen des Klienten aus den Augenhöhlen nehmen und reinigen oder Heiler, die reine virtuelle energetische Spritzen in Menschen stechen und damit gleiche Wirkung wie moderne Pharmazeutika haben. Das heißt, die Heiler tun nur so, als ob sie eine Spritze in der Hand hätten. Natürlich ist der Placebo Aspekt wichtig, aber wie erklärt man dann die nadelstichartigen Performationen in einem dazwischen gehaltenen Aluminiumpapier, wenn überhaupt keine Spritze vorhanden ist. Der Glaube ist wichtig für jede Veränderung und ein Coach hat heute hat auch eine Verpflichtung, an die Veränderung seiner Klienten zu glauben. Wie auch der Klient etwas Eindrückliches mitbekommen sollte, was ihm hilft, an seine eigene Heilung zu glauben. Dieses erschafft vielleicht das nötige „Feld“, in dem die Energie der Aufmerksamkeit folgt und damit den Veränderungsprozess unterstützt.

Um zu zeigen, wie eindrücklich dieser Weg ist beschreibe ich ein hawaiianisches Ritual, dass hilfreich ist um mit Menschen zu arbeiten, die überhaupt nicht physisch präsent sind. Vielleicht versuchen Sie mal, einen Tag bevor Sie Ihren Klienten treffen, dieses Ritual mit ihm durchzuführen?

Ho opono opono

Ein hawaiianisches Heilungsritual und eine Fokussierungsübung für Coaches. Auch wenn Heilungsriten nicht der Fokus dieses Buches sind, können Sie diese Technik nutzen sich vorher auf Ihre Klienten einzustimmen. Die Methode stammt aus Hawaii und man sagt, die Schamanen dort haben die Fähigkeit, Krankheiten der Klienten in sich aufzunehmen und dann den Heilungsprozess in sich zu aktivieren. Eine andere Variante erzählt von Dr. Len, einem Psychologen, der allein dadurch, dass er mit den Krankenakten der Klienten arbeitet, Verbesserung in ihrem Zustand erreicht. Notwendig wurde das, weil in der Klinik dort eine so schlechte und gewalttätige Atmosphäre herrschte, dass Pfleger und Psychologen nur schwierig arbeiten konnten. Dr. Len arbeitete also mit den Klienten, indem er den Prozess in seinem Inneren erschuf. Dies übernahm er der Tradition der hawaiianischen Heiler. Die Vorgehensweise ist im Konzept des prozessorientierten Coachings sehr ähnlich.

Formatablauf

1. Wie bei jedem Prozess sind ein paar äußere Faktoren wichtig: Schaffe einen Raum, in der Achtsamkeit möglich ist. Je mehr Du Dich fokussieren kannst, ohne gestört zu werden oder mit den Gedanken abzudriften, desto stärker wird der Prozess wirken.

2. Glaube an die Vorannahme, dass die äußere Welt nur eine Illusion ist, die für Dich da ist, damit Du Lösungen in diesem Umfeld findest. Also alles was Dir begegnet, hat was mit Dir zu tun und bietet Dir Möglichkeit zu wachsen. Und somit ist auch Dein Patient oder Klient Teil Deiner Illusion. Du bist *verantwortlich* für alles was Dir in Deiner Welt begegnet. Und wenn Du diese Verantwortung annimmst, dann ist Heilung Deiner Welt und der Anteile darin möglich.

3. Stelle Dir den Klienten mit seinen Themen jetzt vor und frage Dich, was ist der Anteil in mir, der damit in Verbindung ist. Bewerte das nicht – sei einfach offen.

4. Sage Dir jetzt immer wieder

    - Es tut mir leid in mir
    - Ich liebe Dich.
    - Ich verzeihe Dir

    Es ist also eine bewertungsfreie Schleife mindestens 10 Minuten oder noch länger. Führe diesen Prozess im Inneren solange durch, bis ein Gefühl der Entspannung kommt (Release). Dieser tritt dann ein, wenn plötzlich in dem Thema oder Gedanken eine Weite oder tief verbundene Liebe eintritt. Manchmal ist es auch ein tiefes Gähnen oder eine deutliche Muskelentspannung, die du spüren kannst.

Auch wenn Sie damit keine Wunderheilungen vollbringen und später dann mit dem Klienten in der Ebene seiner eigenen Realität arbeiten, werden Sie schon eine allein durch die Fokussierung auf den Klienten, auf Vieles mehr vorbereitet sein. Der Rapport ist besser und die Ideen zu den richtigen Fragen kommen leichter in Fluss.

Es ist die Öffnung der sprichwörtlichen Herzen, die einen Coach zu einem respektvollen Gegenüber macht. Und es ist, neben dem Fachwissen, auch immer die Liebe zum Menschen, die durch Ho Opono Opono trainiert wird. Nutzen Sie diese Möglichkeit, um damit das Ego, welches immer meint, es kennt die Lösung schon, an seinen Platz zu verweisen. Stattdessen tritt dafür Liebe und Verständnis, dass jeder Prozess seine Zeit und Erkennen braucht, in den Vordergrund.

Fazit

Um Lösungen zu erschaffen, im Denken, im Handeln und im Körper, gibt es oft eine Art Quantensprung. Der Glaube, dass im Denken des Menschen die Lösungen schon vorhanden sind, hilft es auch besondere Methoden zu integrieren, die neben den Methoden des „logischen Denkens“ existieren und trotzdem funktionieren.

Als Coach sind Sie ja auch so etwas wie ein moderner Schamane, der Kräfte im Klienten rufen kann. Die moderne Gehirnwissenschaft einiges erklären. Und ebenso gibt es auch Studien, in denen Quantenprozesse in den Wundern von Schamanen erkennbar sind. Wir sind gespannt, wohin das zukünftig führt.

Ho Opono Opono ist ein Weg, der wie eine Meditation zu sich selbst führt und gleichzeitig Lösungen erschafft. Doch es gibt noch viel mehr und ich hoffe unsere Forschung und die von anderen ergeben noch viele Lösungen, welche mehr und mehr dieser noch unbekannten Prozesse nutzbar machen.

Der weitere Weg

Nur wer seinen eigenen Weg geht, kann von niemandem überholt werden.

Marlon Brando - Schauspieler

Egal wie weit der Weg ist, man muss den ersten Schritt tun.

Mao Tse-tung - chinesischer Philosoph

Den Weg gehen

Wenn Sie jetzt Ihren Weg als Coach gehen, dann werden Sie unausweichlich Erfahrungen machen. Zum einen werden Sie beginnen Ihren Job zu lieben. Denn wenn Sie mit Menschen Prozesse öffnen, die Veränderung und Erkenntnis erschaffen, ist das Nahrung für die Seele des Coaches. Und somit genau das, was Sie motiviert, noch mehr zu lernen.

Und das ist gut so. Dieses Buch ist nicht mehr als ein Anfang auf dem Weg des Coaches. Die Verbindungen der Menschen untereinander sind aus systemischer Sicht der nächste Wachstumsschritt. Suchen Sie sich einen systemisch denkenden Lehrer oder Lehrerin, es lohnt sich diesen Weg zu erfahren.

Das andere sind Formate die schnell wirken können. Auch hier habe ich in diesem Buch nur eine kleine Vorauswahl an Formaten gesammelt. In der prozessorientierten Coaching Box finden Sie viele weitere Formate und Übungen. Diese sind sehr hilfreich um immer wieder neue Wege mit dem Klienten gehen zu können und somit noch viele weitere Wahlmöglichkeiten zu erhalten.

Die eigene Erfahrung

Der Weg zum Coach ist auch verbunden mit einer eigenen Veränderung. Diese bringt sie sicherlich auch noch einmal an Punkte, an denen sie an die eigenen Themen kommen. Um erfolgreich zu sein, braucht es viele Faktoren. Ihre Persönlichkeit ist ein wesentlicher Punkt. Doch sie werden feststellen, dass es Klienten gibt, die gerade am Anfang beginnen, ihre wunden Punkte zu aktivieren. Jetzt gilt es zu sehen ob sie etwas gelernt haben. Schaffen sie es, mit ihren eigenen Techniken und Fähigkeiten damit achtsam umzugehen oder ist das Thema neu für sie und sie müssen erst eigene Lösungen erschaffen? Auf jeden Fall ist Wachstumspotential vorhanden, mit dem sie sich selbst entwickeln können.

Vielleicht ist ja an der Zeit, sich einen Supervisor oder einen eigenen Coach zu suchen, um genau mit diesen Themen zu arbeiten? Wachstum ist kein abgeschlossenes Ergebnis des Menschseins. Es ist eher wie eine Spirale, bei der Sie immer wieder ihre Themen berühren, verändern, manchmal auch lösen oder auf einer höheren Ebene wieder damit zu tun bekommen. Nennen wir es Persönlichkeitsentwicklung Level zwei oder gar Level drei.

Doch jedes Thema, das sie bei ihren Klienten oder sich selbst lösen, ist ein Erfahrungspool, aus dem sie schöpfen können. Und je mehr Erfahrungen sie haben, desto effektiver werden ihre Fragen oder auch ihre Lösungswege. Und oft schon kommen Klienten zu ihnen und erfahren Lösungen, einfach nur dadurch dass sie sich anders verhalten, anders sitzen, reden oder stehen. Nonverbale Kommunikation überträgt alles das was sie sind. Daher gehen sie auch ihren eigenen Weg weiter, entwickeln sie sich um ein guter und vor allen Dingen effektiver Coach zu werden.

Danksagungen

Der Prozess des Schreibens war ein immer wieder herausforderndes Abenteuer. Doch jetzt ist ein Buch daraus entstanden und das Gefühl, dass Bücher geschrieben werden können auch. Das Ergebnis daraus verdanke ich vor allem meiner Familie, die mich dabei unterstützt hat und mir die Kraft gab dran zu bleiben. Danke für Eure Unterstützung!

Zum anderen danke ich meinen ersten Lehrern, Hans und Ingrid, die mich überhaupt vor 25 Jahren auf diesen Weg gebracht haben. Vieles von dem Wissen in diesem Buch basiert auf deren Lehren. Auch Euch nochmals vielen Dank.

Und zum dritten den Menschen, die an der Realisierung beteiligt waren. Thomas, der es geschafft hat, meine bildhaften Ideen gekonnt in Zeichnungen umzusetzen. Marita und Claudia, welche immer wieder fleißig am Korrigieren waren und durch Ihren Einsatz meine Buchhelden geworden sind.

Da dieses Werk jetzt im Eigenverlag entsteht, bedanke ich mich auch bei den Verlagen, die mich lange abgewiesen haben. Bei einigen von Ihnen bekam ich als Absage durchaus auch praktische Tipps mitgesandt, die mir wesentlich geholfen haben, das Konzept nochmals zu überdenken und in die jetzige Form zu bringen. Und ich durfte wieder mal lernen. Erschaffen ist ein Prozess.

Also wer auch immer sich auf den Weg macht, ein Buch zu schreiben, lasst Euch nicht davon abbringen. Es ist der Weg des Herzens!

Die Coaching Box

Alle in diesem Buch genannten Formate und mehr findest Du auch in der CoachingBox zum prozessorientierten Coaching. Das Themenregister hilft bei der Auswahl der richtigen Vorgehensweise. Passend zu Grundaufteilung im Buch findet der Coach auch die richtigen Fragen und Vorgehensweisen um effektiv mit Einzelnen und Gruppen zu arbeiten.

Anhang A - Vorannahmen

Vorannahmen des NLP

1. Wir alle sind einzigartig und erleben die Welt auf unterschiedliche Weise. Jeder Mensch ist verschieden und hat seine eigene Art zu sein.
2. Geist, Körper und Umwelt bilden ein gemeinsames System. Unsere geistige Einstellung beeinflusst unsere Gesundheit. Ebenso kann das, was wir tun, auch unser Denken verändern.
3. Jedes Verhalten ist auch Kommunikation. Selbst wenn wir schweigen, kommunizieren wir. Oft bestimmt unser nonverbales Verhalten die Wirkung einer Botschaft.
4. Die Bedeutung einer Kommunikation ergibt sich aus der Reaktion, die sie hervorruft - nicht nur aus der Absicht des Kommunikators.
5. Menschen orientieren sich in ihren Handlungen an Vorstellungen (ihrer "geistigen Landkarte") und nicht an der Welt selbst.
6. Die Landkarte ist nicht das Gebiet.
7. Wahlmöglichkeiten sind besser als keine Wahlmöglichkeiten.
8. Menschen sind nicht neurotisch, verrückt oder kaputt. Sie treffen stets die beste Wahl aus dem, was ihnen an Wahlmöglichkeiten zur Verfügung steht. Sie funktionieren in ihrem "Modell der Welt" perfekt.
9. Jedes menschliche Verhalten ergibt einen Sinn, wenn es im Kontext der "geistigen Landkarte" der betreffenden Person gesehen wird. Die Schwierigkeit besteht in der Regel nicht darin, dass Menschen die falsche Wahl treffen, sondern dass ihnen nicht genügend Wahlmöglichkeiten zur Verfügung stehen - sie haben kein vielseitig orientiertes Bild der Welt.
10. Jedes Verhalten, sei es noch so unangemessen, wird von einer positiven Absicht motiviert.
11. Jedes Verhalten ist in irgendeinem Kontext nützlich.
12. Jeder Mensch hat bereits die Ressourcen, die er braucht, um die Veränderungen zu realisieren, die für ihn stimmig sind.
13. Es gibt in der Kommunikation keine Fehler oder Defizite. Alles ist Reaktion.
14. Wenn das, was du tust, nicht funktioniert, tu' etwas Anderes.
15. Das flexibelste Systemelement kontrolliert das System. (Kybernetisches "Gesetz der erforderlichen Vielfalt"). Flexibilität ist der Schlüssel zum Erfolg.
16. Alles, was ein Mensch kann, kann gelernt werden. Alles ist erreichbar, wenn die Aufgabe in hinreichend kleine Schritte unterteilt wird.

Anhang B - Verweise

[1] Aus einer Kabarettsendung über Psychologen. Niedergeschrieben im Buch von Robert Dilts: Identität, Glaubenssysteme und Gesundheit: Höhere Ebenen der NLP-Veränderungsarbeit S. 35

[2] A "Schrödinger cat" superposition state of an atom C Monroe, DM Meekhof, BE King, DJ Wineland - Science, 1996

[3] Jörg Blech: Hirn, kuriere dich selbst! Nachwachsende Nervenzellen – Forscher entdecken einen Jungbrunnen im Gehirn. In: Der Spiegel. 20, 2006, S. 164–178.

[4] The Organization of Behavior, D.O.Hebb, 1949

[5] Maja Storch, Embodied Communication: Kommunikation beginnt im Körper, nicht im Kopf Gebundene Ausgabe – 1. Oktober 2014, ISBN 978-3456854533

[6] Gerald Hüter - Embodiment. Die Wechselwirkung von Körper und Psyche verstehen und nutzen Gebundene Ausgabe – 14. November 2007 – ISBN 978-3456843230

[7] DVNLP–Broschüre : Denkweisen: http://www.dvnlp.de/der-dvnlp/broschure-anfordern/

[8] Unaufmerksamkeitsblindheit - Selbst Testen https://www.youtube.com/watch?v=HVALCbfAGoo

[9] Flow : Klett-Cotta, Stuttgart 2008, ISBN 978-3-608-94555-3 von Mihály Csíkszentmihályi

[10] Siehe Webseite DasGehirn.info : https://www.dasgehirn.info/entdecken/kommunikation-der-zellen/neurotransmitter-2013-botenmolekuele-im-gehirn-5880
und
K. McGowan, A. Kane, N. Asarkof, J. Wicks, V. Guerina, J. Kellum, S. Baron, A. R. Gintzler, M. Donowitz: Entamoeba histolytica causes intestinal secretion: role of serotonin. In: Science. 221, Nr. 4612, August 1983, S. 762–764, PMID 6308760.

[11] A. M. Leslie (2000): ‚Theory of Mind' as a mechanism of selective attention. In: M. S. Gazzangia (Hrsg.): The New Cognitive Neurosciences. The MIT Press, Cambridge, Massachusetts 2000, S. 1235–1247.

[12] P. Sterling: Allostasis: a model of predictive regulation. In: Physiol Behav. 106, 2012, S. 5–15. doi:10.1016/j.physbeh.2011.06.004

[13] Siehe zum Beispiel: http://www.zeit.de/zeit-wissen/2012/01/Meditation-auf-Rezept/seite-2

[14] Einfach meditieren: Übungen für ein gelassenes Leben Taschenbuch – 5. März 2009 von Clark Strand (Autor), Jochen Eggert (Übersetzer) ISBN-13: 978-3596143917

[15] Infos zu Gunter Schmidt : siehe Meihei.de :
https://www.meihei.de/dateien/institutsleiter_meihei.html

[16] Infos siehe http://stephengilligan.com/

[17] Siehe zum Beispiel auch die Prospect Theory
Wikipedia: https://de.wikipedia.org/wiki/Prospect_Theory
oder genauer: Econemetria 1979 - http://www.jstor.org/stable/1914185

[18] Steve de Shazer - More Than Miracles: The State of the Art of Solution-focused Brief Therapy
ASIN: B00XX79BJI

[19] Tipps für Interventsionssammlungen:

- Coaching : Martina Schmitt-Tanger und Thies Stahl – Die Coaching Box
- NLP : Alexa Mohr – Der Zauberlehring

[20] Ich und die anderen: Roman Taschenbuch – 1. Mai 2006 – ISBN 978-3423208901

[21] Donald Hebb: The organization of behavior. A neuropsychological theory. Erlbaum Books, Mahwah, N.J. 2002, ISBN 0-8058-4300-0

[22] Studie der Neurowissenschaftlerin Eleanor Maguire vom University College London 1999

[23] Lehrbuch der Psycho-Kinesiologie von Dr. med. D. Klinghardt – ISBN 978-3980897204

[24] Neue Wege der Kurzzeit-Therapie R. Bandler und J. Grinder: ISBN: 978-3873871939

[25] Details zur emotionalen Beteiligung im Lernen finden Sie unter folgenden Studien: http://www.annualreviews.org/doi/abs/10.1146/annurev.neuro.25.112701.142758?journalCode=neuro.& und ein wenig verständlicher geschrieben : https://www.dasgehirn.info/denken/gedaechtnis/erinnern-mit-gefuehl-5181

[26] Fünf Rhythmen Webseite von Gabriela Roth : http://www.5rhythms.com/ - Die Kölner Szene ist auch aktiv unter : http://www.5rhythmen-koeln.de/

[27] Siehe Link zu MFT Handbuch: http://www.mentalfeldtechnik.de/fileadmin/content/dokumente/MFT_II_Seminar%20_Kirchzarten_Mai_2010.pdf

[28] Siehe auch das folgende Buch: Ich stehe nicht mehr zur Verfügung – Olaf Jacobsen – ISBN 978-3893855384

[29] Emotional Freedom Technique von Gary Craig – Siehe auch Wikipedia: https://de.wikipedia.org/wiki/Emotional_Freedom_Techniques

[30] Siehe auch „Der Realitätenkellner" , B. Trenkle et al aus dem Carl-Auer Verlag. ISBN 978-3-89670-469-6

[31] http://www.spektrum.de/lexikon/neurowissenschaft/quantentheorie/14618

[32] Lee, WR, Cowan, CC and Todorovic, N (eds). (2004). Graves: Levels of Existence. Santa Barbara, CA: ECLET Publishing. pp. vi. ISBN 0-9724742-0-X.

[33] Spiral Dynamics - Beck, Don (2003). Spiral Dynamics, Mastering Values, Leadership, and Change. Malden, MA: Blackwell Publishing. p. 197. ISBN 155786-940-5.

[34] Siehe auch Ken Wilber – Integrale Spiritualität – ISBN 978-3466345090.

[35] Gott 9.0: Wohin unsere Gesellschaft spirituell wachsen wird von Werner und Marion Küstenmacher sowie Tilmann Haberer – ISBN: 978-3579065465

[36] Albert Bandura: Perceived Self-Efficacy in Cognitive Development and Functioning. Educational Psychologist, 1993, 28 (2), S. 117-148

[37] Siehe : http://sports.espn.go.com/espn/page2/story?page=merron/081208

[38] Der schamanische Weg des Träumens Taschenbuch – 12. Februar 2007 von Carlo Zumstein - ISBN: 978-3548742779

[39] F. E. Weinert (2001) Vergleichende Leistungsmessung in Schulen - eine umstrittene Selbstverständlichkeit in F. E. Weinert [Hrsg.], Leistungsmessung in Schulen. Weinheim und Basel: Beltz-Verlag

[40] Evozieren: hervorrufen, vor dem geistigen Auge entstehen lassen.

[41] G. T. Doran: There's a S.M.A.R.T. way to write management's goals and objectives. In: Management Review, 70. Jg., Nr. 11, 1981, S. 35-36

[42] Siehe Webseite NLPedia: http://nlpportal.org/nlpedia/wiki/Diamond-Technik

[43] Siehe Buch: Lieben was ist: Wie vier Fragen Ihr Leben verändern können. Byron Katie. Goldmann Verlag, ISBN: 978-3442336500

[44] Therapeut und Klient – Carl R. Rogers - Fischer Verlag - 1. September 1983 - ISBN: 978-3596422500

[45] Siehe zum Beispiel: Martina Schmitt-Tanger und Thies Stahl : Change Talk. ISBN: ISBN: 978-3-87387-617-0 – Jungermann Verlag

[46] Siehe „The Structure of Magic" – Richard Bandler und John Grinder – ISBN : 978-0831400446

[47] Metasprache und Psychotherapie: Die Struktur der Magie von Richard Bandler und John Grinder – ISBN 978-3873877405

[48] Der Einfluss von Mara Selvini-Palazzoli auf die zirkulären Fragen: http://www.uni-koeln.de/hf/konstrukt/didaktik/zirkulaer/zirkulaer_quellen.html

[49] Z.B. Sri Ramana Maharishi – Siehe https://de.wikipedia.org/wiki/Ramana_Maharshi

[50] Fragen können wie Küsse schmecken" Auer Verlag ISBN 978-3-89670-624-9

[51] Die Coachingbox: Direkt bestellbar auf www.training-deluxe.de

[52] Seligman, Martin E. P.: Der Glücks-Faktor. Warum Optimisten länger leben. Lübbe 2005, ISBN 978-3-404-60548-4.

[53] Spiele der Erwachsenen: Psychologie der menschlichen Beziehungen -Autor : Eric Berne – RoRoRo Verlag - 1. März 2002 - ISBN: 978-3499613500

[54] Social Panoramas: Changing the Unconscious Landscape by Lucas Derks ISBN: 978 1904424031

[55] Wer bin ich - und wenn ja wie viele?: Eine philosophische Reise - von Richard David Precht – 17. September 2012 - ISBN: 978-3442155286

[56] Siehe Robert Dilts und die NLP University: http://nlpuniversitypress.com/html/CaCom21.html

[57] Siehe Buch „Frogs into Princes" von Richard Bandler und John Grinder (1979)
ISBN 978-0911226188

[58] Auf der Suche nach dem Gedächtnis - Erich Kandel, Pantheon Verlag; (2007)

[59] http://www.zeit.de/zeit-wissen/2014/01/interview-wolfgang-schmidbauer-optimisten-pessimisten

[60] Die Heldenreise von Robert Dilts und Stephen Gilligan - ISBN-13: 9783873877788

[61] Fragen Sie doch mal bei meiner Kollegin Jenison Thomkins nach: http://nlp-atelier.de/

[62] Arnold, Eysenck, Meili: Lexikon der Psychologie. Double-bind-hypothesis, S. 390, Bechtermünz Verlag, 1996, ISBN 3-86047-508-8.

[63] Wie wirklich ist die Wirklichkeit? - Wahn, Täuschung, Verstehen Taschenbuch – 1995 von Paul Watzlawick - ISBN: 978-3492201742

[64] Provocative Therapy by Frank Farrelly und Jeff Brandsma (1981) ISBN: 978-0916990039

[65] Beliefs: Pathways to Health and Well-Being – Robert Dilts - Crown House Publishing - ISBN: 978-1845908027

[66] http://www.froschkoenige.ch/sites/default/files/modelle/Glaubensaetze_LR.pdf

[67] Der Weg zur inneren Quelle. Core-Transformation in der Praxis. Neue Dimensionen des NLP Broschiert – 1. Januar 1995 von Connirae Andreas (Autor), Tamara Andreas (Autor)
ISBN: 978-3873871403

[68] EMDR - Eye Movement Desensitization and Reprocessing entwickelt von der Psychologin Francine Shapiro - Grundlagen & Praxis; Handbuch zur Behandlung traumatisierter Menschen. Junfermann, Paderborn 1999, ISBN 978-3-87387-360-5.

[69] www.mental-klinik.de

[70] Synästhesie: Die Fähigkeit einen Sinnenskanal in einem anderen Repräsentationssystem wahrzunehmen. Siehe: https://de.wikipedia.org/wiki/Synästhesie

[71] Mathematik der Selbstorganisation. Harri-Deutsch-Verlag, G. Jetschke, Frankfurt/Main, 1989

[72] W. Heisenberg: Über den anschaulichen Inhalt der quantentheoretischen Kinematik und Mechanik. In: Zeitschrift für Physik. Band 43, Nr. 3, 1927, S. 172–198, doi:10.1007/BF01397280 ([Originalarbeit als HTML (Memento vom 10. Mai 2013 im Internet Archive)]).

[73] Zum Beispiel: Die Ordnungen des Erfolgs: Einführung in die Organisationsaufstellung von Kristine Erb (Autor), Kristine Alex (Autor), Karl-Heinz Brecheis (Illustrator) - ISBN : 978-3466305551

[74] NLP II - die neue Generation: Strukturen subjektiver Erfahrung - 19. Juni 2013 von Robert B. Dilts et Al. ISBN: 978-3873878303

[75] Achim Peters : Das egoistische Gehirn - ISBN-13: 978-3550088544 - Ullstein Verlag

[76] https://www.ted.com/talks/amy_cuddy_your_body_language_shapes_who_you_are

[77] Francine Shapiro: EMDR. Grundlagen & Praxis; Handbuch zur Behandlung traumatisierter Menschen. Jungfermann, Paderborn 1999, ISBN 978-3-87387-360-5.

[78] Gary Craig: The EFT Manual. Energy Psychology Press, 2011, ISBN 978-1-60415-066-7.

[79] Buch : Mentalfeld-Techniken - ganz praktisch- Dr. med. Dietrich Klinghardt/Amelie - 20 Methoden für Selbsthilfe und Heilung

[80] Peter Levine – Somatic Expierence – zum Nachlesen im Buch: „Sprache ohne Worte“ ISBN: 978-3466309184

[81] https://www.training-deluxe.de/gesundheit_kurs/somatic_release.htm

18390243R00165

Printed in Poland
by Amazon Fulfillment
Poland Sp. z o.o., Wrocław